· 毛泽东谈文论史全编 ·

顾 问：龙新民 郑欣淼 陈 晋 阎晓宏

评说中国古代十大名相

MAOZEDONG PINGSHUO ZHONGGUO
GUDAI SHIDA MINGXIANG

毕桂发 主 编

陈锡祥 副主编

中国文史出版社

图书在版编目（CIP）数据

毛泽东评说中国古代十大名相 / 毕桂发主编 . —— 北京 : 中国文史出版社 , 2023.12
（毛泽东谈文论史全编）

ISBN 978-7-5205-4561-7

Ⅰ . ①毛… Ⅱ . ①毕… Ⅲ . ①毛泽东著作研究②政治人物 – 人物评论 – 中国 – 古代
Ⅳ . ① A841.692 ② K827=2

中国国家版本馆 CIP 数据核字 (2023) 第 244874 号

责任编辑：窦忠如
特约编辑：王德俊　窦广利　赵增越　张幼平　邓文华　张永俊

出版发行：中国文史出版社
社　　址：北京市海淀区西八里庄路 69 号院　邮编：100142
电　　话：010-81136606　81136602　81136603（发行部）
传　　真：010-81136655
印　　装：廊坊市海涛印刷有限公司
经　　销：全国新华书店
开　　本：787 毫米 × 1092 毫米　1/16
印　　张：14
字　　数：208 千字
版　　次：2024 年 1 月北京第 1 版
印　　次：2024 年 8 月第 3 次印刷
定　　价：48.00 元

总　序

2023 年 12 月 26 日，是中国人民的伟大领袖毛泽东同志诞辰 130 周年。经过多年酝酿策划和组织编撰，我们于今年正式出版发行《毛泽东谈文论史全编》（以下简称《全编》）以示隆重纪念。

十年前，习近平总书记在纪念毛泽东同志诞辰 120 周年座谈会上的重要讲话中指出："毛泽东同志是伟大的马克思主义者，是伟大的无产阶级革命家、战略家、理论家，是马克思主义中国化的伟大开拓者，是近代以来中国伟大的爱国者和民族英雄，是党的第一代领导核心，是领导中国人民彻底改变自己命运和国家面貌的一代伟人。"同时，毛泽东同志又是世所公认的伟大的文学家、史学家、诗人和作家。在深入学习贯彻党的二十大精神、纪念毛泽东同志诞辰 130 周年的重要时间节点上，组织编撰出版这一大型项目图书，为人们缅怀毛泽东同志的丰功伟绩，学习毛泽东同志的伟人品格、政治智慧和文化思想，提供了一套非常重要的文化历史资料；对于弘扬中华优秀传统文化，学习贯彻党的二十大报告中关于"推进文化自信自强，铸就社会主义文化新辉煌"的重要精神，具有十分宝贵的启示和积极的意义。

在组织编撰这部大型项目图书的过程中，我们坚持以习近平新时代中国特色社会主义思想为指导，认真学习党中央关于历史问题的三个决议精神，特别是十九届六中全会通过的《中共中央关于党的百年奋斗重大成就和历史经验的决议》精神，对全部书稿的政治观点和思想内容进行了认真把关，使其符合三个决议精神，也符合习近平总书记十年来有关论述毛泽东同志历史功绩和毛泽东思想指导地位的重要讲话精神，以及关于学习党史国史和弘扬中华传统文化的重要讲话精神。

《全编》计27种40册1500万字。编撰者耗费数十年心血收集、整理、阐析、赏评，把毛泽东在各个时期的文章、诗词、书信、讲话、谈话中引用、化用、批注、圈阅、点评、编选的古今人物和文史作品，把毛泽东传记、年谱、回忆录中提及或引用和评点的古今人物和文史作品，即使片言只语、寸缣尺楮也收集入册，希望能够集散为专、分门别类，尽量避免遗珠之憾，力求内容全面系统、表述科学客观。

这部《全编》有以下几个特点：

资料齐全。毛泽东同志一生酷爱读书，可以说是博览群书、通古贯今。他曾说："饭可以一日不吃，觉可以一日不睡，书不可以一日不读。"他熟读《二十四史》《资治通鉴》等中国历代著名历史著作，熟读中国历代优秀的诗词文学作品，且不动笔墨不读书，读书时做了大量批注和圈画，还常常在自己的文章、诗词、讲话、谈话中引经据典、巧妙运用，真可谓博学约取、学以致用。这就给我们留下了浩如烟海的珍贵史料。在编著这部《全编》时，我们想最大限度地收集、整理、汇编其所涵盖的各个方面的文献史料，力争做到文献可靠、史料精准，可读性、知识性和趣味性兼具，使其成为研究毛泽东思想特别是毛泽东文化思想的重要资料。

分类精细。毛泽东同志喜欢中国古代文学，阅读、圈评了大量各类体式的文学作品，他的诗词创作尤为脍炙人口。因此，收录《全编》中关于毛泽东同志的文史资料，浩瀚如海，编撰者都进行了认真严格的划分整理，将其分三辑，文学类就有两辑，所占分量最大。比如，编撰者将其细分为评点名诗、名词、散曲、辞赋、小说、散文、戏曲的"毛泽东同志评点中国传统文化赏析"7种19册，以及《跟着毛泽东学诗词》《毛泽东诗话》《周世钊论毛泽东诗词》《毛泽东致周世钊书信手迹》与毛泽东读唐诗、宋词、元曲、古文等的"毛泽东与中国诗词曲赋"8种9册。

评述允当。在这部《全编》中，编撰者将每篇作品分为毛泽东评点、人物、事件评述或毛泽东评点、原文和赏析，力求评述或赏析允妥、适当，即深刻理解毛泽东原文含义，紧扣毛泽东的评点，不作过多发挥，文字力求简明生动。同时，编撰者注重史料收集整理的文献性，兼顾知识性和趣味性，这就使得这部大型项目图书兼具很强的可读性。

这部《全编》还有一个最突出的重要特点，那就是比较集中地梳理和呈现了毛泽东同志的历史自信和文化自信。习近平总书记在纪念毛泽东同志诞辰120周年座谈会上的讲话中明确指出，毛泽东同志"是马克思主义中国化的伟大开拓者，是近代以来中国的爱国者和民族英雄"。这个评价反映在毛泽东同志学习和运用、继承和发展中华优秀传统文化方面，鲜明地体现为他的历史自信和文化自信。因此，我们认为这部《全编》的编撰出版，有益于读者更深入体会党的二十大报告论述的"坚持和发展马克思主义，必须同中华优秀传统文化相结合"的重大论断。在这部《全编》中，有关毛泽东圈阅、评点历史人物和文史作品的材料，就很具体地体现了他作为"马克思主义中国化的伟大开拓者"，是如何运用马克思主义的世界观和方法论，去激活中华优秀传统文化的；又是如何通过继承、运用和发挥中华优秀传统文化，为坚持和发展马克思主义提供深厚滋养的。

《全编》除了引用毛泽东同志的相关评点外，主要篇幅是介绍、叙述和评论毛泽东同志评点的对象即历史人物和文史作品，所引毛泽东的评点内容都出自公开的出版物并注明出处。从目前已出版的各类关于毛泽东同志的书籍来看，这是目前更加全面系统反映伟人毛泽东同志的一部大型丛书，但每册又可独立成书，以满足不同读者的阅读喜好与多样需求。当然，限于编撰者的水平和时间，这部《全编》的体例编排和文字表述等方面还有改进和完善空间，恳请专家学者和广大读者朋友不吝批评指正。

《毛泽东谈文论史全编》编委会
2023 年 12 月 18 日

目　录

周公——"奴隶主的圣人"

一、"周公旦就是奴隶主的圣人" ································ 1

二、在辅佐武王翦灭殷商的"当时伟大的人民战争"中立有大功 ······ 2

三、东征叛国——"周公吐哺，天下归心" ···················· 4

四、大行分封，屏蔽周室 ································ 7

五、营建洛邑，制礼作乐——"周公确有吐握之劳" ············ 12

六、让位成王，有始有终——"倘使当年身便死，一生真伪复谁知？"····· 18

管仲——春秋第一相

一、"愿结管鲍之谊" ································ 21

二、"辅佐齐桓公九合诸侯" ···························· 25

三、管仲的人才观——"十年树木，百年树人" ·············· 26

四、管仲的军事谋略——"攻坚则韧，乘瑕则神" ············ 27

五、"管仲可以说是军队屯垦的创始人" ·················· 32

六、"衣食足而后知荣辱" ···························· 36

李斯——"李斯是拥护秦始皇的"

一、"李斯是拥护秦始皇的" ···························· 40

（一）赴秦施才 ································ 40

（二）献灭六国之策 ····························· 41

（三）《谏逐客书》 ····························· 42

（四）推行郡县制 ····························· 45

（五）统一文字 ································ 48

二、"思想上属于荀子一派" ·················· 49

　　（一）秦汉历史人物的学术背景 ·········· 49

　　（二）荀子主张"法后王" ················ 50

　　（三）荀子的"性恶论" ·················· 53

三、李斯之过 ···························· 56

　　（一）是古非今之禁 ···················· 56

　　（二）大兴土木，奴役人民 ·············· 59

　　（三）同赵高同流合污 ·················· 60

四、历代对李斯的评论 ···················· 65

萧何——"汉初三杰"，开国首功

一、"汉初三杰"，开国首功 ················ 67

　　（一）"耕三余一" ······················ 68

　　（二）发动起义，拥戴刘邦 ·············· 69

　　（三）深谋远虑，收存典籍 ·············· 70

　　（四）萧何月下追韩信 ·················· 70

　　（五）成也萧何，败也萧何 ·············· 73

　　（六）"生死一知己，存亡两妇人" ········ 74

二、荐贤与自保 ·························· 75

　　（一）萧何见疑，自污保身 ·············· 75

　　（二）举贤任能，惟贤惟德 ·············· 77

　　（三）"萧规曹随"，传为佳话 ············ 77

诸葛亮——辅助刘备建立蜀汉政权

一、诸葛亮是"办事之人" ·················· 80

　　（一）舌战群儒 ························ 81

　　（二）草船借箭 ························ 82

　　（三）赤壁之战 ························ 84

　　（四）空城计 ·························· 88

　　（五）六出祁山 ························ 89

二、诸葛亮是"高级知识分子" ·······················90
　（一）"他为什么姓诸葛？" ·······················90
　（二）"孔明二十七岁当军师" ·····················92
　（三）"那个穿八卦衣拿鹅毛扇"的人 ···············94
　（四）诸葛亮是"高级知识分子" ···················95
　（五）"他征孟获时使用了这种先进武器" ···········98
　（六）毛泽东还十分赞赏诸葛亮屯田 ·············100

三、"共产党就是以诸葛孔明的办法办事" ···········101
　（一）诸葛亮的《出师表》 ·····················101
　（二）"鞠躬尽瘁，死而后已" ···················103
　（三）诸葛亮的治国方法 ·······················109
　（四）"东联孙吴，北拒曹操" ···················111
　（五）"三个臭皮匠，顶一个诸葛亮" ·············114

四、"诸葛亮会处理民族关系" ·····················116
　（一）七擒孟获 ·······························116
　（二）"挥泪斩马谡，这是万不得已的事情" ·······118

五、"这是诸葛亮的高明处" ·······················121
　（一）"观人观大节，略小故" ···················121
　（二）"自街亭败后，每出，亮必在军" ···········122

六、诸葛亮之失误 ·······························123

谢安——"文韬武略"，巩固东晋政权

一、谢安"文韬武略" ·····························125
　（一）高卧东山 ·······························127
　（二）教育子弟 ·······························130
　（三）东山再起 ·······························131

二、两大功劳 ···································133
　（一）拖住桓玄篡晋自立 ·······················133
　（二）淝水之战立了大功 ·······················134

　　三、北伐、去世 ……………………………………………… 137

　　四、多才多艺 ………………………………………………… 138

　　五、毛泽东早年就关注谢安 ……………………………… 138

马周——唐初唯一寒门出身的宰相

　　一、唐初唯一寒门出身的宰相 ………………………… 142

　　　　（一）寒门学士 …………………………………………… 142

　　　　（二）步入政坛 …………………………………………… 144

　　　　（三）平步青云 …………………………………………… 145

　　　　（四）奇思妙想 …………………………………………… 146

　　二、"贾谊《治安策》以后第一奇文" ……………… 147

　　　　（一）马周的"上书" …………………………………… 147

　　　　（二）"贾谊《治安策》以后第一奇文" ………… 153

　　　　（三）"马周才德，迥乎远矣" …………………… 157

　　三、"饮酒过量，使不永年" ………………………… 160

　　　　（一）"饮酒过量，使不永年" ……………………… 160

　　　　（二）"马周年四十八" ………………………………… 160

王安石——"中国十一世纪的改革家"

　　一、王安石托古改制 ……………………………………… 162

　　二、政治生涯 ………………………………………………… 163

　　　　（一）初入仕途 …………………………………………… 163

　　　　（二）牛刀小试——上"万言书" ………………… 164

　　　　（三）变法新政 …………………………………………… 165

　　　　（四）"天变不足畏，祖宗不足法，人言不足恤" … 174

　　三、文学成就 ………………………………………………… 178

文天祥——"出色的状元"出身的宰相

　　一、"民族英雄文天祥" ………………………………… 183

　　二、政治生涯 ………………………………………………… 184

　　　　（一）勇斗权奸 …………………………………………… 184

（二）兴军勤王 …………………………………… 185

（三）九死一生 …………………………………… 186

（四）英勇就义 …………………………………… 195

三、"以身殉志，不亦伟乎！" ………………………… 197

张居正——明代中后期的"革新家"

一、初涉政坛 ……………………………………… 202

二、"你老祖宗是革新家" …………………………… 203

三、学点历史，古事今鉴 …………………………… 209

周公——"奴隶主的圣人"

　　周公旦，姓姬，名旦，又称叔旦，是西周时期的政治家、军事家、思想家、教育家，被尊为"元圣"，儒学先驱，周文王的第四子，周武王的同母弟，因采邑在周（今陕西岐山东北），称为周公。曾助武王灭商，武王死后，成王年幼，由他摄政。先后击败了武庚、三监和东方夷族的反抗，继续分封诸侯，并建都洛邑（今河南洛阳）作为统治中心。他建立周朝典章制度，从政治上和思想上加强对奴隶阶级的统治。

　　周公一生的功绩被《尚书》概括为："一年救乱，二年克殷，三年践奄，四年建诸侯，五年营成周，六年制礼乐，七年致政成王。"

　　毛泽东对周公姬旦的评价甚高，称他是"奴隶主的圣人"，称赞他辅佐武王、翦灭殷纣是"当时伟大的人民战争"，赞赏他"吐握之劳"的工作精神。

一、"周公旦就是奴隶主的圣人"

　　周公旦曾辅佐武王灭商。武王建立了周王朝后，过了三年就病死了，其子成王年幼，由周公旦摄政当国。其兄弟管叔、蔡叔和霍叔等人勾结商纣子武庚和徐、奄等东方夷族反叛。他奉命出师，三年后平叛，并将势力扩展至东海。后建成周洛邑（今河南洛阳），作为东都。相传他制礼作乐，建立典章制度。从政治上和思想上加强了奴隶主的统治。其言论见于《尚书》的《大诰》《多士》《无逸》《立政》诸篇。孔子把他作为奴隶主阶级的理想人物，最为敬佩。宋朝的理学家以他上承尧、舜、禹、汤、文、武，下接孔子、孟子，形成儒家道统。

周时尚无宰相之名，周公是"摄政"，摄政是代国君处理国政之意。《礼记·文王世子》："昔者周公摄政，践阼而治。"《史记·五帝本纪》："舜得举用事二十年，而尧使摄政；摄政八年而尧崩。"唐刘知几《史通·鉴识》："譬夫成为孺子，史刊摄政之年。"就是说，在成王年幼的时候，周公开始摄政，所谓摄政大体上如同后世的宰相之职。在中国历史上，其他如殷商伊尹代太甲，春秋鲁隐公代太子轨，清睿亲王多尔衮代福临，清醇亲王载沣代溥仪，都是以长亲代幼主执政，称摄政。

二、在辅佐武王翦灭殷商的 "当时伟大的人民战争"中立有大功

毛泽东首先称赞周公辅佐武王翦灭殷商是"当时伟大的人民战争"。

周人本是活动于今陕甘一带以农业见长的部族，太王、王季时开始兴盛。文王断虞、芮之讼，征伐、密须，巩固了后方，又越过大河，攻克黎国（今山西长治西南），进攻经常打猎的邘（今河南西北）。灭掉商的同姓国崇之后，在丰水西岸建立了丰邑（今陕西长安西北），以便东进。武王和周公帮助他们的父亲——文王成了西方的共主，奠定了灭掉的基础。

商纣王并没有深刻认识到西方姬姓势力发展的严重性，他对外征东夷，对内，醇酒妇人，把国内政治搞得一片混乱。文王死后，武王即位，以周公为最主要的得力助手，在召工、毕公等帮助下，在盟（孟）津观兵，大会天下诸侯。这是一次进攻前的总演习，也是一种试探。观兵后的第二年十二月，武王在周公等人的帮助下，统率战车三百辆，虎贲三千人，甲士四万五千人，渡过盟津。二月甲子凌晨，武王在商郊牧野集众誓师，就是《尚书》中的《牧誓》。

《牧誓》是周公所作，全文分为两段：第一段痛斥商纣王只听妇人的话，不祭祀祖先天地之神；连自己同祖兄弟都不进用，反而重用四方逃亡的罪人，让他们暴虐百姓，导致殷纣王灭亡；第二段申明自己是躬行天

罚，宣布作战纪律，鼓励战士勇猛杀敌。

纣王发兵抵挡，结果纣军掉转矛头，往回冲杀，纣军溃败。纣王登上鹿台，自焚而死。第二天，周公把大钺，召公把小钺，在武王左右，向上天和殷民宣布纣王罪状，正式宣布殷朝灭亡，周朝取而代之，武王为天子。其他人负责仪仗、保卫、布置祭天地的用具。相比较，我们可以看出周公的地位仅次于武王，周公把的大钺是一种权力的象征。

纣王是死掉了，可是对如何处置殷商遗民和上层贵族的问题，武王一时拿不定主意。他首先询问姜尚，太公说："我听说要除恶务尽，如果相反，人不值一爱，那么村落里的篱笆、围墙也不必保留。"意思是不光杀掉殷纣，连敌对的也不能保留，而要统统杀掉。周武王不同意，又找来召公商量。召公说："有罪的杀，没罪的留下。"武王说："不行。"于是又找来周公。周公说："让殷人在他们原来的住处安居，耕种原来的土地。争取殷人当中有影响、有仁德的人。"周公这种给以生路、就地安置的政策，深得武王的赞许。武王命令召公释放被囚禁的和被关押的贵族；修整比干的故居，并且设立了标志；让闳夭培高王子的坟墓；命令南宫适（kuò）散发了鹿台的钱财，打开巨桥的粮仓，赈济饥饿的殷民。这一切措施都表明要反殷纣之道而行之，给受殷纣残害的人平反昭雪，大力争取殷人。

武王为了"屏藩周室"，拱卫周王朝，进行了封邦建国，把爵位和土地封给亲戚和功臣，使之在各该区域内建立邦国。《左传·僖公二十四年》："昔周公吊二叔之不咸，故封建亲戚，以蕃屏周。"孔颖达疏："故封立亲戚为诸侯之君，以为藩篱，屏蔽周室。"当时被封的兄弟之国有十五人，姬姓之国有四十人；又向参加牧野之战的诸侯分发了商朝宗庙彝器和宝物。

1945年春，在延安王家坪，雷英夫第一次去见毛泽东。毛泽东问："听说你是洛阳人？"雷英夫说："我在洛阳读过书，做过工，但我不是洛阳人，我是孟津人。"毛泽东又说："孟津离洛阳不远，也属洛阳。孟津人也算洛阳人。"停顿了一下，他又说："你说你是孟津人，那我问你，'周武王到过孟津几次？"雷英夫一时语塞，说："主席，我才疏学浅，这个我还真不知道。"

毛泽东说："武王到孟津去过两次，一次是公元前1029年，这是第一次去。各路诸侯齐集孟津，商量伐纣，大家基本都同意。武王很能干，看到决战的条件不够成熟，虽然商纣内部腐败了，但还没有烂透，还不到马上垮台的时候，他的兵力也比武王强大得多。武王看地形时发现，过黄河的准备工作还没搞好。争取人心还需要多做一做工作。直到快要出兵了，伯夷、叔齐不是仍然对出兵，结果出走了吗？所以武王下决心收兵，回去做准备。做了哪些准备呢？有文有武，有精神有物质。他是很讲究师出有名的。要造舆论，统一思想，搞统一战线。他还要广揽人才，积聚粮草，打造兵甲，准备舟楫，并用四十多条船架起了黄河大桥，用了两年时间做了充分准备。这样，到了公元前 1027 年，武王又从潼关出兵到孟津，政治上发宣言，军事上搞突然袭击，集中兵力打歼灭战，瓦解敌军士气，在朝（zhāo）歌（今河南淇县县城）南的牧野一仗打败了商纣。"

1959 年 3 月，毛泽东在武汉听取黄克诚、张经武等汇报后，谈起了武王伐纣，说了上面类似的话后说："你们都是搞军事的，中国历史上这么大的事，特别是像武王伐纣这样伟大的战争，应该好好研究研究。"（张丁、张兵：《领袖身边的军事高参》，电子科技大学出版社 1993 年版，第 153 页）

毛泽东还在《别了，司徒雷登》一文中说过："唐朝的韩愈写过《伯夷颂》，颂的是一个对自己国家的人民不负责任、开小差逃跑、又反对武王领导的当时的人民解放战争、颇有些'民主个人主义'思想的伯夷，那是颂错了。"（《毛泽东选集》，第四卷，人民出版社 1991 年版，第 1495—1496 页）

毛泽东赞扬了"武王领导的当时的人民解放战争"，周公对这场战争作出了重要贡献。

三、东征叛国——"周公吐哺，天下归心"

其次，毛泽东称赞周公东征平叛的功勋。

1939 年 5 月 30 日，毛泽东在《在中国共产党第七次全国代表大会上的口头政治报告》中说："知识分子不一定都是理论工作者。我们党里头，知识分子的增加是很好的现象。一个阶级革命要胜利，没有知识分子是不可能的。你们看过《三国演义》《水浒传》，魏、蜀、吴三个国家，每个国家都有每个国家的知识分子，有高级的知识分子，有普通的知识分子，那个穿八卦衣拿鹅毛扇子的就是知识分子；梁山泊没有公孙胜、吴用、萧让这些人就不行，当然没有别人也不行。无产阶级要翻身，劳苦群众要有知识分子，任何一个阶级都要有为它那个阶级服务的知识分子。奴隶主有为奴隶主服务的知识分子，就是奴隶主的圣人，比如希腊的亚里士多德、苏格拉底。我们中国的奴隶主也有为他们服务的知识分子，周公旦就是奴隶主的圣人。至于封建时代的诸葛亮、刘伯温，《水浒传》里的吴用，都是封建社会里的知识分子。因为整风审干，好像把知识分子压低了一点，有点不大公平。好像天平，这一方面低了一点，那一方面高了一点。我们这个大会，要把它扶正，使知识分子这一方面高一点。是不是要反过来？那也不是。我们要欢迎他们为我们党服务，为我们党的利益而奋斗，为人民的利益而奋斗。我们的党，我们的军队，我们的政府，我们的经济部门，我们的群众团体，要吸收广大知识分子为我们服务，我们要尊敬他们。"（《毛泽东文集》，第三卷，人民出版社1996年版，第342—343页）

据张贻玖说："在一本《古诗源》的《短歌行》的标题前，有（毛泽东）红蓝两色笔画的圈记。曹操的诗中'对酒当歌，人生几何，譬如朝露，去日苦多'等处，有毛泽东密密画上的旁圈。"（张贻玖：《毛泽东评点圈阅的中国古典诗词》，中国工人出版社1992年版，第42页）而这首诗的末二句"周公吐哺，天下归心"，画龙点睛，意思是希望人才都来归顺我，点明了全诗的主旨。

原来商王朝直接统治的地方，武王把它分成三部分，邶由纣王之子武庚禄父掌管，鄘由管叔鲜掌管，卫由蔡叔度掌管，史称"三监"。（也有的说管叔、蔡叔、霍叔称为"三监"。但说霍叔为"三监"之一，《史记》《汉书》等都不载）管叔的封地在管（今河南郑州一带），蔡叔的封地在蔡（今河南上蔡一带）。封叔旦于鲁（今山东），为周公。封太公望于营丘（今山东临淄北）。封召公奭于燕（今北京西南，一说在北京）。

灭商归来，在武王同周公谈起在洛水和伊水之间的平原地带建立新都，以便控制东方。由于日夜操劳，武王身染重病，周公虔诚地向祖先太王、王季、文王祈祷。他说："你们的元孙某得了危暴重病，如果你们欠了上天一个孩子，那就让我去代替他。我有仁德，又多才多艺。你们的元孙某不如我多才多艺，不能侍奉鬼神。"今天我们看来，觉得这种祈祷是好笑的，可是对三千多年前相信天命鬼神的周人来说，那是十分真诚无私的。祈祷以后，武王的病虽然有所好转，但不久还是病故了。武王在临终前愿意把王位传给有德有才的叔旦——周公，并且说这事不须占卜，可以当面决定。周公涕泣不止，不肯接受。武王死后，太子诵继位，他就是成王。成王当时不过是个十多岁的孩子。面对国家初立，尚未稳固，内忧外患接踵而来的复杂形势，成王是绝对应付不了的。《尚书·大诰》说："有大艰于，西土人亦不静。"《史记·周本纪》也说："群公惧，穆卜。"武王之死使整个国家失去了重心，形势迫切需要一位既有才干又有威望的、能及时处理问题的人来收拾这种局面，这个责任便落到了周公肩上。周公执政称王，发挥了王的作用。这在当时是自然的事情。古书中有不少周公称王的记载，只是到了汉代和君权至上局面形成之后，周公称王变成不可思议的事儿，于是才有周公是"摄政""假王"等说法。

文王的父亲并非长子，他上边有两位哥哥——太伯、虞仲，武王上面有文王的长子伯邑考（是追记之名，"考"是指死去的父亲）。周公以冢宰的身份摄行王事，未曾称王，但管叔有意争权，于是散布流言："周公将不利于孺子（成王）"。灭殷后的第三年（前1024），管叔、蔡叔鼓动起武庚禄父一起叛周。起来响应的有东方的徐、奄、淮夷等几十个原来同殷商关系密切的大小国。这对刚刚建立三年多的周朝来说，是个异常沉重的打击。如果叛乱不加以平定，周王朝就会面临极大困难，周文王几十年建立起来的功业就会毁掉。周王室处在风雨飘摇之中，在王室内部也有人对周公称王持怀疑态度。这种的局面，使周公处境十分困难。他首先稳定内部，保持团结，说服太公望和召公奭。他说："我之所以不回避困难形势而称王，是担心天下背叛周朝。否则我无颜回报太王、王季、文王。三王忧劳天下已经很久了，而今才有所成就。武王过早地离开了我们，成王又如此年幼，我是为了成就周王朝,才这么做。"周公统一了内部意见之后,第二年(前1023)举行东征,讨伐管、蔡、武庚。事前进行了占卜,发布了《大诰》。

公元前1022年顺利地讨平了三监的叛乱,杀掉了首恶管叔鲜,擒回并杀掉了北逃的武庚,流放了罪过较轻的蔡叔度。蔡叔死了以后,他的儿子胡"率德驯善",和他的父亲大不一样。周公听到之后,便提拔他做鲁国卿士,胡把鲁国治理得很好,周公又把胡封到新蔡。

周公讨平管、蔡之后,乘胜向东方进军,灭掉了奄(今山东曲阜)等五十多个国家,把飞廉赶到海边杀掉大号,从此周的势力延伸到海边。

四、大行分封,屏蔽周室

再次,毛泽东称赞周公巩固周王朝的历史功绩。

1952年10月27日,毛泽东视察济南,和陪同的许世友等谈起山东和济南的历史沿革时说:"周武王灭商后,为了加强对广大被征服区的控制,进行了大分封。在山东地区分封了曹、齐、滕、鲁等国,但主要是齐、鲁,这就是山东也叫齐鲁的原因。齐国的首领是姜太公,鲁国的首领就是周公的长子伯禽。"(杨庆旺:《毛泽东指点江山》,中央文献出版社2000年版,第1146页)第二天,在曲阜参观孔庙时又谈起了周公。毛泽东说:"周王朝封周公于鲁,因当时中央离不开他,就命周公的儿子伯禽在这里建国。他就是鲁国第一位国君了。"(杨庆旺:《毛泽东指点江山》,中央文献出版社2000年版,第1161页)

如何统治被征服的地区,是战争胜利之后的,和奄国、淮夷等诸侯国的叛乱,表明重要地区不能再用旧的氏族首领,必须分封周族中最可信赖的成员,这和武王分封已经有所不同。周公把弟弟康叔封到原来商王统治的中心地区,以康为都(今河南尉氏),分给他殷民七族:陶氏、施氏、繁氏、锜氏、樊氏、饥氏、终葵氏,多是些有某种专长的氏族。康叔封地不仅面积大,而且统有八师兵力,以防止殷民的再度反抗。

为了使康叔顺利地进行统治，周公先后给康叔《康诰》《酒诰》《梓材》三篇文告。这在众多受封人中间是绝无仅有的。推测其原因，一则是康叔统治的为殷人腹心地带，问题最尖锐、最复杂；二则是周公首先征服的，也是三监反周所据的殷人集中的地方，而战争胜利之后，康叔受封也比较早。《康诰》《酒诰》《梓材》可以看作周公对新征服地区的施政纲领。三篇的主旨是"敬天保民""明德慎罚"，为的是使殷民在连续两次大动荡之后安定下来，使殷民从事正常的农业生产和商业活动，但又不是一味迁就，对饮酒成风、不孝不友是毫不客气的。

奄（商的与国，嬴姓，今山东曲阜东）是东方较大的方国，管、蔡散布流言以后，奄君曾对武庚禄父说："武王已经死了，成王年幼，周公被怀疑，这样天下要乱了，请举事（叛周）。"周公被封到奄，长子伯禽就封，建立鲁国（今山东曲阜）。分给伯禽殷民六族：条氏、徐氏、萧氏、索氏、长勺氏、尾勺氏。这些也都是具有某种专长的手工艺氏族，作为鲁公的奴隶。

薄姑（商的与国，今山东博兴东北）等国也曾参与反周，师尚父——姜太公原被封为齐侯，都营丘（今山东临淄北）。太公是位智勇双全的将领。这次，他又立下大功，封地相当大。周公让召公封给太公的土地是"东至海，西至河，南至穆陵，北至无棣。"同时还具有专征专伐的特权，"五侯九伯，实得征之。"营丘附近还有许多小国，太公就封时东夷族莱人就和他争地。齐国先后灭掉这些小国，而成为东方大国。

周的同姓召公奭被封到燕，召公长子在平叛之后才就封，建都于蓟（今北京一带）。燕是周王朝东北方的屏障。它的设立可以切断殷商旧族和他的北方同姓孤竹国（今河北卢龙）的联系，又可以和松花江、黑龙江、辽河一带的肃慎族靠近。肃慎原是周的远方属国。近年北京和辽南都发现不少商、周铜器，证实周初的燕确实统治北方广大领土。

周武王伐纣，微子手持祭器来到牧野，脱去上衣，露出臂膀，反缚着双手，跪着前行，向武王投降。武王亲自给他解了绑，仍然让他管理当初的封国。三监之乱，微子没有参加。周公平叛之后命他代表殷人后代，奉祀殷的先公先王，立国于宋（今河南商丘）。后来宋成为有名的大国。宋的西面有姒姓杞国（今河南），西南有妫姓陈国（今河南淮阳），北面还有一些小国。宋处在诸国包围之中。

除去上述国家之外，周公还分封了大量的同姓国和异姓国。据《荀子·儒效》记载，周公"立七十一国，姬姓独居五十三人。"《左传·僖公二十四年》："周公吊（伤）二叔之不咸（同），故封建亲戚，以蕃屏周。管、蔡、郕、霍、鲁、卫、毛、聃、郜、雍、曹、滕、毕、原、酆、郇，文之昭也（十六国皆文王子）。邘、晋、应、韩，武之穆也（四国皆武王子）。凡、蒋、邢、茅、胙、祭，周公之胤（嗣，周公的后代）也。"可见周公封的大大小小的国家，数不在少。这是同姓诸侯，还有异姓诸侯，如姜子牙。

武王克商只是打击了商王朝的核心部分，直到周公东征才扫清了它的外围势力。三年的东征灭国尽管有五十个左右，而占领地的巩固和扩大还是在分封同姓之后。东征以后，周人再也不是西方的"小邦周"，而成为东至海，南至淮河流域，北至辽东的泱泱大国了。

周公东征像疾风骤雨席卷了大河下游，搅动了原有民族部落的格局。徐国一部分逃到江南（今江西）；一部分东夷被赶到淮河流域；嬴姓西迁；楚国逃到丹水流域。这造成了民族大迁徙和大融合。

东征的战斗是残酷而激烈的，《诗经·豳风·破斧》：

　　既破我斧，又缺我斨（qiāng；椭圆孔的斧）。周公东征，四国是皇。哀我人斯，亦孔之将。

　　既破我斧，又缺我锜（qí；凿子，一说锯）。周公东征，四国是吪（é，教化）。哀我人斯，亦孔之嘉。

　　既破我斧，又缺我銶（qiú；凿子，一说独头斧）。周公东征，四国是遒（顺服）。哀我人斯，亦孔之休。

它的译文是这样的：
　　既砍破了我的大斧，又使我的大斨缺残。周公率军东征，四国君主无不心惊胆战。周公哀怜我们这些士兵，这是多么的仁贤。

　　既砍破了我的大斧，又使我锜缺残。周公率军东征，四国百姓深受教化感染。周公哀怜我们这些士兵，这是多么的良善。

既砍破了我的大斧，又使我錬缺残。周公率军东征，四国平民生活平安。周公哀怜我们这些士兵，这是莫大的恩典。

此诗写周公东征，全诗三章，每章三层，意思相同。头两句写战争的艰苦、长久，战士的斧、戕、锜、錬这些兵器，都砍出了缺口，伤残了，可见战斗的频仍、激烈，士兵的出生入死，不言可知。中间两句是对周公东征的颂扬。末二句感叹战士对生还的庆幸。已故河南大学教授孙作云说："破斧缺斨，盖亦于美中微寓伤叹意。"看法甚是中肯。

东征的战士思念家乡，一旦解甲归田，心中充满了种种遐想，《诗经·豳风·东山》，就是这种心理的生动写照。我们且看这首诗：

　　我徂（cú）东山，慆慆（tāo）不归。我来自东，零雨其蒙。我东曰归，我心西悲。制彼裳衣，勿士行枚。蜎（xuān）者蠋，烝（zhēng）在桑野。敦（du；孤独之状）彼独宿，亦在车下。

　　我徂东山，慆慆不归。我来自东，零雨其蒙。果臝（luǒ）之实，亦施（yì）于宇。伊威在室，蟏蛸（shāo）在户。町畽（tǐng tuǎn）鹿场，熠（yì）耀宵行（hang）。不可畏也，伊可怀也。

　　我徂东山，慆慆不归。我来自东，零雨其蒙。鹳（guan）鸣于（díe）垤，妇叹于室。洒扫穹窒，我征聿（yù）至。有敦瓜苦，烝在栗薪。自我不见，于今三年。

　　我徂东山，慆慆不归。我来自东，零雨其蒙。仓庚于飞，熠耀其羽。之子于归，皇驳其马。亲结其缡（lí），九十其仪。其新孔嘉，其旧如之何？

它的译文大致是怎样：

自我远征东山东，回家愿望久成空。如今我从东山回，满天小雨雾蒙蒙。才说要从东山归，我心忧伤早西飞。家常衣服做一件，不再行军事衔枚。野蚕蜷蜷树上爬，田野桑林是它家。露宿将身缩一团，睡在那个车底下。

自我远征东山东，回家愿望久成空。如今我从东山回，满天小雨雾蒙蒙。栝楼藤上结了瓜，藤蔓爬到屋檐下。屋内潮湿生土鳖，蜘蛛结网当门挂。鹿迹斑斑场上留，入夜磷火怪可怕。家园荒凉不可怕，越是如此越想家。

自我远征东山东，回家愿望久成空。如今我从东山回，满天小雨雾蒙蒙。白鹳丘上伸颈叫，我妻屋里把气叹。洒扫房舍塞鼠洞，盼我早早回家转。团团葫芦剖两半，撂上柴堆没人管。旧物置闲我不见，算来到今已三年。

自我远征东山东，回家愿望久成空。如今我从东山回，满天小雨雾蒙蒙。当年黄莺正飞翔，毛羽鲜明有辉光。想她当年做新娘，迎亲骏马白透黄。娘替女儿结佩巾，婚仪繁缛求吉祥。新婚夫妇真美满，久别重逢又怎样！

《诗序》云："《东山》，周公东征也。周公东征三年而归，劳归士。大夫美之，故作是诗也。"东山，诗中军士远戍之地。一说在今山东蒙阴县南，一名蒙山，商时属奄国（在今山东曲阜东）。《孟子·尽心上》："孔子登东山而小鲁。"当是此山。奄是叛周的主要国家之一，故周公往征。

《东山》共有四章，每一章的开头都是："我徂东山，慆慆不归。我来自东，零雨其蒙。"诗一开头就把主人公安置在一个特定的环境，即"冒雨回家"的归途之中，而且这种特定的环境贯穿在诗的始终，因而使得主人公在这种特定环境中的特殊的思想感情和心理活动得到了充分的表现。

全诗四章写的都是归途，都是写征人在回乡途中的回忆和想象。

第一章写征人在归途中回忆军旅生活的艰苦，并想象着回家以后恢复平民身份的喜悦；第二章写征人想象着可能已经荒废了的家园；第三章写征人想象着妻子的孤苦生活以及对自己的思念之情；第四章写征人回忆新婚时的欢乐，同时也担心着妻子的现状。

这首诗给人展示了一幅幅的图画，反映了广阔的社会生活。但是我认为最成功的是真实地刻画了征人复杂的思想感情和心理活动，这种心理活动的特点是回忆和想象。这种想象是奇特的，闪电式的，跳跃式的。他时而想象着家乡已经是一片废墟，萧条冷落，阴森恐怖；时而想象着妻子正在唉声叹气，盼望着他及早归去，同时出现了一幅幻象：丈夫突然回到了她身边，情不可遏，悲喜交集；时而回忆起新婚时的幸福生活，与第一章回忆起艰苦的军旅生活形成对照；最终还是回到现实中来，他离家这么久了，妻子历尽艰辛，现在到底怎么样了？这种想象是奇特的，对于表现主人公的思乡之情有着特殊的意义。征人本来归家心切，可是实际上却没有到家，全篇集中笔墨描写他在归途中的心理活动。那么家中的情况到底怎么样了？心爱的妻子还像新婚时那样美吗？现在到底怎么样了？这些都留给读者去想象了。

五、营建洛邑，制礼作乐——"周公确有吐握之劳"

再次，毛泽东称赞周公制礼作乐实行政治教化的措施。

东方辽阔疆域的开拓，要求统治重心的东移。周公东征班师之后，便着手营建东都（今河南洛阳）。建城的主要劳力是"殷顽民"，即殷人当中的上层分子。"顽民"西迁，一则使他们脱离了原来住地，失去了社会影响；二则集中起来，便于看管。为了看管殷顽民，周公曾经派了八师兵力驻守。

东都洛邑位于伊水和洛水流经的伊洛盆地中心，地势平坦，土壤肥沃，南望嵩山，北倚邙山，群山环抱，地势险要。伊、洛、湛、涧四小河流其间。东有虎牢关，西有函谷关，扼东西交通的咽喉要道。顺大河而下，可达殷人故地。顺洛水，可达齐、鲁。南有汝、颍二水，可达徐夷、淮夷。伊洛盆地确实是定都的好地方。

周公称王的第五年（前1020），正式营建洛邑。三月初五，先来到洛邑，经过占卜，把城址确定在涧水和洛水的交会处，并进而规划城郭、宗庙、朝、市的具体位置，五月十一日规划成功。第二天，周公来到洛邑，全面视察了新邑规划，重新占卜。卜兆表明湛水西和洛水东，洛水之滨营建新都大吉。经过一年左右的时间建成。城方一千七百二十丈，外城方七十里。城内宫殿富丽堂皇，新都叫"新邑"或"新洛邑"；因此地原有鄂邑，北有郏山（今邙山），故又称"郏鄏"。新都为周王所居，又叫"王城"。新邑东郊，湛水以东殷民住地叫"成周"，意思是成就周道。原来的镐京就称作"宗周"了。

东都洛邑建成之后，周公召集天下诸侯举行盛大庆典。在这里正式册封天下诸侯，并且宣布各种典章制度。也就是所谓"制礼作乐"。

周公东征之后，为了巩固周的统治，封康叔为卫君，令其驻守故商墟，管理商朝遗民，并写成《康诰》《酒诰》《梓材》，送给康叔作为治国法则。《尚书·周书》卷十三："成王既伐管叔蔡叔，以殷余民，封康叔，作《康诰》《酒诰》《梓材》。"（《尚书正义》，《十三经注疏》，中华书局1979年版，第202—209页）

这三篇是周公对其少弟康叔的谈话，谈得细致真切，从殷殷之情可以看出，周公对这个少弟（封）抱着不小的期望。

《康诰》的目的是安定殷民，全篇内容不外是"明德慎罚"。周文王因为"克明德慎罚，不敢侮鳏寡"才有天下。殷代"先哲王"也是安民，保民。"明德"的具体内容之一就是"保殷民"。"慎罚"，是依法行事，其中包括殷法的合理部分。刑罚不可滥用，有的案情要考虑五六天，甚至十来天，才能判定。至于"不孝不友"的，要"刑兹无赦"。文告中反复强调"康民""保民""裕民""庶民"。告诫康叔要勤勉从事，不可贪图安逸。"天命"不是固定不变的，能"明德慎罚"才有天命。"明德慎罚"也不是一切照旧，而是参酌殷法，推行周法，使殷人"作新民"。

《酒诰》是针对殷民饮酒成风而发的。酿酒要用去大量粮食，这种饮酒风习在以农业起家的周人看来，简直无法容忍。周公并非完全禁酒，在有祭祀庆典的时候还是可以喝一点。群饮是不行的，不可放过，要统统捉来"以归于周"，"予其杀"。"予其杀"是我将要杀，未必杀。所以"归于周"，是不要给殷人以像"小子封刑人杀人"的印象。这同"保民""安民"是一致的。应该引导殷民去"艺黍稷"即种庄稼，也可"肇牵牛，远服贾"，去经商。殷代先王，从成汤至帝乙都不敢"自暇自逸"，更何况敢聚会饮酒了。至于工匠饮酒，另当别论，不要杀，姑且先进行教育。在政策上区别对待是十分鲜明的。

《梓材》也还是提倡"明德"，反对"后王杀人"。至于民人之间，也不要相残害、相虐待，乃"至于敬寡，至于属妇，合由以容"。上上下下不虐杀而"敬寡"，而"合由以容"，自然会出现安定的局面。这种局面的形成不是轻易可以得到的，要像农民那样勤除草，整地，惰整田界水沟；像维修居处那样，勤修垣墙，壁上涂泥，顶上盖草；又如同匠人（梓人）治器，勤事修斯，再涂上黑漆和红漆。总之，要想"万年惟（为）王"，就要"子子孙孙永保民"。

三篇贯穿一个基本思想是安定殷民，不给殷民一个虐杀的形象，处罚要慎重，要依法从事。至于改造陋习——酗酒，一是限制，二是引导，三是区别对待。作为统治者，要勤勉从事。

《康诰》《酒诰》《梓材》是周公对被征服地区的政治方略，而《多士》是对待迁到洛邑的殷顽民的政策。洛邑建成之后，这批建城的殷顽民如何发落，自是摆在日程上的问题。《多士》是周公向殷顽民发布的文告，全文分作两大段。第一段是攻心，让殷顽民服从周人统治。理由是你们这些殷士不好，上天把大命给了我小"邦周"，绝不是我"敢弋（取）殷命""敢求位"。这如同你先祖成汤取代不道的夏桀一样，也是"上帝不保"夏桀。我现在把你们从"天（大）邑商"迁到西土，不要怨我，我是矜怜你们的，这也是天命所在。第二段内容是宣布给以生活出路，让他们就地安居，有你们的田地，有你们的住宅，"尔乃尚有尔土，尔乃尚宁干止。"如果你们能顺从听命，有德，还被任用。上天会可怜你们，否则，你们不但会失去土地，而且我还会把上天的处罚加在你们身上。

对俘虏进行攻心战术，使之自食其力，恩威并施。这是一整套改造政策。周公反复申明的"天命"不是他的创造，而是从远古继承下来的。《墨子·兼爱下》引《禹誓》："用天之罚"，是禹征三苗时发表的。汤在征服夏桀时誓师词说："有夏多罪，天命殛之。""天"已经不是单纯反映自然力量的神，天神已经干预人间事务。周公在文中也提到"恭行天之罚"。对敌人多讲天命的周公，对"天"的观念已经有所发展。"天命"是否转移，怎样才能保住"天命"，取决于有没有"德"，失掉天命是因为失"德"，周人要保住"天命"则必须有"德"，因此周公在教导周人时就多讲"明德"。"天命"变成可以保持和争取的了，人不再是盲目地服从"天命"，而有了主观努力的可能，这是积极的。天子是天的代理人，他具有无上的权威，但不是无条件的，他必须有"德"，不然天命就要转移，因而君主、天子不可以为所欲为的，是有条件、受约束的。纣在灭亡前夕还说"我不是有命在天乎？"周公的思想比他、比殷人要大大前进一步。保住天命的条件之一是"保民"，民的状况不能不成为君主认真考虑的问题。

参与建新都的除去殷遗之外，还有"侯，甸、男、邦、伯"，这些多是殷的旧有属国。东都建成，周公除去对殷顽民训诫之外，还对这些"多方"训诫。《多士》强调天革殷命，则突出殷代夏，周革殷，是由于"不肯戚言于民""不保享于民"，于是成汤用"尔多方简代夏作民主。"周"克堪用德"，天才让周"简畀殷命，尹尔多方"。对"多方"则反复强调"保民"。针对"多方"怀念旧殷，不爱周邦，一方面让他们有田宅，另一方面，如果不听周的号令，则"我乃其大罚殛之"。假如内部和睦，努力种田，"克勤乃事"，天要矜怜你们，我有周还要大大地赏赐。有德者，还可以在王廷做官。为期五年为善，你们仍可以回到本土。

周公在扫平叛乱，营建成周之后的问题是，周王朝的谋划，也就是"制礼作乐"。这在周公称王的第六年。"礼"强调的是"别"，即所谓"尊尊"；"乐"的作用是"和"，即所谓"亲亲"。有别有和，是巩固周人内部团结的两个方面。

礼所要解决的中心问题是尊卑贵贱的区分，即宗法制，进一步讲是继承制的确立。由于没有严密的继承制，周公固然可以称"咸王"，管、蔡也可以因争王位而背叛王室。小邦周不能不考虑大邦殷的经验教训，何况周公对夏殷历史是了如指掌的。殷代从先妣特祭和兄终弟及的人数有限看，是分了嫡庶的，是子以母贵的。殷是传弟和传子的并存，曾导致了"家族矛盾"。传弟终究还要传子，这本来是生物的规律。传子和传弟有传长、传幼和传贤的矛盾，传弟更有个传弟之子和传兄之子的矛盾。这些矛盾的存在，往往导致王室纷争，王室纷争又会导致王权衰落，国祚长不久。殷代从康丁以后，历经、文丁、帝乙、帝辛（纣），明显地废除了传弟制而确立了传子制。周在周公之前也没确立嫡长制，继太王的不是泰伯和仲雍，而是季历。武王有兄名伯邑考，文王却以武王姬发为太子。自周公以后，历"成王、康王、昭王、共王、懿王"，除去孝王外直到幽王都是传子的，这不是偶然的，这种制度的确立应归功于周公。嫡长子继承制确立以后，只有继承权，这样就从法律上免除了支庶兄弟争夺王位，起到稳定和巩固统治阶级秩序的作用。嫡长子继承制是宗法制的核心内容。周公把宗法制和结合起来，创立了一套完备的服务于奴隶制的。周天子是天下大宗，而姬姓诸侯对周天子说来是小宗。而这些诸侯在自己封国内是大宗，同姓又是小宗，这样组成一个宝塔形结构，它的顶端是周天子。周代大封同姓诸侯，目的之一是要组成这个以血缘纽带结合起来的政权结构，它比殷代的联盟形式前进了一大步。周代，周天子对异姓诸侯则视为甥舅关系。血缘婚姻关系组成了周人的统治系统。到春秋战国时代暴露了它的弱点，郡县制代替了分封制，但在当时的具体条件下，无疑形成了一种以华夏族为主体的层次分明的政权机构，一种远较殷人的统治为进步的机构。由宗法制必然推演出维护父尊子卑，兄尊弟卑，天子尊，诸侯卑的等级森严的礼法。这种礼法是隶属关系的外在化。反过来，它又起到巩固宗法制的作用，其目的是维护父权制，维护周天子的统治，谁要是违反了礼仪、居室、服饰、用具等的具体规定，便视为非礼僭越。

周天子能授民授疆土，则必以土地国有为前提。"溥天之下，莫非王土，率土之滨，莫非王臣。"（《诗经·小雅·北山》，《十三经注疏》，中华书局1979年版，第463页）在周公文治武功盛极一时的时代，并非虚构。由此引申出来的"田里不鬻"；土地不许买卖，恐怕也出自周公。周公能授给姜尚以专征专伐的特权，那么，"礼乐征伐自天子出"恐怕是周公时代或更早确立而为周公所法定下来的。为了加强中央王朝对地方的统治，册封、巡狩、朝觐、贡纳等制度，也很可能是周公在总结前代经验的基础上确定下来的。

周公的制礼作乐，一方面是在总结前人经验的基础上加以系统化，另一方面也是周人具体实践的总结。

1949年12月2日，毛泽东致柳亚子的信说：

柳老：

　　十一月四日信早收到，因忙迟复为歉。车中信未见，厚意敬领。题字册便时当代询，周公确有吐握之劳，或且忘记了。文史机关事大略亦因此，便当询之。此复，顺致

　　敬意！

毛泽东

十二月二日

（《毛泽东书信选集》，人民出版社 1983 年版，第 362 页）

　　孔子对周公治国理政才能给予高度评价。《论语·泰伯篇》："子曰：'如有周公之才之美，使骄且吝，其余不足观也已。'"

　　大意是，孔子说："如果有人具有周公那样的美妙的才能，但假使他骄傲而又贪鄙，其余方面也就不值得一看。"

　　《论语·述而》："子曰：'甚矣吾衰也！久矣无不复梦见周公。'"

　　大意是，孔子说："我衰老得很厉害了，我好久没有梦见周公了。"可见他对孔子是多么顶礼膜拜了。

　　《论语·八佾》："子曰：'周监乎二代，郁郁乎文哉！吾从周。'"

　　大意是，"孔子说：'周代的制度是借鉴夏、商二代的制度而建立的，它多么丰富美好啊！我拥护周代的制度。'"周代的制度，主要是周公制定的礼乐制度，表现对周公政治制度的肯定与崇拜。

　　"周公"也是党外人士对周恩来总理的称呼，始于抗战时期，当时周总理在国统区工作，他的品格和才能，赢得了许多党外人士和国民党高层人物的尊敬，于是称他为"周公"，当时的红岩八路军办事处，也被称为周公馆。解放后，柳亚子等人仍经常这样称呼周总理。毛主席在 1949 年 12 月致柳亚子的信中也说过："周公确有吐握之劳"，也采用这种称呼，以表示对总理勤于政事、吸纳人才的钦佩和赞赏。

　　毛泽东信中所说的"吐握之劳"是用典，意谓礼贤下士，求贤心切。典出《史记·鲁周公世家》："于是卒相成王，而使其子代就封于鲁。戒曰：'我文王之子，武王之弟，成王之叔父，我于天下亦不贱矣。然我，

一沐三捉发，一饭三吐哺起以待士，犹恐失天下之贤人。子之鲁，慎无以国骄人。'"

译文大意是说："于是终究辅佐成王，而命其子代自已到受封。告诫说：'我是文王之子、武王之弟，成王之叔父，在全天下人中我的地位不算低了。但我却洗一次头要三次握起头发，吃一顿饭三次吐出正在咀嚼的食物，起来接待贤士，这样还怕失掉天下贤人。你到之后，千万不要因有国土而骄慢于人。'"

沐，洗头发。吐哺，亦作吐餔，吐出口中所吃的食物。洗一次头三次提起头发，吃一顿饭三次吐出口中的食物，频频起身接待来访的人，唯恐失去天下有才能的人。说明周公懂得尊重人才，诚心待士和对人才极为重视，也说明人才对治国平天下极为重要。

六、让位成王，有始有终——
"倘使当年身便死，一生真伪复谁知？"

最后，毛泽东称赞周公有始有终的忠诚政治品格。

1939 年 5 月 30 日，毛泽东在延安庆贺模范青年大会上讲话时说："什么是模范青年？就是要有永久奋斗这一条。……奋斗到什么程度呢？要奋斗到五年，十年，四十年，五十年，甚至到六十年，七十年，总之一句话，要奋斗到死，没有死就还没有达到永久奋斗的目标。从前有一首诗说：'周公恐惧流言日，王莽谦恭下士时，倘使当年身便死，一生真伪复谁知？'这在我们的历史学家那里叫作'盖棺论定'，就是说，人到死的时候，才能断定他是好是坏。假使周公在那个谣言流传的时候就死了，人家一定会加他一个'奸臣'的头衔；又若王莽在那个谦让卑恭的时候死了，那后世人一定会赞扬他的。不过我们现在不是讲历史，那两个人究竟孰好孰坏，我们不论，然而它说明了人只有到死，才可以论定他的功罪是非。我们说：永久奋斗，就是要奋斗到死。这个永久奋斗是非常要紧的，如果要讲道德就应该讲这一条道德。模范青年就要在这一条上做模范。其他方面要做模范的是非常多的，例如，在政治上要有一个正确的方向，但是光有这个正确的政治方向是不够的，过了三年五年，就把它丢了，那还不是枉然？所以，有了正确的政治方向后，还要坚定，就是说，要有'坚定正确的政治方向'。这个方向是不可动摇的，要有'富贵不能淫，贫贱不能移，威武不能屈'的骨气来坚持这个方向。这样的青年，才是真正的模范青年。这样的道德，才算是真正的政治道德。我们对道德是这样的看法。有一些人，他们嘴上道德、气节乱喊一阵，但在政治上是不坚定的，中途会变节的，这是无道无德。"（《永久奋斗》，《毛泽东文集》，第三卷，人民出版社1993年版，第190—191页）毛泽东是在中华民族存亡之际，针对张国焘叛党、汪精卫叛国而说的。

张贻玖说："在一本平装《白香山集》的《放言五首并序》的诗中：'赠君一法决狐疑，不用占龟与祝蓍。试玉要烧三日满，辨材须待七年期。周公恐惧流言日，王莽谦恭未篡时，尚使当初身便死，一生真伪复谁知。'毛泽东对全诗用红笔画满了着重线。1972年在批判林彪反革命罪行时，他引用这首诗的后四句，说明一个人错误的发展是有一个过程的，认识一个人是真革命还是假革命也是有一个过程的。他对白居易这首诗的观点显然是赞成的。（张贻玖：《毛泽东评点、圈阅的中国古典诗词》，中国工人出版社1992年版，第117页）

周公制礼作乐第二年，也就是周公称王的第七年，周公把王位彻底交给了成王。《尚书·召诰·洛诰》中周公和成王的对话，大概是在举行周公退位，成王视事的仪式上史官记下的。在国家危难的时候，不避艰辛挺身而出，担当起王的重任；当国家转危为安，走上顺利发展的时候，毅然让出了王位，这种无畏无私的精神，始终被后代称颂。但是，周公并没有因退位而放手不管，成王固然对他挽留，而他也不断向成王提出告诫，最有名的是《尚书·无逸》。

不要贪图安逸，不错，是周公告诫成王的，就是在今天读起来，我们还觉得它是新鲜的。《无逸》开头就讲，知道种地务农的辛劳，才懂得"小人"——农民的隐情。父母辛勤务农，而他们的子弟不知道种地的艰辛，

周公——「奴隶主的圣人」

就会贪图安逸乃至荒诞，甚至侮辱他的父母说："老年人，什么也不懂。"这种不孝的话在当时是决不许讲的。《康诰》中还提到，对不孝不友的人要处以刑罚。作一个最高统治者要知道下边的隐情疾苦，否则就会做出荒诞的事情来。周公接着举了殷代名君太戊、武丁、商汤之孙祖甲，不是庄严威惧，勤自约束，"不敢荒宁"，就是久为小人，能保惠小民，不敢侮鳏寡，他们享国都能长久。尔后的殷王，生下来就安逸，不知道务农的辛劳，只是贪图享乐，因而他们享国也都不长久。周公接下去又举有周的太王、文王的谦抑谨畏，特别提到文王穿不好的衣服，自奉节俭，参加农业劳动，能"怀保小民，惠鲜鳏寡"，从早到过午有时连饭都来不及吃，为的是团结万民。他不敢盘桓逸乐游猎，不索取分外的东西，因而享国也比较长久。周公告诫后代，不许放纵"于观、于逸、于游、于田（田猎）"，不能宽容自己说：姑且现在享乐一下，不能像商纣那样迷乱于酒。如果不听，就会变乱先王正法，招致民人的怨恨诅咒。有人告诉说："小人恨你、骂你。"要说自己有错误，深自省察，不许含怒，不许乱杀无辜，乱罚无罪。不然，相同的怨愤集中到你一个人身上，那后果是不堪设想的。

周公所说的深入底层，关心民间疾苦，以"无逸"自警或用来教育后代是对的，但是"逸"与不"逸"往往受阶级条件所左右，存在决定意识，在没有外界强大压力的情况下，王室成员"生则逸"是必然的，由"逸"而失国也是必然的。

周公执政三年之后，在丰京养老，不久得了重病，死前说："我死之后一定葬在成周，示意给天要臣服于成王。"死后葬于文王墓地毕，成王说："这表示我不敢以周公为臣。"

毛泽东引用唐代诗人白居易的《放言》之五，也是对周公政治上始终如一、忠于周王朝的肯定。

管仲——春秋第一相

管仲（约前723或前716—前645），姬姓，名夷吾，谥曰"敬仲"，汉族，中国春秋时期齐国颍上（今安徽颍上）人，史称管子。春秋时期齐国著名的政治家、思想家。周穆王后代，少时丧父，老母在堂，生活贫苦，早承家担，维持生计，与人合伙经商后从军，至齐国，几经曲折，经鲍叔牙力荐，为齐国上卿（即丞相），被称为"春秋第一相"，辅佐齐桓公成为春秋时期的第一霸主，有"管夷吾举于士"之说。孔子称赞他说："管仲相桓公，霸诸侯，一匡天下，民到于今受其赐。"读《史记·管仲列传》，我们可以深切地感受到他务本求实、以民为本的为政才能，以及他因势利导、转败为功的政治家风范。

管仲的言论见于《国语·齐语》，另有《管子》一书传世。

毛泽东十分称赞管仲的政治才能。对他提出尊王攘夷的政治策略，辅佐齐桓公成就霸业的功勋，攻坚则韧、乘瑕则神的军事策略，屯田备边的方法，百年育人的人才观以及交友之道都予以肯定，并在自己的革命实践中有所吸收和发展。

一、"愿结管鲍之谊"

我国过去有一副楹联说："相桓公一匡天下，交叔牙万古高风"，横批"挚交千古"。

友谊是人世间最珍贵的东西，历史上多少动人的知音故事，成为千古流传的佳话。

友谊是心灵的沟通，情感的交流；是无私的关怀，宝贵的信任；是正直的忠告，热情的鼓励。友谊是对理想的共同追求，是前进征途上的精诚合作，是困难关头的相互支持，是人生道路上的神圣承诺。志同道合者可以成为君子之交、莫逆之交、患难之交、生死之交、刎颈之交、忘年之交。而这副楹联的主角管仲和友人鲍叔牙的故事，更是定格为成语——管鲍之交，成为亲密无间、彼此信任的好朋友的代名词。

春秋时代齐国的国君齐襄公因为与妹妹乱伦私通，受到国内外强烈谴责，也引起国内大臣的不满，不久，在内乱中被杀。齐襄公被杀后，公孙无知被立为君主，他也步了齐襄公的后尘，于是齐国陷入无主状态。

在这历史的关键时刻，远在他国的齐襄公的两个弟弟公子小白与公子纠都想回国继位。当时公子小白在莒国，由鲍叔牙辅佐；公子纠在鲁国，由管仲辅佐。

管仲为了让公子纠顺利回国登上王位，便在公子小白回国途中进行伏击，一箭射中了小白腰带上的铜钩，差一点要了小白的命。小白便将计就计，假装中箭死亡，之后快马加鞭回到国内，登上王位，他就是齐桓公。

齐桓公继位，想成就一番事业，于是想立鲍叔牙为相，而鲍叔牙却要他捐弃前嫌，任用他的仇敌管仲为相，而鲍叔牙甘居其下。此后君臣各尽其能，终于成就了霸业。

鲍叔牙的让贤之举，是大公无私的表现，更是出于对朋友的信任与认同，所以管仲感慨地说："我当初贫困的时候，曾经同鲍叔一起做生意，分钱财时，往往自己多分，鲍叔却并不认为我贪财，因为他知道我家里穷。我曾经为鲍叔谋划事情，结果却弄得更加困窘，鲍叔却并不认为我愚笨，因为他知道时运有顺利和不顺利的时候。我曾经三次做官又三次被国君免职，鲍叔却并不认为我没才干，因为他知道我没遇到好时机。我曾经三次参加战斗三次逃跑，鲍叔却并不认为我怯懦，因为他知道我有个老母。公子纠败亡，召忽为他而死，我却宁愿被囚禁，甘心受屈辱，鲍叔却并不认为我没有羞耻之心，因为他知道我不以小节为可耻而以不能在天下显扬功绩和名声为耻辱。生养我的人是父母，真正了解我的人是鲍叔啊！"

鲍叔推荐了管仲以后，他的子孙世世代代在齐国享有俸禄，得到封地的有十几代，多数是著名的大夫。因此，天下的人不称赞管仲的才干，反而赞美鲍叔能够识别人才。

据《毛泽东年谱》（1893—1949）上卷记载："1915 年 9 月，（毛泽东）为征求志同道合的朋友，以'二十八画生'之名，向长沙各校发出征友启事。启事说'愿嘤鸣以求友，敢步将伯之呼'。提出要结交刻苦耐劳、意志坚定、随时准备为国捐躯的青年。长沙第一联合中学学生罗章龙看到启事，当即回信约见。毛泽东很高兴，复信说：'空谷足音，跫然色喜'，并约定在定王台湖南省立图书馆相见。两人谈了三小时，谈治学、处世、人生、宇宙观和社会改造问题分手时对罗章龙说：'我们谈得很好，"愿结管鲍之谊"。以后要常见面。'"（《毛泽东年谱》（1893—1949）上卷，中央文献出版社 1999 年版，第 20 页）

罗章龙（1896—1995），名璈阶，笔名纵宇一郎，湖南浏阳人。1921 年加入中国共产党，1931 年被开除出党。后历任河南大学、西北联合大学、湖南大学等校教授。新中国成立后，曾任中国人民政治协商会议全国委员会委员。

他是长沙第一联合中学学生，比一师时的毛泽东小 3 岁。

半个世纪后，罗章龙回忆与毛泽东初识的情景：

那年，19 岁的他到第一中学访友，在该校会客室门外墙上，偶见署名"二十八画生"启事，是八裁湘纸油印的，用兰亭帖体书写，文情真挚，言辞典丽可诵，看后颇为感动，返校后立即回一信响应，署名纵宇一郎。3 天后收到复信，称"空谷足音，跫然色喜"，约定下个星期日会面，地点在定王台省立图书馆。

那天，久雨初晴，丽日行空，空气清新宜人，同学陈圣皋也欣然同往。上午 9 时许，到阅览者熙攘众多的定王台，在走廊处看到一少年，仪表堂堂，气宇轩昂，心想那一定是要会见的人。行礼问询后，得知对方叫毛泽东，字润之，略谈数语后，陈圣皋去阅览室看书，毛泽东建议觅一僻静处倾谈。进到院内，见寂静无闻，便坐在一长条石上促膝谈话。

虽第一次见面，却相见恨晚，谈了许多。包括国内外政治、经济及宇宙人生等，对治学方针方法、新旧文学与史学评价谈论尤多。谈到音韵改革，都主张以曲韵代诗韵，以新文学艺术代替"高文典册"的宫廷文学；

在旧文学著作中，都对离骚颇感兴趣，主张对离骚赋予新评价；关于治学，毛泽东认为自己对宇宙、对人生、对国家、对教育等均属茫然，主张用全幅（副）力量向宇宙、国家社会作穷源竟委的探讨，研究有得，便可解释一切，关于生活方面涉及较少。

谈话持续两三个小时，直到图书馆中午休息时止。

临别，毛泽东嘱罗章龙，以后常见面。还说："愿结管鲍之谊。"（罗章龙：《椿园载记》，1984年三联书店版，第6页）

毛泽东的回信中所说"空谷传音，跫然色喜"，语出《庄子·徐无鬼》："夫逃虚者……闻人足音跫然而喜矣。"意思是说，在山谷里听到人的脚步声，脸上现出喜悦的颜色，表示很高兴比喻极难得音信和事物。这里是对罗章龙应征一事的嘉许。

两人会谈后，毛泽东表示"愿结管鲍之谊"，也是用典。典出晋傅玄《何当行》："管鲍不世出，结交安可为。""管鲍"是春秋时管仲和鲍叔牙的并称。管仲，名夷吾，字仲。鲍叔牙，齐大夫。二人友善。管仲曾说："生我者父母，知我者鲍子。"后常用以比喻友谊深厚的朋友。在这里，毛泽东借管仲鲍叔牙未得志前就结为挚友一事来比喻两人的共同志愿。

毛泽东一向择友甚严，用管仲和鲍叔牙为喻表达心愿，可见对罗章龙的认可与看重。纵观毛泽东一生，主动欲结管鲍之谊，仅罗章龙一人而已。稍后他还在给友人信中，禁不住表露了新得知音的欣喜："近日以来稍快惟此耳。"

罗章龙也因交结毛泽东而兴奋，专门写诗记其事：

> 白日东城路，娜嬛丽且清，风尘交北海，空谷见庄生。
> 策喜长沙傅，骚怀楚屈平，风流期共赏，同证此时情。

诗中引经据典，描述与毛泽东相会：那天到长沙东城定王台，像传说中的神仙洞府娜嬛那样，一个藏书甚富的地方，藏有北海太守李邕写的碑文。如在风尘仆仆的人生旅途中，结交了才华横溢的李北海；如在空旷幽深的山谷里，听到极难得的行人声音，遇到像庄子那样睿智的贤哲。我们一起讨论的治国之策，即使曾上过《治安策》的长沙王太傅、才华横溢的贾谊也会欣喜不已；我们谈论文学辞章，不但对屈原赋予新的更高评价，还有改革文学艺术的系列主张。心怀天下的一代风流，期待对方的欣赏与认同；定王台的一草一木，见证了年轻学子此时的友情。

二、"辅佐齐桓公九合诸侯"

管仲年轻时常常和鲍叔牙交往，鲍叔牙知道他很有才干。那时管仲家境贫寒，分财利时他时常占鲍叔牙的便宜，而鲍叔却始终好好地对待他，并不因此而说他的坏话。后来，鲍叔侍奉齐国的公子小白，管仲侍奉公子纠。等到小白立为桓公以后，公子纠死了，管仲被囚车送到齐国·鲍叔牙就向桓公举荐管仲。管仲被重用之后，在齐国执政，桓公以此成就霸业，多次会盟诸侯，一举匡正天下，都是管仲的计谋。

春秋五霸中最早的是齐桓公。齐是太公吕尚的封国，其历代君主致力于整顿政治，发挥滨海的优势，提倡家庭纺织业，发展商业和手工业，使其国力逐渐发展起来。齐桓公，于公元前 685 年到公元前 643 年在位。在位期间，他任用管仲改革，选贤任能，加强武备，发展生产，迅速成为当时最富强的国家。然后，就提出了"尊王攘夷"的口号。所谓"尊王攘夷"，就是尊崇王室（周王朝），排斥夷狄。春秋时代，居于中原地区的华夏族国家，称其他少数民族为"夷狄"。当时周天子的地位已经削弱，但名义上仍然是诸侯的共主。所以提出"尊王攘夷"，就能打着周天子的旗号而令诸侯，使在与各国的斗争中处于有利的地位。他助燕败北戎，援救邢、卫，阻止狄族进攻中原；联合中原各国攻楚的盟国蔡国，与楚在召陵（今河南郾城东北）会盟；又安定周朝王室内乱，多次会盟诸侯。

公元前 655 年，周王室内讧，齐桓公联合诸侯保住了太子郑的地位。不久，又拥立太子郑为王，即周襄王。公元前 651 年，齐桓公召集宋、鲁、郑、许等诸侯在葵丘会盟，周襄王派代表参加，对齐桓公极力表彰。在葵丘之会上，齐桓公代表诸侯各国宣读了共同遵守的盟约。其主要内容是，不准把祸水引向别国；不准因别国灾荒而不卖给粮食；不准更换太子；不准以妾代妻；不准让妇女参与国家大事。这些内容，有些是各国在经济上互相协作的要求，有的是维护宗法统治秩序的需要。条约规定，"凡我同盟之人，既盟之后，言归于好"。通过葵丘的盛会，齐桓公终于达到了联合诸侯、称霸中原的目的。这是齐桓公多次召集诸侯会盟中最盛大的一次，标志着齐桓公的霸业达到了顶峰。

葵丘会盟，山东省胡老家行政村南 1 华里处葵丘会盟旧址存放有一块石碑，其土地在解放前后曾经属于过兰封和考城县合并前的考城，1956 年该地方划规山东省曹县。

公元前 651 年的葵丘会盟是齐桓公称霸的标志。在齐桓公称霸的过程中，管仲至关重要，正如孔子所说："管仲相桓公，霸诸侯，一匡天下，民到于今受其赐。微管仲，吾其被发左衽矣。"（《论语·宪问》）

1964 年 8 月 30 日，毛泽东在一次谈话中谈及黄河流域的水利建设时说："齐桓公九合诸侯，订立五项条约，其中有水利一条，行不通。秦始皇统一中国，才行得通。"（《希望》，1992 年新总第 1 期）毛泽东肯定了齐桓公"九合诸侯，一匡天下"的霸业，在一定程度上也肯定了管仲的辅佐之功。

三、管仲的人才观——"十年树木，百年树人"

1957 年 10 月 19 日，毛泽东在中国共产党第八届中央委员会扩大的第三次全体会议上作了《做革命的促进派》的讲话，讲到培养无产阶级知识分子时，他又引用了管仲的话。他说：

"无产阶级没有自己的庞大的技术队伍和理论队伍，社会主义是不能建成的。我们要在这十年内（科学规划也是十二年，还有十年），建立无产阶级知识分子的队伍。我们的党员和党外积极分子都要努力争取变成无产阶级知识分子。各级特别是省、地、县这三级要有培养无产阶级知识分子的计划，不然，时间过去了，人还没有培养出来。中国有句古话，'十年树木，百年树人'。百年树人，减少九十年，十年树人。十年树木是不对的，在南方要二十五年，在北方要更多的时间。十年树人倒是可以的。我们已经过了八年，加上十年，是十八年，估计可能基本上造成工人阶级的有马克思主义思想的专家队伍。十年以后就扩大这个队伍，提高这个队伍。"（《关于农业问题》，《毛泽东文集》，第七卷，人民出版社1999年版，第309—310页）

毛泽东在讲话中所引"十年树木，百年树人"的话，语出《管子·权修第三》："一年之计，莫如树谷；十年之计，莫如树木；终身之计，莫如树人。一树一获者，谷也；一树十获者，木也；一树百获者，人也。"

其意思是说：（做）一年的打算，只不过像种庄稼；（做）十年的打算，只不过像栽树木；（做）一生的打算，只不过就像培养人才。培植以后一年就有收获的，是庄稼；培植以后十年才有收获的是树木；培植以后百年才有收获的，是人才。这就是管仲的人才观。毛泽东显然同意这种人才观。他重视干部队伍的培养，特别是革命接班人的培养，这是众所周知的。

四、管仲的军事谋略——"攻坚则韧，乘瑕则神"

毛泽东对管仲的军事思想也很有研究，并在革命战争中加以灵活运用。

1931年4月，中央苏区研究如何粉碎国民党的第二次军事"围剿"，与会者都同意毛泽东所提出的各个歼灭敌人、粉碎"围剿"后转入战略进攻的主张。但关于先打弱敌还是先打强敌，却有不同看法。据郭化若回忆：

"在国民党军队重兵压境的情况下，最紧迫的问题还是要确定第二次反"围剿"的战略方针。会上存在严重的意见分歧。苏区中央局代书记项英等许多人仍认为，敌我力量悬殊，敌军的严密包围难以打破，并抓住中央三月二日指示信中'为着保全红军实力（基本力量），遇必要时可以抛弃旧的与组织新的苏维埃区域'那句话，主张将红军主力转移到根据地以外去。还有人主张"分兵退敌"，认为这样做"一则可以使敌人包围落空，一则目标转移，可以退敌"。毛泽东反对这两种主张，继续坚持依据根据地的有利条件，就地诱敌深入，依据根据地的军民来击破敌军的"围剿"，并力主集中兵力，指出分兵不但不能退敌，反而会给红军带来更大的困难。他的意见只得到朱德、谭震林等人的支持，在会上处于少数地位。因此他便提议扩大会议范围，来讨论这个至关重要的战略方针问题。这个提议被接受了。第一方面军参谋长朱云卿走出会场时担心地说：'大敌当前，中央局这样不统一，可不是件好事啊。'（《郭化若回忆录》，军事科学出版社1995年版，第63页）

"打不打的问题解决后，紧接着就是反攻从哪里开始的问题，会上又发生了争论。有些人主张先打兴国的蒋光鼐、蔡廷锴的十九路军，认为打垮十九路军便于红军的发展，可以伸开两手到湘南到赣南。苏区中央局秘书欧阳钦不久后给中央的报告中写道：'这时泽东同志意见认为在进攻我们的人中，蒋蔡比较是强有力的，在历史上未曾打过败仗，曾经在湘南把张发奎打得落花流水，我们现在主要的是择敌人弱点打破，打蒋蔡没有绝对胜利的把握，我们应打王金钰这路，因为这路敌人既弱且地势群众都好。'他还指出，从富田地区的王金钰部打起，向东横扫，可以在闽赣交界的建宁一带扩大根据地，征集资财，便于打破下一次'围剿'。如果由东向西打去，则限于赣江，战局结束后没有发展余地。若打完再东转，又劳师费时。会议经过讨论，采纳了毛泽东提出的作战方针。"关于先打弱敌还是先打强敌的问题，毛泽东会后闲谈时曾说，他们不懂得在战略上也先打弱的道理，是古已有之的。《管子》中说：'故凡用兵者，攻坚则韧，乘瑕则神。攻坚则瑕者坚，乘瑕则坚者瑕。'（《管子·制分》）不是古人早已讲过了吗？但在争论中不用这些，而是从实际情况出发，说服了大家。"（《郭化若回忆录》，军事科学出版社1995年版，第64页）

毛泽东在这里所引管仲的话，见于《管子·制分》。原话是这样的："故凡用兵者，攻坚则韧，乘瑕则神。攻坚则瑕者坚，乘瑕则坚者瑕。故坚其坚者，瑕其瑕者。”

其意思是说：凡是打仗的，所攻的既牢固，则坚韧而难以攻破，但所乘虚脆，则繀然瓦解，所以说如有神助。所攻虽然牢固，能使它虚脆，则是因为士兵坚强的缘故；所乘虽然虚脆，却极为牢固，那是因为士兵脆弱的缘故。所以强大的士兵攻打牢固的对象，脆弱的士兵攻打虚脆的地方。

《管子·霸言》又云："释实而攻虚，释坚而攻膬，释难而攻易。"也是强调避实击虚，攻击敌方脆弱之处，避开难攻之处而捡容易的打。

管仲的这种战术思想，和孙子提倡的"避实击虚"（《孙子·虚实》）和"避其锐气，击其惰归"（《孙子·军争》）是一致的，后者毛泽东在《中国革命战争的战略问题》中曾加以引用，可见他对这种战术思想是非常认同的。后来，毛泽东把这种战术思想归结为"先打弱敌，后打强敌，力争主动，避免被动"（《先打弱敌后打强敌力争主动》，《毛泽东军事文选》，第三卷，军事科学出版社、中央文献出版社1993年版，第658页）

俗话说，柿子专拣软的捏。先打弱敌，这是很自然的道理。反第二次大"围剿"就是毛泽东这种战术思想运用的范例。

后来的第二次反"围剿"，完全按照毛泽东的这个主张去打，果然取得了胜利。

蒋介石在第一次"围剿"失败后，于1931年2月派军政部长何应钦代行总司令职权兼陆海空军总司令，并任南昌行营主任，调集十八个师另三个旅，20万人的兵力，"以厚集兵力，严密包围及取缓进为要旨"，采取稳扎稳打、步步为营的作战方针，积极部署对红一方面军的第二次"围剿"。

3月下旬，国民党军部署完毕。第19路军由蔡廷锴代总指挥，辖第60师（蔡廷锴兼）、戴戟第61师及马昆第12师第34旅，由兴国向龙冈头、宁都进攻；第5路军由王金钰任总指挥，辖上官云相第47师、公孙藩第28师、郭华宗第43师、郝梦麟第54师、罗林第77师，由吉安、泰和、吉水、永丰向东固、藤田方面进攻；第26路军由孙连仲任总指挥，辖第25师（孙连仲兼）、高树勋第27师、关树人骑1师，由乐安、宜黄向东韶、小布进攻；第6路军由朱少良任总指挥，胡祖玉辖第5师、毛炳文第8师、许克祥第24师、路孝忱新编第13师，由南丰、八都向广昌、黄陂进攻。此外，韩德勤第 52 师担任维护赣江交通和当地"清剿"，三个航空队执行侦察和轰炸任务，刘和鼎第 56 师（归第 6 路军指挥）出安远（属宁化县）、周志群新编第 14 旅出宁化、卢兴邦独立第 32 旅出连城和长汀、张贞第 49 师出上杭和武平、香翰屏第 62 师出蕉岭，防堵红军向东南转移。

这时，红一方面军仍是第一、第三两个军团，人数略有减少，3 万余人，经过第一次反"围剿"的锻炼和胜利后的养精蓄锐，斗志旺盛。毛泽东提出的诱敌深入的战略方针，已为广大军民所认识和接受。在第一次反"围剿"胜利后，根据地的党政军民，从各方面进行了反"围剿"的准备。

按照红一方面军总部 3 月 23 日的命令，主力部队由根据地北部边缘的永丰、乐安、宜黄、南丰以南地区，转移到广昌、石城、宁都、瑞金等地，进行整顿、训练、筹款和做群众工作。在红军和人民中进行了广泛深入的政治动员，召开了地方武装和赤卫军、少先队的工作会议，对这些武装的任务、编制、训练、战术等问题，都作了明确的规定，要求各以地方武装为骨干，领导赤卫军、少先队，运用游击战术，积极执行扰敌、堵敌、截敌、袭敌、诱敌、毒敌、捉敌、侦敌、饿敌、盲敌等十项任务，配合主力红军歼灭敌人。这些就为取得反"围剿"的胜利，创造了有利条件。

在此期间，六届三中全会后的党中央派到中央根据地，于 1 月 15 日正式成立苏区中央局和中央军事委员会（简称中央军委），项英任中央局书记和军委主席，朱德任军委副主席和红一方面军总司令，毛泽东任军委副主席、总政治部主任和红一方面军政治委员。4 月，王明"左"倾冒险主义统治的党中央派出代表团，到达中央苏区并参加中央局的领导工作。这种情况，就在中央苏区领导层产生了分歧，使第一次反"围剿"行之有效的战略战术受到干扰。经过辩论，最后采取了毛泽东的主张，决定采取由西向东横扫，先打弱敌，各个击破的作战方针。

4 月 1 日，国民党军分四路开始向中央根据地大举进攻，至 4 月 23 日，先后进至江背洞、龙冈头、富田、水南、严坊、招携、广昌等地。与此同时，红军主力秘密转移到龙冈、上固、东固地区，为待机歼敌、迫敌而在东固地区待命达 25 天。5 月 13 日，国民党军所部第 28 师和第 47 师一个旅，开始由富田向东固前进。5 月 16 日至 17 日，红军在中洞、九寸岭地区包围歼灭敌第 28 师和第 47 师一个旅的大部。接着向东横扫，于 5 月 19 日在白沙歼敌第 43 师大部和第 47 师一个旅的残部，余敌逃向永丰；5 月 22 日在中村歼灭前来西援的敌第 27 师近一个旅；5 月 27 日攻克广昌，歼敌第 5 师一部，第 5 师师长受重伤毙命；5 月 31 日突袭建宁，歼敌第 56 师三个多团。从 5 月 16 日至 31 日，红一方面横扫 700 余里，连打五个胜仗，歼敌 3 万余人，缴枪 2 万余支，痛快淋漓地打破了敌人的第二次"围剿"。

红军粉碎"围剿"后，乘胜转入进攻，分兵发动群众，打土豪分田地，筹粮筹款，解放了赣东、闽西的黎川、南丰、建宁、泰宁、宁化、长汀等广大地区，进一步巩固和扩大了中央革命根据地。

此次战役的胜利，使得中国共产党进一步扩大了中央根据地的范围，其势力从江西南部伸展入福建西部。毛泽东也又一次证实了自己的军事才能，更加稳固了在红军中的领导地位。

第二次反"围剿"胜利后，毛泽东作了《渔家傲·反第二次大围剿》一词。其词曰：

白云山头云欲立，白云山下呼声急。枯木朽株齐努力。枪林逼，飞将军自重霄入。

七百里驱十五日，赣水苍茫闽山碧。横扫千军如卷席。有人泣，为营步步嗟何及！

（中共中央文献研究室编：《毛泽东诗词集》，中央文献出版社 1996 年版，第 49 页）

这首词上阕写在反第二次大围剿中具有重要意义的白云山伏击战，下阕写战役的全过程，讴歌了根据地军民英勇杀敌的英雄气概和反"围剿"的伟大胜利。它既是集中兵力、诱敌深入、出奇制胜、各个击破的战略原则的胜利，又是善于从实际出发运用战略退却与战略进攻法则的胜利，也是伏击战、运动战、歼灭战战役方针的胜利，是人民战争思想的胜利，体现了毛泽东的战略战术思想。因而它既是记录反第二次大"围剿"的史诗，也是红军战争的重要组成部分。

在这次战役中，根据毛泽东的主张，先打实力较弱的王金钰部，一举歼灭了王金钰和公秉藩两个师，然后回师东向，一直打到江西与福建的边境，正是"七百里驱十五日"，"横扫千军如卷席"。此中我们可以看到他所引管子"攻坚则韧，乘瑕则神"思想的影响。

五、"管仲可以说是军队屯垦的创始人"

毛泽东对管仲的军屯思想也很重视。1955年元旦期间，毛泽东在中南海会见从新疆回京的王震。王震说："主席，我们打了这么多年的仗，现在战争结束了，那么多退伍军人需要安置，总得想个好办法解决。""可以组织屯垦戍边嘛！"毛泽东说，"中国古代就有屯垦制，管仲搞过，诸葛亮在汉中也搞过呢！开荒就业，治疗战争创伤，巩固边疆，建设边疆，应该是个好办法。在中国历史上，管仲可以说是军队屯垦的创始人。中国古代聪明的政治家都懂得军垦的价值，如曹操、诸葛亮和岳飞。"（邸延生：《历史的真言——李银桥在毛泽东身边工作纪实》，新华出版社2007年版，第598页）

屯田制指的是利用士兵和农民垦种荒地，以取得军队供养和税粮。又有军屯、民屯和商屯之分。商屯亦称盐屯，是为了便于在边境地区纳粮换盐而办的屯垦。而民屯和军屯就是狭义的屯田，屯田制就是以屯田为目的而建立的一种制度，由曹操建立。

军屯，就是以军队戍边开垦荒地，春秋时管仲是开创者。当时就常用于开拓和驻守西北边疆。汉文帝时，大臣就曾建议"徙民实边"。汉宣帝时，建议"屯田"于边防，戍卫与垦耕兼顾，自敦煌西至盐泽往往起亭，而轮台和渠犁皆有田卒数百人。此一方法用意，既可解决路途遥远交通不便之下自力更生，解决军队粮草问题，又可使兵力在守防时亦不白花人力，乃一举两得之构想。但是直到东汉末年，所有屯田的构想与实施都只限于避免从异地长途运输粮食，解决边境守备军队之需，并不作为经济和社会制度。军屯是指设立土地予不用打仗的军士，要求士兵能自行耕作而生产行军所需粮食。军屯以六十人为一营，且佃且守，士卒需缴纳分成地租。

军屯可分为两种类型，一种类型是现役军人屯田，这是沿袭汉代的做法，随军开垦，且耕且守。另一种类型是士家屯田，用于屯田生产的士家包括从征将士的家属和尚未抽调的后备役兵士。

三国时，诸葛亮和曹操都实行过军屯制。诸葛亮为实现他全力辅佐蜀汉帝业，达到"北定中原、兴复汉室"的目的，于建兴五年至十二年（227—234）率诸军北驻汉中，"营沔北、阳平、石马"（即今勉县的汉江两岸，老城镇至旧州铺一带），以汉中为根据地，向曹魏展开五次北伐。为了解决北伐期间的粮草供给，诸葛亮在汉中曾"休士劝农"采取了一系列措施，因地制宜，兴修水利，发展生产，既为北伐曹魏解决物资供应，减轻了人民的负担，更为土地的开发和利用奠定了坚实的基础。《三国志·蜀书·诸葛亮传》记载："（建兴）十二年春，亮悉大众由斜谷出，以流马运，据武功五丈原，与司马宣王对于渭南。亮每患粮不继，使己志不申，是以分兵屯田，为久驻之基。耕者杂于渭滨居民之间，而百姓安堵，军无私焉。"（陈寿：《三国志·蜀书·诸葛亮传》，中华书局 1959 年版，第 925 页）

"军以粮食为本"，军事活动的根本保证是以物质为基础的。诸葛亮要北伐曹魏，首先应考虑粮草资源，蜀都虽号"天府"，但距前线远隔千里，道险运艰，无法保证军需供给，因此，诸葛亮不能不在汉中因地制宜，就地取材来解决北伐的军事供应。刘备取汉中时，法正就曾向刘备建议，夺取汉中后可"广农积谷"。

而最早提出此制度的则是曹操麾下的毛玠。奠基的政权整合军屯与民屯，在各地设立田官专门负责屯田。逐步确立后，成为国家政权的钱粮收入来源，同时也解决了屯田军民本身的生计。

早在随镇压黄巾余部时，曹操就对亦战亦耕的做法产生了极大兴趣，建安元年（196），击败了汝南，夺得了一大批农具和劳动力。建议利用这些农具，在汝南一带开垦土地，实行屯田，以解决粮食问题。曹操采纳了国渊的建议，并任命他为屯田长，全权负责屯田事宜。首先将荒芜的无主农田收归国家所有，将招募到的大批按军队的编制编成组，由国家提供土地、种子、耕牛和农具，由他们开垦耕种，获得的由国家和屯田的按比例分成。屯田实施的第一年，就得穀百万斛，于是下令郡国都置田官，招募流亡百姓屯田，并下令军队屯田，屯田制得到广泛推行。《三国志·魏书·武帝记》："是岁用枣只、韩浩等议，始兴屯田。"（陈寿：《三国志·魏书·武帝记》，中华书局 1959 年版，第 14 页）陈寿注引《魏书》曰："是岁乃募民屯田许下，得谷百万斛。于是州郡例置田官，所在积谷。征伐四方，无运粮之劳，遂兼并群贼，克平天下。"（陈寿：《三国志·魏书·武帝记》，中华书局 1959 年版，第 14 页）

首先，按照经济学的说法，屯田使有限的生产资源得到了高效率的分配使用。汉魏之际，广大人民流离失所，所谓"白骨露于野，千里无鸡鸣"就是当时社会的真实写照（曹操：《蒿里行》，《乐府诗集》二卷十七，人民文学出版社 2010 年版，第 485 页）。一方面大量劳力无地可耕，一方面大片荒地无人开垦，而则可以把这些劳动力安置在国有土地上从事生产，从而充分利用了既定的生产资源。其次，屯田解决了军粮供应问题。军阀混战，归根到底打的是粮草。积极地在交通便利的地区实行屯田，不但粮草供应有了保障，而且大大减轻了运粮的沉重劳役负担。再次，曹操自公元 196 年开始屯田以后，在 197 年消灭了吕布，兼并了徐州；199 年消灭了袁术，兼并了今苏北、皖北一带；205 年灭亡了袁绍父子及高干，兼并了河北、山西一带；207 年击败乌桓，公孙康投降，兼并了辽西、辽东及胶东……最后统一了北方。

在革命战争中，毛泽东都很重视军屯问题。为了打破日、伪军的围攻和国民党顽固派的军事、经济封锁，克服自然灾害造成的严重困难，1939 年，各抗日根据地开展了大规模的生产运动。1940 年底，毛泽东、朱德命王震率部开赴南泥湾，在随时保持战斗准备的情况下，屯田开荒，发展生产。

南泥湾位于延安东南百余里，荒无人烟，杂草丛生，野兽成群，给部队的生活、生产带来了很大困难。三五九旅在开进南泥湾以后，在"一把镢头、一支枪，生产自给保卫党中央"的口号下，迅速掀起了生产热潮。经过两年多的奋战，荒无人烟的南泥湾终于变成了"粮食堆满仓，稻谷翻金浪，猪牛羊肥壮，鱼鸭满池塘"的"陕北江南"。王震也由于吃苦在前，成绩卓著，被评为陕甘宁边区大生产劳动英雄。南泥湾垦荒的创举和经验，对全国抗日民主根据地的大生产运动起了典型示范作用。

毛泽东对南泥湾垦荒非常重视，他除了与王震保持经常的联系外，还在百忙之中抽出时间亲自去南泥湾实地考察。

1943年11月底，陕甘宁边区生产展览会和边区劳动英雄大会同时开幕。毛泽东亲自参观了展览会并接见了王震。他高度地评价和总结了军队的生产，指出："我们的军队既不要国民党政府发饷，也不要边区政府发饷，也不要老百姓发饷，完全由军队自己供给，这一创举，对于我们的民族事业，该有多么重大的意义啊！"

新中国成立之初，王震认真分析了新疆的形势，借鉴历史屯垦戍边的经验教训，规划了新疆屯垦事业的蓝图。1950年动员了新疆军队70%的人员参加农业生产，迈开了屯垦事业的艰难一步。1952年2月1日，毛泽东主席发布《关于部分部队集体转业的命令》中说："你们过去曾是久经锻炼的有高度组织性纪律性的战斗队，我相信你们将在生产建设的战线上，成为有熟练技术的建设突击队。你们将以英雄的榜样，为全国人民的，也就是你们自己的未来的幸福生活，在新的战线上奋斗，并取得辉煌的胜利。你们现在可以把战斗的武器保存起来，拿起生产建设的武器。当祖国有事需要召唤你们的时候，我将命令你们重新拿起战斗的武器，捍卫祖国。"（《建国以来毛泽东文稿》，第三册，中央文献出版社1989年版，第123页）1953年5月，根据毛主席的命令，新疆军区所属部队分编为国防部队和生产部队。1954年8月，中央军委总参复电：同意二十二兵团与军区生产部队合并，成立新疆军区生产建设兵团。10月7日，新疆军区发布命令，宣布新疆军区生产建设兵团成立。从此，新疆的屯垦事业进入了一个新阶段。

1956年王震任农垦部部长，为新疆军区生产建设兵团的发展亲自设计蓝图。他曾5次进入塔里木地区，亲自领导和指挥三五九旅的后代开发塔里木的战斗。当时，部队开发荒原需要大批农业机械，王震亲自写信，由第一拖拉机厂直接给新疆运来一批大马力的拖拉机和推土机。兵团事业的发展需要大批新生力量，经王震向中央领导请示，从内地接收了大批知识青年支持边疆建设。当时北京、天津、上海、湖北等地均有年轻的学生投身于兵团这座大熔炉，仅上海一地就来了 10 万知青。为了发展兵团的经济，王震当时拟定了一个在新疆南部发展 50 万亩蚕桑基地的宏伟计划。他说蚕桑是我国的国宝，但我国的丝绸产量总赶不上日本，这种局面一定要改变。他请来山东、江苏、浙江的蚕桑专家和技术人员、培训骨干，定植桑园。短短几年，仅农一师就发展了 17 万亩桑园。然而在十年"文革"中，新疆屯垦事业备受摧残，新疆军区生产建设兵团被撤销建制。

1981 年 6 月，王震从发展新疆经济、文化，保持新疆稳定、巩固祖国边防的战略高度出发给党中央和中央军委主席邓小平写信，提出恢复新疆生产建设兵团的建议，并根据邓小平的指示，带领党中央和国务院有关部门领导同志，对恢复生产建设兵团的必要性作了充分的调查和论证，后经中共中央、国务院、中央军委批准，于 1981 年 12 月恢复了新疆生产建设兵团。兵团恢复后，王震更加关注兵团事业的发展。他亲自抓地膜植棉新技术的推广，兵团很快推广了地膜植棉技术，并波及全疆，掀起一场新疆农业史上的"白色革命"。现在，新疆已成为世界上种植膜植棉面积最大的地区。他一手促成了兵团与珠海经济特区的携手合作；他亲率日中友好代表团到兵团垦区视察，有力地推动了兵团与日本的经济合作。他两次给江泽民、李鹏同志写信，建议对新疆生产建设兵团在国家实行计划单列，并为此派他的秘书协助沟通国务院各部门关系。他对兵团事业的发展真可谓呕心沥血，始终不渝，关怀备至。

除新疆之外，国家还在北大荒、海南岛和云南西双版纳实行了军垦。这样，军垦对保卫边疆和支持国家建设起了很大作用。

六、"衣食足而后知荣辱"

青年毛泽东为何喜欢游学？ 1936 年 10 月，他和美国记者斯诺谈话时回忆说："有一天我读到一份《民报》，上面刊载着两名中国学生旅游全国的故事，他们到达了西康（旧省名，包括今四川西部和西藏东部）的打箭炉（今四川康定）。这件事给我很大的鼓舞。我想效法他们的榜样可是我没有钱。

"第二年夏天，我开始在湖南徒步旅行，游历了五个县。一个名叫萧瑜（萧子升）的学生和我做伴，我们走过这五个县，没有花一个铜板。农民们既给我们吃的，又给我们地方睡觉；所到之处，我们都受到很友善的欢迎和款待。"（《毛泽东自述》，《毛泽东和斯诺的四次谈话》，人民出版社1996年版，第34页）

关于这段经历，萧子升所著《我和毛泽东的一段曲折经历》有一则故事就是"毛泽东和我曾是乞丐"：

一天清早，我和毛泽东出长沙西城。过了湘江，我们就踏上通往宁乡县城的道路。

我们边走边谈，过了一段漫长时间，我们感到很饿。

毛泽东说，"我们开始行乞吧，我们已经饿得要命了。"毛泽东问路旁小食店的女人，"你知道附近有读书人家吗？"她说，"在小店后面住着一位姓刘的老绅士。"

"润芝，"我嚷道，"刘先生就是我们今天的主人了！"

我们走到一座堂皇的住宅前，敲门。刘翰林终于走出来了。他年约70岁，他露着惊奇的眼光注视着我们。当他明白我们的来意后，过了一会儿，打开纸包，（我二人）一下子富起来，纸包里有40枚铜板。

我们以最快的速度回到小食店，不一会儿就饱餐了一顿，每人只花了4枚铜板。

后来，我们沿路乞讨，农舍相隔二三里，讨到的只是冷饭冷蔬菜，半饥半饱的。我们深深感到，讨饭与在饭馆吃饭是何等的不同！

我们来到沩山，找到一户人家，一对和善的老夫妇给了我们足够的饭菜。老人对我们说："你们两个小伙子，看上去绝非乞丐，可为什么以乞讨为生呢？"

"我们家境不好。"毛泽东答道，"但我们想旅行，因此唯一的办法便是一路乞讨。"

他说："当叫花子没什么不好，叫花子总比强盗好得多！"

"叫花子是最诚实的人，"我辩解道，"甚至比做官都要诚实得多。"

萧子升的这个辩解，很能表现他自尊甚至虚荣的性格。毕竟，他已经毕业，并在长沙城最好的小学有了一份体面的工作，"矫情"一点倒可以理解。毛泽东就说：萧子升放不下架子，问人问路，都要先整整衣服，干咳两声，然后开腔，还只愿进大户人家。

不过还是有人识破了他们的不凡。在益阳，一个饭店主人叫茹英的姑娘，便慧眼识英雄，看出他们的行藏，惊叹道："二位都是了不起的人物啊。"

就是在这个暑假，毛、萧二人"一双草鞋一把伞"一口气游走了湘省五县，做了贴近民生的社会考察，不能不说，毛、萧的游学方式其实在当时很"前卫"。

在这次游学途中，毛泽东和萧瑜就道德修养和物质生活进行了争论。毛泽东不同意萧瑜所引用的孔孟"圣贤遗训"："君子谋道不谋食"。他说："一个人快要饿死的时候，他不会想到道德修养的问题。我自己比较信管仲的话：衣食足而后知荣辱。"这正好和孔子的认识相反。（萧瑜：《我和毛泽东的一段曲折经历》，昆仑出版社1989年版，第23页）

萧瑜所引的"君子谋道不谋食"，见于《论语·卫灵公》："子曰：'君子谋道不谋食。耕也，馁在其中矣；学也，禄在其中矣。君子忧道不忧贫。"

意思是说，孔子说："君子只谋求行其道，不谋求衣食。耕田嘛，免不了饿肚子；读书嘛，就可以升官发财。所以，君子担心其道不能行，不担心贫穷。"

这反映了孔子"学而优则仕"和轻视农业生产的思想。

毛泽东所引管仲的话，见于《管子·牧民》："凡有牧民者，务在四时，守在仓廪。国多财，则远者来；地辟举，则民留处。仓廪实，则知礼节；衣食足，则知荣辱。"牧民，即治理人民，管理人民。

这几句话的意思是：凡是一个国家的君主，必须致力于四时农事，确保粮食足备。国家财力充足，远方的人们就能自动迁来，荒地开发得好，本国的人民就能安心留住。粮食富裕，人们就知道礼节；衣食丰足，人们就懂得荣辱。

管仲提倡"以民为本，本固则国强"，所以他注重农业发展、粮食贮存。认为粮食充足了，人们就知道礼节；吃饱穿暖了，人们才懂得礼节。这种观点与孔子的"君子谋道不谋食"的看法正好相反。毛泽东是赞成管仲的看法的。

　　今存《管子》这部书，共 67 篇，是否全出于管仲之手，尚有不同看法，所以，文人多不诵读。毛泽东在长沙师范读书时就读过这本书，而且读得很细。

李斯——"李斯是拥护秦始皇的"

一、"李斯是拥护秦始皇的"

（一）赴秦施才

李斯（？—前208）生于战国末年，是楚国上蔡（今河南上蔡西南芦岗乡李斯楼村）人。秦朝著名政治家、文学家和书法家。他年轻的时候，担任郡里的小公务员，看到办公处厕所中的老鼠吃粪便等脏东西，又经常受人和狗的惊吓。后来李斯走进粮仓，看见粮仓里的老鼠，吃着储存的粮食，住在有走廊的大屋子里面，却不受人和狗的惊扰。于是，李斯联想到人的沉浮与处境的关系，便叹着气说："一个人有出息、没出息就像老鼠一样，在于让自己处在怎样的环境里罢了！"这就是说，一个人要想在社会上出人头地，就应该像在粮库里偷吃粮食的老鼠，才能为所欲为，尽情享受。由这件小事可以看出，在战国时期人人争名逐利的情况下，李斯也是不甘寂寞，想干出一番事业来。

为了达到飞黄腾达的目的，李斯辞去小吏，到齐国求学，拜荀卿为师。荀卿是当时著名的儒学大师，他是打着孔子的旗号讲学的，但是，他不像孟子那样墨守成规，而是从当时的政治形势出发，对孔子的儒学进行了发挥和改造，因而很适合新兴地主阶级的需要。荀子的思想很接近法家的主张，也是研究如何治理国家的学问，即所谓的"帝王之术"。李斯学完之后，反复思考应该到哪个地方才能显露才干，得到荣华富贵呢？经过对各国情况分析比较，他认为楚王无所作为，不会有什么成就，不值得为他效力，而六国都很衰弱，没有为他们建功立业的希望，就想要到西方的秦国去。

李斯入秦之前，从楚国到了赵国，在赵孝成王面前与荀子、临武君议兵时说："秦国历秦孝公、惠文王、武王和昭王四代，节节胜利，兵强马

40

壮，威震天下，不是行仁义造成的，抓住有利的机遇罢了。"

临行之前，荀卿问李斯为什么要到秦国去，李斯回答说："干事业都有一个机遇问题，有了机遇就不要放松。现在各国都在争雄，这正是立功成名的好机会。游说者受到重用，主持政事。秦王雄心勃勃，想奋力一统天下，称帝而治，这时没有官职俸禄的人，奔走的时候，正是游说的大好时机，到那里可以大干一场。一个人总处于卑贱穷困的地位，而不设法改变，好像鹿见肉不吃，徒有人的面孔而能用两脚走路罢了。人生在世，卑贱是最大的耻辱，穷困是大的悲哀。长久地处在卑贱的地位，困苦的境地，非议世道而憎恶富贵荣利，自己甘愿无所作为，那是会令人讥笑的。不爱名利，无所作为，并有才智有抱负的读书人的想法。所以，我要到秦国去游说秦王。"

李斯分析天下形势，认为经过战国以来长期的诸侯兼并战争，业已出现了统一的趋势，而当时"六国皆弱"，只有秦国具有实力。于是，李斯告别了老师，到秦国去实现自己的愿望了。

（二）献灭六国之策

李斯自从遇到秦始皇之后，便成为他最信任的助手，至死未变。在东巡至海边时，秦始皇命李斯写下"天尽头秦东门"以作标记。

李斯到达秦国的时候，恰巧庄襄王去世，他就请求在秦丞相文信侯吕不韦府中当家臣，吕不韦认为他贤能，保举他当了宫中侍卫官。李斯因此就有了游说、接近秦王的机会。

一次，他对秦王嬴政说："待人而成事的人，常常失去转瞬即逝的时机。一个能成就大功业的人，就在于他能趁别人的空子，利用可乘之机下狠心消灭敌人。从前秦穆公虽然称霸，终究没有并吞东方各国，原因是什么呢？就是因为当时诸侯还多，周天子的德望还没有衰落，所以五霸一个接一个地兴起，相继尊重周朝。自从秦孝公以来，周朝衰弱，诸侯互相兼并，函谷关以东的关东地区分成为六国，秦国趁着胜利的形势控制各国，已经有六代了。现在各国服从秦国，就像郡县服从朝廷一样。以秦国的强大，大王的贤明，就像扫除灶上的灰尘一样，完全可以灭掉各国，建立帝业，统一天下。这是万世难逢的好时机呀！现在如果懈怠，不急速为之，诸侯各国再强盛起来，相约合纵，虽然有黄帝那样贤明，也无法兼并了。"

李斯行事是卑微、低调的，然而，他的所作所为却无不显示出他的气魄，自有一股傲气，逼人不敢正视。这次会面对嬴政震动很大，他发现，李斯正是他要找的那个人。李斯也由此成功地成为嬴政最信任的人。李斯的见解是正确的，得到了秦王的赏识，因而被提拔为长吏。李斯劝秦王派人持金玉去各国收买、贿赂，离间六国的君臣，果然也收到了效果，他又被封为客卿。

他为嬴政提出了统一大业总的指导思想：从内部瓦解六国，首先用重金贿赂各国权臣，离间其君臣关系；如不就范，就实施暗杀政策；与此同时，配合以强大的军事威胁，通过内外夹攻，实现各个击破。结果，秦王政十七年（前230）灭韩，二十二年（前225）灭魏，二十四年（前223）灭楚，二十五年（前222）灭燕、赵，二十六年（前221）灭齐。短短10年间，秦始皇剪灭六国，结束了春秋战国几百年的分裂状态，建立了规模空前统一的秦王朝。

（三）《谏逐客书》

就在秦王嬴政刚刚继位之时，韩国因为害怕秦国会攻打韩国，就派一位名叫郑国的水利专家来到秦国，名义上是帮助秦国修筑一条规模很大的水渠，实际上是为了消耗秦国的人力和财力，以阻止秦国攻打韩国。但是，在水渠还没有修成的时候，秦国识破了韩国的计谋。秦国的很多宗亲大臣，便以此为借口排斥到秦国做官的客卿，而吕不韦这个权倾朝野的"外国人"，更使秦王嬴政对外来人员产生一种恐惧心理。于是，嬴政颁布了"逐客令"，驱逐所有居住于秦国的他国人。

李斯刚好在秦国待满十年，十年里，他由门客一路提升，提到了客卿的位置，算是一个中级官员了，虽然称不上嬴政的左膀右臂，但还是有过几次闪光的表现。现在却要被迫提包走人，十年工夫岂不功亏一篑吗？

在被遣返的路途中，李斯开始思考应该怎么挽回危局。他举起了笔，决定说服秦王。今天想来，一篇《谏逐客书》，应该是在一个喷薄之夜完成的杰作。

这篇文章不长，不妨全录如下：

臣闻吏言逐客，窃以为过矣。

昔缪公求士，西取由余于戎，东得百里奚于宛，迎蹇叔于宋，来丕豹、公孙支于晋。此五子者，不产于秦，而缪公用之，并国二十，遂霸西戎。孝公用商鞅之法，移风易俗，民以殷盛，国以富强，百姓乐用，诸侯亲服，获楚、魏之师，举地千里，至今治强。惠王用张仪之计，拔三川之地，西并巴、蜀，北收上郡，南取汉中，包九夷，制鄢郢，东据成皋之险，割膏腴之壤，遂散六国之从，使之西面事秦，功施到今。昭王得范雎，废穰侯，逐华阳，强公室，杜私门，蚕食诸侯，使秦成帝业。此四君者，皆以客之功。由此观之，客何负于秦哉！向使四君却客而不内，疏士而不用，是使国无富利之实，而秦无强大之名也。

今陛下致昆山之玉，有随、和之宝，垂明月之珠，服太阿之剑，乘纤离之马，建翠凤之旗，树灵鼍之鼓。此数宝者，秦不生一焉，而陛下说之，何也？必秦国之所生然后可，则是夜光之璧不饰朝廷，犀象之器不为玩好，郑、卫之女不充后宫，而骏马駃騠不实外厩，江南金锡不为用，西蜀丹青不为彩。所以饰后宫、充下陈、娱心意、悦耳目者，必出于秦然后可，则是宛珠之簪，傅玑之珥，阿缟之衣，锦绣之饰不进于前，而随俗雅化，佳冶窈窕赵女不立于侧也。夫击瓮叩缶，弹筝搏髀，而歌呼呜呜快耳者，真秦之声也。郑、卫、桑间、昭虞、武象者，异国之乐也。今弃击瓮叩缶而就郑、卫，退弹筝而取昭虞，若是者何也？快意当前，适观而已矣！今取人则不然。不问可否，不论曲直，非秦者去，为客者逐。然则是所重者在乎色乐珠玉，而所轻者在乎人民也。此非所以跨海内制诸侯之术也。

臣闻地广者粟多，国大者人众，兵强则士勇。是以太山不让土壤，故能成其大；河海不择细流，故能就其深；王者不却众庶，故能明其德。是以地无四方，民无异国，四时充美，鬼神降福，此五帝、三王之所以无敌也。今乃弃黔首以资敌国，却宾客以业诸侯，使天下之士退而不敢西向，裹足不入秦，此所谓"藉寇兵而赍盗粮"者也。

夫物不产于秦，可宝者多；士不产于秦，而愿忠者众。今逐客以资敌国，损民以益仇，内自虚而外树怨于诸侯，求国无危，不可得也。

在这封上书中，李斯一口气列举了自春秋霸主秦穆公以来多位外国人才被秦王重用、从而把秦国带向富强的例证，其中就包括赫赫有名的百里奚、商鞅、张仪、范雎等人，如果不是这几位关键的外国人才忠心事秦，秦国是不可能获得"超级大国"的地位的。接着，他又列举了诸如珍珠、玉石、宝剑、良马等名贵物品，甚至包括音乐、美女之类，这些为秦王所享用的一切，都不产自秦国，而秦王却对此偏爱有加，从没有驱逐之意，那这是不是说明你秦王只重视物件，而不重视人才呢？最后，李斯提醒嬴政，"逐客令"正是令秦国之敌弹冠相庆的行为，"今乃弃黔首以资敌国，却宾客以业诸侯，使天下之士退而不敢西向，裹足不入秦，此所谓'借寇兵而赍盗粮'者也。"

李斯在《谏逐客书》中，把逐客论批驳得体无完肤，是一篇战斗的檄文，而且文章的语言辞采丰富，文思横溢，是一篇优秀的文学作品。这篇上书，排比铺张，有战国纵横家辞辩余风；而文辞整饰，音节流畅，又与汉初散文和汉赋相近，承上启下，为散文史上的名篇。所以，鲁迅先生在《汉文学史纲》中给予了极高的评价："法家大抵无文采，惟李斯奏议，尚有华辞，如上书《谏逐客》云……"接着，他引了"必秦国所生然后可……此所以跨海内、制诸侯之术也"一大段，又引了李斯的《泰山刻石文》后，对李斯作出总评价说："故由现存者而言，秦之文章，李斯一人而已。"毛泽东称赞"有很大的说服力"，评价也是很高的。

这篇文章经由何种途径到了嬴政手里，史书没有记载。应该说，作为秦国国宝的李斯，在这样的遭难之际，仍然受到了秦国一些有识之士的保护。这篇文章也因此很快便被送到嬴政手里。

一篇不到八百字的文章，让嬴政茅塞顿开，是啊，理政治国岂能一叶障目、因噎废食？一声令下，李斯在被逐的半路上被追了回来，所有为秦国工作的"外国人"也都被一一召回。纵览古今，以一篇文章而改写历史，这样的人，除了李斯，还能有谁？

秦国坚持接纳、使用客卿的政策，对其经济、政治、军事、文化的迅速发展，都做出了积极的贡献。如秦始皇时代的客卿就有王崎、茅焦、尉缭、王翦、李斯、王贲、李信、王离、蒙恬等。李斯的《谏逐客书》，对秦网罗天下人才是有功绩的。

从《谏逐客书》开始，李斯的政治生涯发生根本性改变，他被秦王任命为廷尉，掌管司法。这说明李斯已经进入了权力的高层，得以近距离辅佐嬴政统一六国。这种信任关系，直到嬴政驾崩都没有改变。

（四）推行郡县制

公元前 221 年，"六王毕，四海一"，秦朝建立，秦王嬴政变身秦始皇，李斯也由廷尉升任丞相。在随之而来的帝国建制中，一人之下、万人之上的李斯发挥了无可替代的作用，他的最大贡献就是推行郡县制。

郡县制在战国时期的各诸侯国内即已基本形成，它是与自周初以来所实行的"分封制"截然不同的一种政权组织形式。所谓"分封制"，是我国奴隶制社会的政权组织形式，旧称为"封建"，"封建"是封邦建国的意思。古代帝王把爵位、土地分赐给自己的儿子和功臣，使之在本区域内建立邦国。相传黄帝为封建之始，至周时制度逐渐完备。《礼记·王制》说："王者之制禄爵，公、侯、伯、子、男凡五等，……天子之田方千里，公、侯方百里，伯七十里，子、男五十里。"《左传·僖公二时四年》载："昔周公吊二叔之不咸，故封建亲戚，以蕃屏周。"孔颖达疏："故封立亲戚为诸侯之君，以为藩篱，屏蔽周室。"西周奴隶制国家建立时，分封贵族到全国各地为诸侯王。诸侯在他们各自封国里拥有统治权，对周天子仅有定期朝贡和提供军赋、力役等义务，实际上形成一个个独立的王国，中央的权力被架空，因而在全国形成分裂割据的局面。

秦始皇统一中国以后，面临的第一个大问题，就是实行封建中央集权的郡县制，还是恢复奴隶制的分封制？秦始皇召集了专门会议，讨论这个

李斯——"李斯是拥护秦始皇的"

重大问题。代表奴隶主贵族利益的丞相王绾（wǎn）提议恢复分封制，当时任廷尉的李斯坚决反对。他说："周文、武所封子弟同姓甚众，然后属疏远，相攻击如仇雠（chóu），诸侯更相诛伐，周天子弗能禁止。今海内赖陛下神灵一统，皆为郡县，诸子功臣以公赋税重赏赐之，甚足易制。天下无异意，则安宁之术也。置诸侯不便。"

这段话是说，周文王、周武王所分封的子弟和同姓很多，后来亲属关系疏远了，就互相攻打，好像仇敌一样，诸侯之间互相讨伐，周天子也不能禁止。现在天下依靠陛下的威灵得到了统一，都建立了郡县，对皇上的儿子和功臣都用国家赋税收入给予重赏，这是很容易控制的。天下同心一意，这才是求得安宁的根本办法。总之，设置诸侯是不利的。

李斯坚决反对开历史倒车，尖锐地指出：如果恢复分封制，就会重演春秋战国时期诸侯"相攻击如仇雠"的分裂局面，十分不利于国家的统一。秦始皇采纳了李斯的意见，决定全面推行郡县制。而所谓"郡县制"，则是把全国分成若干个郡、县，县下设乡，郡、县的行政长官统一由皇帝任命，不得世袭，这样做，权力就尽可能集中到了中央。

郡县制是由春秋、战国到秦代逐渐形成的一种封建地方政权组织。郡县之名，初见于周，周时县大于郡。《逸周书·作雒》："千里百县，县有四郡。"《左传·哀公二年》载："克敌者，上大夫受县，下大夫受郡。"后世则郡大于县。这种社会制度在秦朝之前，有个漫长的形成过程。春秋时期，秦、晋、楚等国初在边地设县，后逐渐在内地推行。春秋末年以后，各国开始在边地设郡，面积较县为大。战国时期，在边郡分设县，逐渐形成县统于郡的两级制。

自李斯建议取消封建之后，中国封建制度瓦解，由此进入古代欧洲国家所没有的一种社会形态——中央集权制国家。20世纪20年代，为了和西欧的历史发展相对应，中国自秦朝至清朝的历史被称为封建社会，而中国真正的封建社会时期则被冠名为奴隶社会。为了给中国历史上的社会制度正名，众多历史学家做出了艰苦卓绝的努力。《封建考论》便是一本对"封建"进行研究的专著。

从法家思想出发，李斯是坚决主张君主集权的，而君主集权的核心方式应该就是采用郡县制。秦始皇采纳李斯的建议后，将全国分成三十六个郡，下设县，郡县长官均由中央政府任免，成为专制主义中央集权组织的一部分。郡县制得以贯彻执行。

自从李斯确立郡县制，是中央—郡—县三级管理体制。历朝历代都沿袭这一制度。我国今天实行的中央—省—市（地）—县四级体制，多了一个二级的"省"，其他三级无大变化（现在的"市"大体相当于郡）。其间即使有所改变，也都只是在郡县制的框架内小修小补。

毛泽东对秦始皇实行郡县制评价颇高。1973 年 8 月 5 日，在"批儒评法"的高潮之中，他写了一首《七律·读〈封建论〉呈郭老》：

> 劝君少骂秦始皇，焚坑事业要商量。
> 祖龙魂死秦犹在，孔学名高实秕糠。
> 百代都行秦政法，十批不是好文章。
> 熟读唐人封建论，莫从子厚返文王。

《封建论》，是唐代文学家、思想家柳宗元的史论文章，阐发了设置郡县、废除分封、加强中央集权、反对藩镇的主张。

郭老，指郭沫若，当时任中国科学院院长兼历史研究所所长。"十批"，是指郭沫若的一本旧著《十批判书》，收入有关中国古代先秦诸子批判的十篇文章。毛泽东在 1973 年 7 月的一次谈话中，曾讲到《十批判书》尊孔反法。

文王，指周文王，姓姬名昌，是中国历史上开始推行较完备的封建制（即分封制）的国君。

子厚，柳宗元的字。

这首诗热情赞扬了秦始皇创制包括郡县制在内的政治法律制度，批评了郭沫若同志尊孔反法的倾向，规劝他不要从柳宗元肯定郡县制倒退回周文王的分封制。诗中所谓"百代都行秦政法"，秦代的政治法律制度包括很多方面，但主要指的就是郡县制这一体制。

我们还注意到，中国历史的特点有所谓"合久必分，分久必合"的说法，之所以"合"会成为主流，"分"只是暂时，郡县制在其中起的混凝土般的作用是不可小视的。在推行郡县制的过程中，李斯展示出了一个古代政治家的果决与卓识。

作为廷尉，李斯对法律是相当精通的，为维护君主专制政体，他主持制定了《秦律》。根据湖北云梦秦简的考古发现，《秦律》秉承了李悝以来的立法思想，强调以严酷的刑法统治天下。李斯要求全国的民众都来学习法律，要他们"以吏为师"，即以懂得法律的官吏为师。这场中国古代的"普法运动"，与李斯一贯重视的"厚今薄古"的思想是紧密相连的。

（五）统一文字

李斯卓越的政治才干还体现在他统一文字、货币和度量衡上，这里最值得一提的是他在统一文字上的不朽贡献。

自仓颉造字到西周时期，中国的文字本来是统一的，那时的文字主要用于占卜、祭祀。进入春秋以后，诸侯割据，各国纷纷出现"言语异声，文字异形"（许慎：《说文解字·叙》）的现象，到了天下归于一统，这种局面很不利于政令畅通。为此，李斯亲自主持文字统一的工作，他将籀文简化为秦篆，又称小篆，籀文称大篆。他以秦篆为基础，吸取各国文字的优点，删繁就简，创造出了"圆转流畅、典雅秀朗"的小篆，颁行全国。为了让全国的人有一个学习的模板，他还亲自书写了《仓颉篇》，以供临摹。

李斯在汉字发展史上的地位是划时代的，他不仅使这一文字复归统一，还使它的使用由庙堂走向民间，更使它具备了审美的功能，催生出一门新的艺术——书法。当时，几乎所有秦朝的铭文碑刻，甚至包括传国玉玺上的"受命于天，既寿永昌"八个字都出自李斯之手。他随秦始皇巡游时写下的泰山石刻，是他唯一留存至今的真迹。李斯堪称中国历史上的第一位书法家。

秦始皇二十八年（前219），秦始皇东巡所到之处多立石刻碑，以记述和宣扬秦始皇"器械一量，同书文字"与"功盖五帝，泽及牛马"的殊功。如李斯的《琅琊台刻石》《泰山刻石》和《峄山刻石》。《琅琊台刻石》为标准小篆书体，是最可信的秦代传世石刻之一，可惜始皇刻石已泯灭不存，现在保存下来的《琅琊台刻石》为秦二世元年所加，残石现藏于中国国家博物馆。

作为一名宰相，李斯对秦朝建制的贡献是全方位的，以历史的眼光审视，即使他只完成了其中的任何一项，也足以留名后世。中国历史上的名相很多，但套用一句俗话，真正能够做到"利在当代，功在千秋"的，几乎无人能出其右。难怪会有那么多的后人称他为"千古一相"，也难怪会有锐利的历史学家肯定他"圣人"的一面。

二、"思想上属于荀子一派"

（一）秦汉历史人物的学术背景

李斯是由战国入秦学术色彩非常浓厚的历史人物。对李斯人格心理影响的主要是他的老师荀子。李斯受其影响，进而形成自己的法家思想。就法家的理论建设来讲，李斯远远比不上韩非，但把理论运用于实践，李斯则是法家中最杰出的一个。

荀子（前313—前238），即荀况，又称荀卿或孙卿。赵国人。战国思想家、法家代表人物。著有《荀子》三十二篇。

荀子是中国古代思想史上最富创新精神的唯物主义思想家之一，是先秦时期各种思想文化之集大成者。他处在一种社会变革及对社会历史进行反思的时代，他对中国传统思想的渊源、学术流派及现实政治问题都做出了较为系统全面的价值评判，在许多专门领域都做出了巨大理论贡献。历史哲学思想便是荀子突出的理论贡献之一，对中华民族秦汉以后的政治制度、伦理道德、思想文化及观念形态都产生了极为深远的影响。

中国有着重视学术理论的悠久传统，学术思想渗透到人们的心灵深处，深刻地影响到人们的人生价值追求和行为方式。西周春秋时期学术思想相对单纯，主要体现在统治者制定的礼仪。《国语》《左传》中所描写的历史人物，其思想学术内涵大都在《诗》《书》《礼》范围之内，当然伴随着西周礼制日益衰微，其中也有一些历史人物僭越礼义，而任凭膨胀的政治野心和无穷贪欲自然呈现。

进入战国之后，诸子蜂起，百家争鸣，各种流派的学术思想体系相继被创造出来。当时社会各阶层的精英人物，差不多都会站到诸子某一家的理论旗帜之下，自觉地用这一家学说规范自己的思想行为，从而使各自的人格模式呈现出明显的学派化倾向。我们读《战国策》和战国诸子书，会明显地感觉到战国历史人物的思想内涵与春秋以前大不相同，他们都有非常独特的人格，有各自的价值追求和不同的行为方式，而他们的人格现象差不多都能够从他们所服膺的诸子思想学说中得到解释。这种用百家学说指导思想言行的现象，一直延续到汉武帝"罢黜百家，独尊儒术"。

特别需要强调的是，除极少数人口是心非、言行不一之外，战国秦汉之际的人们都非常真诚，好是真诚的好，坏是真诚的坏，他们信仰、服膺某一种思想学说，就坚决、真诚地按照这种学说行事，言行相符，表里如一。像墨家人物信仰"兼爱"，他们在行动中也真的能够做到为他人赴汤蹈火，死不旋踵；以杨朱为代表的道家人物倡导"为我"，宣称拔一毛而为天下，势所不为，他们也就用这一套理论游说世人；擅长国际战略的纵横策士，赤裸裸地表白他们的人生追求是卿相富贵，而根本不顾天下的苍生和士人的社会责任，他们在现实政治生活也是朝秦暮楚，翻云覆雨；而主张法治的法家人物则在现实生活中表现为刻薄寡恩。伟大的人，伟大得旗帜鲜明；无耻的人，也无耻得光明磊落。他们都是从理论到行动，将某一种思想学说化为各自的人格模式。

（二）荀子主张"法后王"

"法后王"是先秦以荀子、韩非为代表的"法今"的政治观。主张效法当代圣明君王的言行、制度，因时制宜，与"法先王"相对。

所谓"法先王"，是先秦儒家为代表的"法古"的政治观。主张效法古代圣明君主的言行、制度，言必称尧、舜、周文王、周武王。

所谓"法后王"，是先秦时期以荀子、韩非为代表的"法今"的政治观。主张效法当代圣明君王的言行制度，因时制宜。荀子在《荀子·儒效》中说："逢衣浅带，解果其冠，略法先王而足乱世；术谬学杂，不知法后王而一制度，不知隆礼义而杀《诗》《书》。"

荀子"法后王"是以历史进化论为根据的，历史从远古发展到现在，因此，仅"法先王"还不够，先王不能指导现代人的行为，不能运用礼义制度作用于现代社会，先王只在历史发展的初期起着巨大的作用。

战国时期，时代不同了，历史发生了很大变化，就应确立一个新的理想人格目标，这就是荀子树立的"后王"形象。荀子虽没有像商鞅、韩非那样对历史进行时期划分，但从荀子的历史倾向看，我们可以明显地感觉到：人们的欲求和需要在不同历史时期是具有不同的形式和内容的，这从荀子的需要层次论就可得到证明。

荀子的历史学说不是孤立静止的，而是把历史看作一条绵延不断的长河，是一长远的历史发展过程，荀子用"久"字来表示这一过程，这都表明荀子具有非常强烈的历史感。荀子对历史的态度与孔孟不同，孔子提出了"三代损益"的历史观，孟子对历史则采取"一治一乱"的循环论态度，在他们看来，历史不过是周而复始的大圆圈，无进化发展可言。荀子则偏离了孔孟历史观的既定轨道，认为历史是发展变化的，不但所谓"礼"是悠久的历史文化积淀而成，就是"后王之道"也是远古时期"先王之道"积习凝练的结果。荀子采取的是一种向前看的历史观，在历史观上，荀子虽没有达到法家的理论水平，但超越了孔孟，使他成为从儒家向法家过渡的重要代表人物。

荀子"法后王"的思想不是荀子思想的全部内容，也不是唯一内容，我们可以这样来看它在荀子思想中的位置：荀子思想有两个层次，第一个层次是"道"与"统"的层次，在这个层次上，荀子强调"法先王"，这实际上是儒家学说的理想层面，是荀子思想的终极目的，表现了荀子对孔孟思想的继承；第二个层次则是"制度"层次，这是荀子思想最有特色的部分，表现了荀子对孔孟思想的发展，实际上是荀子开辟的走向儒家理想的新通道，是儒学与政治接轨之榫卯，是解决儒学与政治疏阔的有效方法。这个层次使荀子成为荀子，也为汉代儒学走向独尊奠定了基础。这一层次又可以分为两个部分：一是人性论部分，这是荀子思想注重制度的理论基础与前提，二是制度论部分，"法后王"是在这个层次上提出来的。荀子的思想系统可用下面简图表示：

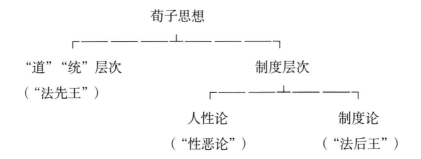

孔孟思想中和荀子"制度层次"相对应的是"道德教化"，它基于"性善论"，认为人性本善，人通过内省就可以保持善性，克己复礼、推己及人，外在的制度就变得无足轻重。也就不需要过分注目于制度建设，只要遵从先王留下的礼制就可以成就一个完美的社会。而荀子从"性恶论"出发，必然要引入外在的控制系统——制度、规范，才能导人向善，不同时代，人偏离善性的程度、方式和途径等方面会有很大不同，所以制度、规范就需要随时变化以起到匡正作用，"随时设教""以救当世之急"，从这个对比上讲，荀子的"法后王"必须是"法近、当代之王"才是对孔孟儒学的有意义的发展，才足以打破孔孟之学内趋、封闭的局面，走向制度建设，并通过制度的引导与匡正作用走向儒家的社会理想。

与先王相比，荀子更注重"后王"所表征的价值和意义，荀子汲取先秦诸子的合理成分，适应了社会形势的发展，提出了义利并重，王霸兼施，礼法兼尊等一系列主张，较之孔孟儒家，商韩法家，更有利于维护国家的统一，而"后王"作为理想人格的化身，正是义利、王霸、礼法等思想的综合体现，法后王象征着历史的进步，荀子正是通过"法后王"来阐明自己进步的历史观。

荀子的先王后王理论有其一定的历史价值，这是我们应当肯定的，但对其历史局限性我们也应有充分的认识，正如马克思所指出的，一切旧的唯物主义者，当他们一进入广阔的历史领域，便毫不例外地陷入历史唯心主义的泥坑。荀子也是这样，他把历史发展的动力归于圣人（先王），他没有从社会关系和联系中去解释人如何创造历史，而向圣人的心智、愿望意识去寻求答案，把历史的一切，最后归结为圣人的意志精神，荀子的错误不在于他承认精神、心智等对历史的发展所起的推动作用，而在于他没有进一步探求这些精神动力背后的"动力"又是什么。马克思有段科学论述很能说明包括古今中外一切旧唯物主义思想家在历史领域中所犯的错误，马克思说："旧唯物主义……认为在历史领域中起作用的精神的动力是最终原因，而不去研究隐藏在这些动力后面的是什么，这些动力的动力是什么，不彻底的地方并不在于承认精神的动力，而在于不从这些动力进一步追溯到它的原因。"这一科学论断是我们分析一切历史观问题的钥匙。

（三）荀子的"性恶论"

战国时期儒家人性论大体可分为两派：一派提倡性善论。这一派以孟子为代表。认为人生之初，其性是善良的，是一种先验的人性论。《孟子·告子上》说："人性之善也，犹水之就下也，人无有不善，水无有不下。"《郭店楚墓竹简》中的《性自命出》《上海博物馆藏战国楚竹书》中的《性情论》，也持这种观点；另一派提倡性善论，以荀子为代表，认为人性本来是恶的，必须以仁义礼智刑法治之，才能使之改恶从善。与孟子的性善论相对立，也是一种先验的人性论。《荀子·性恶》："人之性恶，其善者伪也。"其后荀门弟子韩非接受了乃师的性恶论，又有新的发展。

荀子认为，人的自然本性是追求利欲，所以人类的天性是丑恶的。《荀子·王霸》说："夫人之情，目欲綦色，耳欲綦声，口欲綦味，鼻欲綦臭，心欲綦佚。此五綦者，人情之所必不免也。"《荀子·性恶》说："若夫目好色，耳好声，口好味，心好利，骨体肤理好愉佚，是皆生于人之情性者也，感而自然，不待事而后生之者也。"《荀子·荣辱》说："凡人有所一同：饥而欲食，寒而欲暖，劳而欲息，好利而恶害，是人之所生而有也，是无待而然者也，是禹、桀之所同也。"这是说，人类的感官天生具有趋利性，趋利避害是人类与生俱来、无待而然的自然天性。

那么，天性就有贪欲的人为什么会有善举，为什么有的人会成为圣人呢？荀子有一个说法，叫作化性起伪。伪者，为也，意指后天的造作。化性起伪，就是通过后天的人为努力来感化、矫正、改变人类丑恶的自然天性。《荀子·礼论》说："性者，本始材朴也；伪者，文理隆盛也。无性，则伪之无所加；无伪，则性之不能自美。性伪合，然后成圣人之名，一天下之功然后就也。"圣人在化性起伪中起到关键的作用，《荀子·性恶》说："故圣人化性而起伪，伪起而生礼义，礼义生而制法度，然则礼义法度者，是圣人之所生也。"

如何化性起伪呢？荀子提出劝学，即通过学习《诗》《书》、礼义，积礼义而为君子。移风易俗对于化性尤为重要，《荀子·儒效》说："注错（措）习俗，所以化性也；并一而不二，所以成积也。习俗移志，安久移质。并一而不二，则通于神明，参于天地矣。"《荀子·性恶》有一个说法："涂之人可以为禹。"《荀子·荣辱》也说："尧、禹者，非生而具者也，夫起于变故，成于修为，待尽而后备者也。"

荀子与孟子，一主性恶，一主性善；主性恶者倡导化性起伪，主性善者主张培养善性，最后殊途同归，分别得出"人皆可以为尧、舜""涂之人可以为禹"的结论。

李斯对荀子的性恶论只接受了前半截，即认为趋利是人的天性，却抛弃了乃师关于化性起伪、终为圣人的思想。《史记·李斯列传》载："乃从荀卿学帝王之术。学已成，度楚王不足事，而六国皆弱，无可为建功者，欲西入秦。辞于荀卿曰：'斯闻得时无怠，今万乘方争时，游者主事。今秦王欲吞天下，称帝而治，此布衣驰骛之时而游说者之秋也。处卑贱之位而计不为者，此禽鹿视肉，人面而能彊行者耳。故诟莫大于卑贱，而悲莫甚于穷困。久处卑贱之位，困苦之地，非世而恶利，自托于无为，此非士之情也。故斯将西说秦王矣。'"这是李斯内心情感的真实显露，生活在战国后期的李斯，看准了当时正处于风云际会、布衣驰骛的历史时刻，发愤要做一番解穷脱困、平步青云的伟业。他说，人生最大的耻辱莫过于卑贱，最大的悲哀莫过于穷困。一个人如果自托无为，不能改变自身卑贱困苦的处境，那就无异于人面禽兽。可见他是将谋取功名利禄作为人类区别于禽兽的本质特征。李斯辞别乃师时所说的这些话，是荀子人性好利思想的传述。这表明李斯从出师门那一天起，就没有打算要化性，根本没有想到要做一名圣人，他满脑子想的都是功名富贵。

李斯是这样说的，也是这样做的。从此，李斯就一直"得时无怠"，抓紧一切获取功名利禄的时机。他向秦王进献歼灭山东诸侯的计策："诸侯名士可下以财者，厚遗结之；不肯者，利剑刺之。离其君臣之计，秦王乃使其良将随其后。"（《史记·李斯列传》）通过采用种种阴谋手段，李斯最终辅佐秦王一统天下，而他也登上丞相之重位。

秦统一天下之后，李斯揣摩秦始皇的心理，为持禄保宠而频出新招。他从荀子学《诗》《书》《礼》《易》，但他当权后却视《诗》《书》为死敌，一心迎合秦始皇以酷刑治国的意图，建议秦始皇焚烧《诗》《书》和百家之书，禁止天下民众议论时政，实施灭绝文化的愚民政策；他陪同秦始皇巡游天下，所到之处为秦始皇刻石颂功；他将韩非的理论付诸实施，以严刑峻法作为治国的手段，将全国变成一个大监狱。经过几十年处心积虑的惨淡经营，李斯本人在布衣驰骛、实现人的趋利本性方面达到了"富贵极矣"的地步："斯长男由为三川守，诸男皆尚秦公主，女悉嫁秦诸公子。"（《史记·李斯列传》）

身居"高处不胜寒"的境地，李斯在感激、陶醉、庆幸之余，似乎有一种隐隐约约的无名恐惧："物极则衰，吾未知所税驾也！"（《史记·李斯列传》）在事业达到顶峰的时候，他所害怕的是盛极而衰、失去富贵，而根本不思考如何改恶从善。他的一言一行淋漓尽致地体现了荀子的性恶学说，但他却将荀子化性起伪的理论抛到九霄云外。他一生中也有两次劝谏，一次是秦王下令逐客，他写了一篇有名的《谏逐客书》，成功地避免了自己成为逐客；另一次是给秦二世上《行督责书》，同样是出于自保。天下苍生的利益、士的社会责任，李斯是从来不考虑的，他心中只有自己。司马迁在《史记·李斯列传》中批评李斯"知六艺之归，不务明政以补主上之缺，持爵禄之重，阿顺苟合，严威酷刑"，其中的学术原因，就在于李斯从荀子那里所接受的半截子人性论。

三、李斯之过

（一）是古非今之禁

秦始皇三十四年（前213），在咸阳宫摆酒设宴，博士仆射周青臣等颂扬始皇的威德。齐国人淳于越劝谏道："据我所知，殷、周两朝统治了一千多年，都分封子弟功臣作为自己的辅翼力量。现在陛下享有天下，而子弟却是平民，一旦出现了像田常、六卿那样的逆子，没有辅佐的藩臣，靠谁来相救呢？办事不按照古代的办法而能长久通行的，我从来没听说过。现在周青臣等又当面奉承以助长陛下的过失，这不是忠臣。"

始皇把这个意见交给丞相去考虑。

丞相李斯认为这种说法是荒谬的，废弃不用，且呈上报告说："古时候天下分散混乱，不能统一，因此诸侯同时兴起，社会舆论都引用过去的事情来否定当时，装饰一些空洞的辞藻来扰乱实际工作，人人都称道自己一派的学说，用来否定朝廷所建立的法令制度。现在陛下已统一天下，分辨了是非黑白，天下共同尊崇一个皇帝的意志；而百家之说就纷纷非议朝廷的法令制度，一听到命令下来，就用他们自己的一套来议论它，回到家里满腹牢骚，走出门来就在街头巷尾纷纷议论，以批评君主来显扬自己的名气，认为只有标新立异才算高明，率领着下层群众来诽谤朝廷。这种情况如不禁止，那么在上面君主的威望将要下降，在下面私人的帮派将要形成。禁止为妥。我请求陛下命令：凡有收藏《诗》《书》、诸子百家著作的，一律加以焚毁。命令到达三十日后还不焚毁的，判处黥刑，罚充筑城劳役。所不清除的，只是有关医药、占卜、种植之类的书籍。如果有要求学习法令的，可拜官吏为师。"

始皇批准了李斯的建议，没收了《诗》《书》和诸子百家的著作，让百姓愚昧无知，使天下无法用古代的制度来否定当今。修明制度，制定法律，都从始皇开始。统一文字，在全国各地修建离宫别馆。第二年，始皇又到各地去巡视，平定四方外族。以上各项措施，李斯都出了力。

在秦始皇批准的这些禁令中，《诗》《书》、非秦纪的史籍、非博士官所职百家语都在焚烧之列，内容相当广泛，不烧的只有医药、卜筮、种树等实用性的书籍。私藏禁书的有罪，偶语《诗》《书》者有罪，以古非今者灭族。"焚书坑儒"在中国历史上开启了一个罪恶的先例，它的危害在于：灭绝文化，愚弄人民，堵塞言路，在精神上扼杀知识分子与民众。这无疑是一种历史倒退。无数事实证明，防民之口，甚于防川。川壅而溃，危害甚大。让老百姓开口讲话，天塌不下来。只有建立畅通的能够让人民自由表达意见的机制，执政者按照民意行事，能够为人民说话办事谋利益，这个政权才能被人民所认可，才能长期存在下去。否则，总有一天，会激怒人民，为人民所唾弃。秦王朝之所以短命，这不能不说是一个重要原因。后来历史上明朝的极度专制、清朝的"文字狱"等无不以秦时的"焚书坑儒"为滥觞，其后果造成万马齐喑的局面，对中国社会的进步害莫大焉。

李斯与韩非共同师从荀子门下学习帝王之术，在政治思想上如出一辙。他们共同的特点是鄙视人民，将人民视为奴仆，只配被统治者奴役驱使。因此，他唆使秦始皇"焚书坑儒"，搞愚民政策、高压政策，可以说同韩非为君主谋划的法、术、势那一套是一脉相承的。

但是毛泽东对秦始皇和李斯的评价却很高，而且两人的业绩是紧密连在一起的。1964年6月24日，毛泽东在同新西兰共产党总书记威尔科斯谈话时说："秦始皇是第一个把中国统一起来的人物。不但政治上统一中国，而且统一了中国的文字、中国的各种制度如度量衡，有些制度后来一直沿用下来。中国过去的封建君主还没有第二个超过他的。可是被人骂了几千年，骂他就是两条：杀了460个知识分子；烧了一些书。"（《希望》1992年新总第1期）

同年8月30日，在一次讲话中谈到黄河流域的水利建设时，毛泽东讲道："齐桓公九合诸侯，订立五项条约，其中有水利一条，行不通。秦始皇统一中国，才行得通。秦始皇是个好皇帝，焚书坑儒，实际上坑了460人，是属于孟夫子那一派的。其实也没有坑光，叔孙通就没被杀么。孟夫子一派主张法先王，厚古薄今，反对秦始皇；李斯是拥护秦始皇的，属于荀子一派，主张法后王，后王就是齐桓、晋文，秦始皇也算。"（《希望》1992年新总第1期）

1965 年 6 月，在与越南胡志明主席谈话时，毛泽东说："秦始皇用李斯，李斯是法家，是荀子的学生。李斯是楚国人，是秦相吕不韦的门客。公元前 237 年，因吕不韦被黜罢相事，秦宗室贵族提出驱逐关东六国籍人员。李斯写了一篇《谏逐客书》，受到秦王政（秦始皇）采纳。此后，李斯以他的才干和见识，受到秦王重用。"

1968 年 10 月，毛泽东在中共八届十二中全会闭幕会上批评郭沫若旧著《十批判书》时，又讲了法家，并特别提到李斯。他说："在范老（范文澜）的书（指范文澜著《中国通史简编》）上，对于法家是给了地位的。就是申不害、韩非这一派，还有商鞅、李斯、荀卿传下来的。"（《希望》1992 年新总第 1 期）

1973 年 9 月 23 日，毛泽东在会见埃及副总统侯赛因·沙菲时，又谈到了秦始皇。他说："秦始皇是中国有名的，就是第一个皇帝，一世。最近林彪还骂我叫'秦始皇'。中国人历来分两派，讲秦始皇是好的是一派，讲秦始皇是坏的是一派。我是赞成秦始皇，不赞成孔夫子。因为秦始皇是第一个统一中国，统一文字，修筑宽广的道路，不搞国中有国而用集权制，由中央政府派人去各个地方，几年一换，不用世袭制度。"（徐达深：《中华人民共和国实录》，吉林人民出版社 1994 年版，第 3 卷下，第 961 页）

1975 年 5 月底至 6 月，曾在毛泽东身边工作和学习的北京大学女教师芦荻，曾经就"评法批儒"时有人吹捧秦始皇，不准人们对秦始皇作历史分析这个问题，向毛泽东请教：对秦始皇到底怎么看？毛泽东指出，秦始皇作为一个历史人物评论，要一分为二。秦始皇在历史发展进程中的进步作用要肯定，但他在统一六国以后，丧失了进取的方向，志得意满，耽于逸乐，求神仙，修宫室，残酷地压迫人民，到处游走，消磨岁月，无聊得很。陈胜、吴广揭竿而起，反抗秦的暴政，其中就包括对秦始皇，完全是正义的。这次战争掀开了我国封建社会中波澜壮阔的农民战争的序幕，在历史上有很大意义。（杨建业：《在毛主席身边读书——访北京大学中文系讲师芦荻》，《光明日报》，1978 年 12 月 29 日）

毛泽东肯定秦始皇的历史功绩，认为李斯是法家，是拥护秦始皇的，就是肯定李斯的历史功绩。但毛泽东又认为秦朝迅速灭亡，与"焚书坑儒"

关系不大。他曾引唐代诗人章碣的《焚书坑》表明这种观点。其诗云：

> 竹帛烟销帝业虚，关河空锁祖龙居。
> 坑灰未冷山东乱，刘项原来不读书。

诗的意思是说，秦始皇、李斯以为焚了书，坑了儒就万事大吉了，但灭亡秦朝的刘邦、项羽都不是读书人，对"焚书坑儒"进行了辛辣的讽刺，但亦有为其开脱罪责之嫌。毛泽东非常欣赏这首诗，便有为"焚书坑儒"辩解之嫌，未免失之偏颇。

（二）大兴土木，奴役人民

秦经过连年征战统一六国后，百废待举，百业待兴。长年兵荒马乱，人民流离失所，苦不堪言。作为丞相的李斯，本来应该像后来汉时的萧何、曹参那样，采取与民休养生息的政策，使社会生产力得以恢复，使新生的政权得以巩固，但是，情况并非如此。天下初定，紧接着，便大征徭役，盖宫殿，修长城，筑陵墓。那时全国的人口不过 2000 多万，服各种徭役的劳力就达几百万。修长城是国防工程倒也罢了，为秦始皇修筑陵墓的工程则纯粹是耗费民脂民膏，残害人民之举。秦始皇自登基时就为自己筹划筑陵，命李斯为总管。李斯为讨秦始皇的欢心，费尽心机，运筹策划，苦心经营。前后动用 72 万人，花费了 10 多年时间，营造出一座前无古人、后无来者的帝王陵墓，其工程之浩大，堪称世间罕有。李斯在监造骊山始皇墓完工时，给秦始皇写了一个报告说："丞相臣斯昧死言：臣所将隶徒七十二万人治骊山者，已深已极。凿之不入，烧之不然（燃），叩之空空，如下天状。"

修墓期间有多少奴隶不堪劳累致死！可以说，那座庞大阴森森的墓穴，是用无数人的累累白骨堆积而成的。举天下之力，耗民脂民膏，为一人之墓，这是多么的荒唐！孟子早就有"民为贵，社稷次之，君为轻"的古训，李斯此举，是对民本思想的亵渎，是对生命的践踏。应该说，那座至今还被某些人引以为自豪的秦始皇陵实则是中华民族的耻辱，是无数为之失去性命的劳力和殉葬者的血泪控诉！

（三）同赵高同流合污

始皇于三十七年（前210）十月，出游到会稽山（今浙江绍兴东南），沿海而上，北到琅琊山（今山东胶南南）。丞相李斯、兼代符玺令的中车府令赵高都随从。

这年七月，始皇到达沙丘（今河北平乡东北），病得很厉害，命令赵高写诏书给公子扶苏说："把军队交给蒙恬，与灵柩到咸阳会合举行丧礼，然后安葬。"诏书已封好，还没有交给使者，始皇就逝世了。诏书和御印都在赵高那儿。只有胡亥、丞相李斯、赵高和五六个亲信宦官知道始皇逝世了，其余百官都不知道。李斯认为皇上在外面逝世，又没有正式确定太子，所以为了保守秘密，而把始皇的尸体安放在一辆既能保暖又通风凉爽的卧车里，百官报告政务和进献食物都和往常一样，宦官就假托皇帝的命令从卧车里批准百官报告的政务。

赵高扣留了始皇给扶苏的诏书，而对公子胡亥说："皇上逝世，没有命令封各位公子为王而只赐给长子一封诏书。长子到来，就会登位做皇帝，可是您却连一寸封地也没有，怎么办呢？"

胡亥说："是啊。我听说过，贤明的君主是了解臣子的，贤明的父亲是了解儿子的。父亲临终，不赐封儿子们，有什么话可说呢！"

赵高说："话不是这么说。当今天下的大权，要谁存谁亡，都在您、我和丞相手中，希望您慎重考虑。况且让别人臣服和向别人臣服，控制别人和受别人控制，难道可以相提并论吗！"

胡亥说："废掉兄长而立起弟弟，这是不义；不遵从父亲的遗命而怕死，这是不孝；才能浅薄，依靠别人的扶植而勉强登位，这是无能。这三件事，都是大逆不道的，天下人心不服，自身会遭到祸殃，国家也会灭亡。"

赵高说："我听说商汤、周武杀死他们的君主，天下人都说干得对，不能算是不忠。卫君杀死他的父亲，卫国人称颂他的功德，孔子记载了这件事，不能算是不孝。办大事不能顾小节，行大德用不着谦让，乡里的风俗各有习惯，百官的工作方式也各不相同。所以顾小节而失大体，日后一定有祸患；狐疑犹豫，将来一定后悔。当机立断大胆放手去干，连鬼神也会回避，将来一定成功，希望您好自为之！"

胡亥深深地叹着气说："现在大行皇帝还没有发丧，丧礼还没有结束，怎么好拿这件事去要求丞相呢！"

赵高说："时间啊时间，短暂得不允许谋算！要像背着干粮骑上快马赶路一样，唯恐耽误了时机！"

胡亥同意了赵高的意见。

赵高说："不跟丞相商量，恐怕事情不能成功，我请求替您去跟丞相商议这件事。"

赵高便去对丞相李斯说："皇上逝世，给长子留下了一封诏书，要他到咸阳会合参加丧礼，并立为继承人。诏书还没有发出，如今皇上逝世了，此事没有别人知道。给长子的诏书和御印都在胡亥那儿，确定太子就在您与我赵高口中一句话罢了。这事将怎么办？"

李斯仰面对天叹了一口气，流着眼泪叹息道："唉！我偏偏遭遇这个变乱的时代，既然不能以死效忠，又向何处寄托我的命运呢！"当时李斯就听从赵高。

于是李斯便参与策划，伪造始皇给丞相的诏书，立胡亥作太子。更改赐给长子扶苏的诏书说："我巡视天下，向各处名山的神灵祈求延长寿命。现在扶苏和将军蒙恬率领几十万军队驻守边疆，已经十多年，不能前进，而士兵伤亡很多，没有一点功劳，反而屡次上书直言诽谤我的措施，因为不能解除监军职务回朝当太子，日夜怨恨。扶苏做儿子不孝，赐剑自杀！将军蒙恬和扶苏一同在外，不纠正他的过失，应当知道他的谋算。蒙恬做臣子不忠，赐自尽，将军队交给副将王离。"

赵高将诏书封好，加盖了皇帝的御印，派胡亥的门客捧着诏书到上郡交给扶苏。

使者到达上郡，扶苏拆开诏书看了，就哭着跑进里面的屋子要自杀。蒙恬劝止扶苏说："皇帝在外巡视，没有确定太子，派我率领三十万大军守边，公子担任监军，这是天下的重任。如今一个使者来，就自杀，怎能断定他不是假的？希望您再请示一下，经过再次请示而后自杀，也不为迟。"

使者连连催促他，扶苏为人忠厚，对蒙恬说："父亲赐儿子死，还要请示什么！"就自杀了。蒙恬不肯死，使者就把他交给狱吏，囚禁在阳周。

使者回来报告，胡亥、李斯、赵高皆大欢喜。回到咸阳，就给始皇发丧，胡亥继位做了二世皇帝。由赵高担任郎中令，在宫中侍奉二世，掌握了实权。

起初，赵高当郎中令，被他杀害和因报私怨而被陷害的人很多，恐怕大臣到朝廷报告政务的时候揭发他，就劝说二世道："天子之所以尊贵，只是因为群臣仅能听到他的声音，而不能见到他的容颜，所以称为'朕'。而且陛下年轻，未必对一切事物都熟悉，如果坐在朝廷上听群臣奏事，有赏罚不当之处，就会把短处暴露给大臣了，这样就不能向天下人显示您的圣明了。陛下不妨拱手深居宫中，跟我和熟悉法令的侍中在一起，等待大臣们把事情报告上来后，再考虑研究处理的办法。这样大臣就不敢把是非难辨的事报告上来，天下就都会称你为圣主了。"二世采纳了他的建议，不再坐朝接见大臣，经常住在宫里。赵高常侍奉左右，掌握着大权，一切事情都由他决定。

赵高听说李斯有不满言论，就借故查办李斯。李斯被拘捕，套上了刑具，关在监狱里，仰面对天叹道："唉，可悲呀！无道的昏君，怎么能为他谋划呢！从前夏桀杀死关龙逢，商纣杀死王子比干，吴王夫差杀死伍子胥。这三个臣子难道不忠吗，然而免不了一死，他们虽然为尽忠而死，只可惜忠非其人呢。我的智慧比不上他们三人，而二世的昏暴超过夏桀、商纣和夫差，我因为尽忠而死，是应当的啦。况且二世的治国还不是胡搞么！以前杀死兄弟而自立为皇帝，进而杀害忠臣，尊宠贱人，修盖阿房宫，向天下横征暴敛。我不是不劝谏，可是他不听我的话呀！凡是古来圣明的帝王，饮食有一定的节制，车辆器用有一定的数量，宫室有一定的限度，颁布命令和举办事情，增加费用而不利于民的一律禁止，所以能够长治久安。现在二世在兄弟之间使用残暴的手段，不考虑后果；枉杀忠臣，不顾忌后患；大修宫殿，向天下榨取重税，不爱惜钱财。这三件事实行以来，天下人不服从，如今反叛的人已占据了天下的一半，而他心里还没醒悟，用赵高为辅佐，我一定会看到盗贼打进咸阳，朝廷变成废墟，麋鹿嬉游于废墟之上了。"

当时二世就派赵高去审理丞相的案件，定罪名，诘问李斯和儿子李由谋反的情况，把他们的家族和宾客都逮捕起来。赵高审问李斯，笞打了他一千多板子，李斯受不了痛苦，冤屈地招供了。

李斯之所以不自杀，自以为能言善辩，有功劳，实无反叛之心，希望能够上书辩解，希望二世幡然醒悟过来而赦免他。他就从监狱中上奏书说："我当丞相治理百姓，已经三十多年了。我曾赶上当初秦国土地狭小的时代，先王的时候，秦国土地不过千里，士兵几十万。我竭尽微薄的才能，谨慎地奉行法令，暗中派遣谋臣，给他们金玉珍宝，让他们游说诸侯，又暗中整顿武装，整顿政治、教化，任用勇敢善斗的战士，尊重功臣，提高他们的爵位俸禄，所以终于凭着这些措施胁迫韩国，削弱魏国，击破燕国、赵国，削平齐国、楚国，最终并吞六国，俘虏他们的君主，拥立秦王作了天子。这是我的第一条罪状。

"并吞六国以后，土地不再是狭小的了，还要在北方驱逐胡人、貉人，在南方平定百越，以显示秦朝的强大。这是我的第二条罪状。

"尊重大臣，提高他们的爵位，以巩固他们同皇室的亲密关系。这是我的第三条罪状。

"建立社稷，修建宗庙，以显示主上的贤明。这是我的第四条罪状。

"改革书写符号，统一度量衡和文字，颁布天下，以树立秦朝的威名。这是我的第五条罪状。

"修筑驰道，建议巡游全国，以显示主上的得意。这是我的第六条罪状。

"减轻刑罚，减少赋税，以满足主上赢得民心的愿望，使百姓都拥戴主上，至死不忘主上的恩德。这是我的第七条罪状。像我这样做臣子的，所犯的罪足以处死本来很久了。皇上希望我尽其所能，才能活到今天，希望陛下明察！"

李斯狱中给二世的上书中所述他的七大罪状，其实是他的七大功劳。他采用正话反说的方法，明为述罪，实为表功，希图像当年《谏逐客书》那样产生奇效，二世醒悟，让他逢处绝生。但他看错了对象，二世和赵高狼狈为奸，赵高阴谋篡夺国家最高权力主意已定，他这种做法无异于与虎谋食、与狼谋皮，不可能达到目的。

书呈上去，赵高让狱吏丢弃不上报，说道："囚犯怎么能上书！"

赵高派他的门客十多人伪装成御史、谒者、侍中，轮番拷问李斯。李斯拿自己的实情回答，就让人再拷打他。以后二世派人去对证李斯的口供，李斯以为又跟以前一样，终究不敢更改口供，在供词上承认了罪状。

判决书呈报上去，二世高兴地说："没有赵君，我几乎被丞相出卖了。"

当二世派去调查三川郡守李斯长子李由的人到达三川时，项梁已经杀死了李由。

使者回来，正当李斯已被交给狱吏看管，赵高就胡乱编造了李斯谋反的罪状。

二世二年（前208）七月，定李斯五刑，判决在咸阳市腰斩。李斯出狱的时候，跟他的次子一同被押解，回头对他的次子说："我想跟你再牵了黄狗一同出上蔡东门去打猎追逐狡兔，还办得到吗！"于是父子相对而哭，三族的人都被处死。

司马迁《史记·李斯列传》末有一段评论说："李斯出身布衣，行迹经历诸侯各国，进到秦国，趁六国有机可乘时来辅佐秦始皇，终于成就帝业。李斯位列三公，可以说是受尊重，被任用了。李斯知道'六艺'（诗、书、乐、易、礼、春秋）的主旨，不力求使政治修明，纠正始皇的过失，紧紧抓住高官厚禄，曲意顺从，无原则地任意迎合，严厉的威势，残酷的刑罚，听从赵高的邪说，废掉长子扶苏，立庶出之子胡亥。诸侯已经背叛，已经来不及，李斯还要用言辞来向二世争辩，这种做法已经是下策。一般的人都以为李斯为秦尽忠而受酷刑死去，是冤枉的。追究根本，我认为李斯罪行很大，其结果并不算冤枉。咎由自取，与俗说不同。不是这样的话，如果照一般俗人的看法，那李斯的功劳岂不可以与西周的周公、召公相比了吗？"对李斯的功过是非的评价应该说是比较公平的。

唐代诗人白居易《咏史》云：

> 秦磨利刀斩李斯，齐烧沸鼎烹郦其。
> 可怜黄绮入商洛，闲卧白云歌紫芝。
> 彼为菹醢机上尽，此为鸾凰天外飞。
> 去者逍遥来者死，乃知祸福非天为。

白居易在诗中把李斯、郦食其（yì jī）与商洛"四皓"（东园公、夏黄公、绮里季、甪里先生）对比，对李斯、郦食其的遭遇表示不平，但又认为是由他们选择的不同道路决定的，怨不得别人。评价这是中肯的。

唐代另一诗人胡曾《题李斯墓》云：

上蔡东门狡兔肥，李斯何事忘南归？
功成不解谋身退，直待咸阳血染衣。

此诗对李斯贪恋权位、不能功成身退提出了批评，也是对的。

1958年2月3日，毛泽东在中央政治局扩大会议上讲话说："比如我们对于秦始皇，他的名誉也是又好又不好。……这个人大概缺点甚多，有三个指头。"（中央文献研究室编：《毛泽东著作专题摘编》，中央文献出版社2003年版，第2281—2282页）

毛泽东对斯大林的功过评价是三七开，就是说，功劳是七分，过失是三分，这是很高的评价。

毛泽东这个看法，有时用十个指头作比。他说秦始皇的"缺点"是"三个指头"，那就是说，他的功劳是七个指头。整个来看，也是三七开。李斯的功过是和秦始皇联系在一起的，也应该是三七开吧！

四、历代对李斯的评论

汉司马迁："李斯以闾阎历诸侯，入事秦，因以瑕衅，以辅始皇，卒成帝业，斯为三公，可谓尊用矣。斯知《六艺》之归，不务明政以补主上之缺，持爵禄之重，阿顺苟合，严威酷刑，听高邪说，废适立庶。诸侯已畔，斯乃欲谏争，不亦末乎！人皆以斯极忠而被五刑死，察其本，乃与俗议之异。不然，斯之功且与周、召列矣。"（《史记七十列传·李斯列传第二十七》）

唐司马贞："鼠在所居，人固择地。斯效智力，功立名遂。置酒咸阳，人臣极位。一夫诳惑，变易神器。国丧身诛，本同末异。"（辑自《史记》，中华书局1972年版，全十册本，第八册，第2563页）

宋苏轼："李斯、赵高矫诏立胡亥，杀扶苏、蒙恬、蒙毅，卒以亡秦。"（《东坡七集·续集·论始皇汉宣李斯》）

明李贽："秦皇出世，李斯相之，天崩地坼，掀翻一个世界。是圣是魔，不可轻议。"（《史纲评要·后秦记》）

清姚鼐："君子之仕也，进不隐贤；小人之仕也，无论所学识非也，即有学识甚当，见其君国行事，悖谬无义，疾首蹙额于私家之居，而矜夸导誉于朝廷之上，知其不义而劝为之者，谓天下将谅我之无可奈何于吾君，而不吾罪也；知其将丧国家而为之者，谓当吾身容可以免也。且夫小人虽明知世之将乱，而终不以易目前之富贵，而以富贵之谋，贻天下之乱，固有终身安享荣乐，祸遗后人，而彼宴然无与者矣。嗟乎！秦未亡而斯先被五刑夷三族也，其天之诛恶人，亦有时而信也邪！《易》曰：'眇能视，跛能履；履虎尾，咥人凶。'其能视且履者幸也，而卒于凶者，益其自取邪！"（《李斯伦》）

清王夫之：秦政、李斯以破封建为万世罪，而贾谊以诸侯王之大为汉痛哭，亦何以异于孤秦。（《读通鉴论》卷一·文帝十五））

近代章炳麟："古先民平其政者，莫遂于秦。秦始负乙以断天下，而子弟为庶人；所任将相，李斯、蒙恬皆功臣良吏也。"（《秦政记》）

今人鲁迅："法家大抵少文采，惟李斯奏议，尚有华彩，如上书《谏逐客》云……""秦文文章，李斯一人而已"，"然子文字，则有殊勋"，他的书法"小篆入神，大篆入妙"，被称为书法鼻祖。

萧何——"汉初三杰"，开国首功

萧何（前257—前193），沛郡丰邑（今江苏徐州丰县）人，西汉初丞相、政治家。

早年任秦沛县县吏，秦末辅佐刘邦起义。攻克咸阳后，他接收了秦丞相、御史府所藏的律令、图书，掌握了全国的山川险要、郡县户口，对日后制定政策和取得胜利起了重要作用。楚汉战争时，他留守关中，使关中成为汉军的巩固后方，不断地输送士卒粮饷支援作战，对刘邦战胜项羽，建立汉代起了重要作用。萧何采撷秦六法，重新制定律令制度，作《九章律》。在治国思想上，主张无为，喜好黄老之术。汉十一年（前196）又协助刘邦消灭韩信、英布等。刘邦死后，他辅佐汉惠帝。惠帝二年（前193）七月辛未去世，谥号"文终"。

毛泽东对萧何评价甚高，称赞他为朝廷制定的规章制度为"萧规"，把贺龙元帅比作"萧何"，赞扬萧何"耕三余一"的办法。

一、"汉初三杰"，开国首功

刘邦消灭项羽、平定楚地后，诸侯联名上《劝进表》给刘邦，推举他为皇帝。公元前202年二月初三，众诸侯及太尉长安侯等300多人，恭听了刘邦即帝位的诏书。刘邦称帝后，大宴群臣。席间，觥筹交错，君臣共饮。刘邦显得特别高兴，曰："你们都说实话，我为什么能够夺取天下？项羽又为什么会失去天下？"群臣众说不一。刘邦后曰："你们只知其一，不知其二。运筹于帷幄之中，决胜于千里之外，我不比子房（张良）；镇国家、抚百姓、供军需、给粮饷，我不比萧何；指挥百万大军，战必胜，攻必克，我不比韩信。这三个人都是人中豪杰，他们为我所用，所以能取得天下。项羽只有一个范增还不去重用，因此败在我的手中。"不难看出，刘邦认为张良、萧何、韩信是他最得力的功臣，这三人亦被称为"汉初三杰"。

汉代建立后，以萧何功最高，封为侯，位次第一，食邑八千户。许多功臣对此甚为不悦，向刘邦抱怨道："我们像狗像马一样地作战，在战事中出生入死，冒着性命危险，徒然增加的是自己身上的伤痕。为什么萧何一个文弱书生，拿着一支笔，动动嘴巴大放厥词，居然论功是第一？这又是什么道理！"刘邦说："你们懂得狩猎的道理吗？知道猎犬的作用吗？今天诸将你们就好像负责追踪的猎狗，但是发现猎物踪迹，并指挥猎狗追杀的人，是萧何！而且你们只以个人身份追随我，但萧何是全家亲族都为我卖命，我不能忘记他的功劳。"群臣听到后都没有怨言。

群臣又认为猛将曹参军功无数，应列第一，但刘邦仍较属意萧何。关内侯鄂君于是进谏："群臣当然也没有错。曹参的确有野战略地之功，但楚汉相争五年，却失军亡众，丧失不少兵将。萧何却从关中遣军补足士兵的不足，不是萧何，汉军早就折损所有兵卒了。楚汉相争在荥阳时，汉军面临缺粮危机，萧何利用关中的漕运，使得我们都有兵粮可吃。虽然萧何没有随军，却守备关中支持前线，形同随时陪伴陛下一般，这应该是万世之功。我认为论功应该是萧何第一，曹参次之。"高祖曰："你说得没错。"于是乃令萧何第一，赐给锦带，允许萧何可以佩剑，穿鞋子上殿，入朝拜见汉王不用行趋礼。

（一）"耕三余一"

1959 年底，在读苏联《政治经济学教科书（第三版）》时，毛泽东就粮食生产问题谈起了萧何故事，他说："《项羽本纪》说，刘邦同项羽打仗的时候，萧何曾经实行'耕三余一'的办法，即男子从二十一岁到二十三岁，在家种三年地，有了粮食积蓄，到二十四岁出去当兵。那个时候能够做到这一点，可能是因为地多人少，土地肥沃。现在我们的东北，有些地区也还可以种两三年地，多余出一年的粮食来。但是，全国现在很难做到'耕三余一'，这是什么原因呢？这个问题值得研究一下。"（《党的文献》

1994 年第 5 期）

耕三余一，也就是：耕种三年，积余一年的粮食。语出《礼记·王制》："三年耕，必有一年之食；九年耕，必有三年之食。"汉桓宽《盐铁论·力耕》："故三年耕而余一年之蓄，九年耕有三年之蓄，此禹汤所以备水旱而安百姓也。"

抗日战争时期，中国共产党领导下的若干边区人民政府在大生产运动中提出"耕三余一"的口号，号召军民积极生产，厉行节约，做到每家一年有四个月的余粮。续范亭《五百字诗》："耕三须余一，岁岁不恐惶。"马可《夫妻识字》："努力耕种，积草囤粮，耕三余一，防备灾荒。"

（二）发动起义，拥戴刘邦

萧何曾任沛县（今江苏徐州市沛县）功曹（县吏员），平日勤奋好学，思想机敏，对历代律令很有研究，并好结交朋友，与刘邦是贫贱之交。刘邦当时只是一个小小的泗水（亭名，在今江苏沛县东）亭长，平时不拘小节，经常惹事。萧何就曾多次利用职权暗中袒护他，所以他们两个人的交情很好。刘邦因公率民夫去咸阳，别人都送三百钱，只有萧何送五百钱。

秦二世元年（前 209），陈胜、吴广在大泽乡（在今安徽宿州东刘村集）起义，拉开了秦末农民大起义的序幕。萧何和樊哙、周勃等人聚集商议。他们观察形势，并和早已起义的刘邦保持着联系。当时的沛县令也想归附陈胜，保住官位，就和萧何、曹参商议。萧何建议赦罪重用刘邦。他们就到刘邦隐藏的芒砀山（芒山和砀山的合称，今河南永城东北为芒山，其北八里为砀山）县令便派刘邦的妻妹吕须之夫樊哙去芒砀山找回刘邦，共同起义。当他们回到沛县后，县令见刘邦人多势众，担心自己操纵不了这支队伍，又反悔了，将刘邦拒之城外，并将萧何等人抓了起来，押入监内。刘邦兵临城下，见城门紧闭，便知城中有变。于是，下令将城池团团围住，准备攻城。

正在这时，萧何、曹参越城逃到刘邦处。刘邦大喜，三人商议一番后，刘邦在帛上写了一封告沛县父老书，用箭射入城内。书中说："天下百姓共同忍受秦苛政之苦已经很久了，如今父老兄弟们却在为县令守城。天下诸侯并起，马上就要攻破沛县城池了。如果沛城的百姓现在起来诛杀县令，响应诸侯，则家室能得以保全。否则，父子都将白白地惨遭杀戮。"沛县百姓看了刘邦的信，就聚集起来攻入县衙，杀了县令，打开城门迎接刘邦。

于是，他们便在县衙大堂举行了仪式，萧何向大家宣布，公推刘邦为县令，誓师起事，并按楚国旧制，称刘邦为"沛公"。萧何因刘邦辞谢，萧何设占问之计，使刘邦无法推辞，当了起义的首领。从此，萧何紧随刘邦南征北战，立下了盖世的功勋。

（三）深谋远虑，收存典籍

刘邦率军勇往直前，直抵关中。萧何身为丞督，坐镇地方，督办军队的后勤供应。10月，秦王子婴设计杀了丞相赵高，献出玉玺，向刘邦投降。于是，刘邦率军进入咸阳。将士们都趁乱抢掠金银财物，连刘邦也忍不住，趁着空闲，跑到秦宫中去东张西望。当他看到秦宫中华丽的装饰，成堆的金银珠宝，还有一群群的美女，也不觉飘飘然起来，甚至贪恋秦宫的富贵而舍不得离开。唯独萧何，进入咸阳后，一不贪恋金银财物，二不迷恋美女，却急如星火地赶往秦丞相、御史府，将秦朝有关国家户籍、地形、法令等图书档案都收藏起来，留待日后查用。因为依据秦朝的典制，丞相辅佐天子，处理国家大事。御史大夫对外监督各郡御史，对内接受公卿奏事。除了军权外，丞相和御史大夫几乎总揽一切朝政。萧何做官多年，他当然知道这些。所以，一入咸阳，他马上进入秦丞相御史府，把律令图书收藏起来，使刘邦对于天下的关塞险要、户口多寡、强弱形势、风俗民情等等都能了若指掌。后来，在楚汉战争中，刘邦能克敌制胜，萧何功不可没。

（四）萧何月下追韩信

萧何极力推荐韩信为大将军，还定三秦。楚汉战争时，他留守关中，每每支援刘邦，不断地输送士卒粮饷支援作战，使关中成为汉军的巩固后方，对刘邦战胜项羽，建立汉代起了重要作用。

京剧为人所熟知的戏码"萧何月下追韩信"中，刘邦在汉中称王后，韩信因怀才不遇，自汉军潜逃，而萧何为了留住贤才，而自军中出奔以求得韩信复归，在巴、蜀的栈道上与韩信相遇，并一同回军向汉王荐举。《史记·萧相国世家》载："（萧）何进言韩信，汉王以信为大将军。语在《淮阴侯》事中。"

而《史记·淮阴侯列传》是这样记载的："信数与萧何语，何奇之。至南郑，诸将行道亡者数十人。信度：'何等已数言上，上不我用。'即亡。何闻信亡，不及以闻，自追之。人有言上曰：'丞相何亡。'上大怒，如失左右手。

"居一二日，何来谒上，上且怒且喜，骂何曰：'若亡，何也？'何曰：'臣不敢亡也，臣追亡者。'上曰：'若所追者谁？'何曰：'韩信也。'上复骂曰：'诸将亡者以十数，公无所追；追信，诈也。'何曰：'诸将易得耳。至如信者，国士无双。王必欲长王汉中，无所事信；必欲争天下，非信无所与计事者。顾王策安所决耳！'王曰：'吾亦欲东耳，安能郁郁久居此乎！'何曰：'王计必欲东，能用信，信即留；不能用，信终亡耳。'王曰：'吾为公以为将。'何曰：'虽为将，信必不留。'王曰：'以为大将。'何曰：'幸甚！'于是王欲召信拜之。何曰：'王素慢，无礼，今拜大将，如呼小儿耳，此乃信所以去也。王必欲拜之，择良日，斋戒，设坛场，具礼，乃可耳。'王许之。诸将皆喜，人人各自以为得大将。至拜大将，乃韩信也，一军皆惊。"

这段话的译文是这样的："韩信又多次和萧何谈天，萧何也很佩服他。汉王的部下多半是东方人，都想回到故乡去，因此队伍到达南郑时，半路上跑掉的军官就多到了几十个。韩信料想萧何他们已经在汉王面前多次保荐过他了，可是汉王一直不重用自己，就也逃跑了。萧何听说韩信逃跑了，来不及把此事报告汉王，就径自去追赶。有个不明底细的人报告汉王说：'丞相萧何逃跑了。'汉王极为生气，就像失掉了左右手似的。

"隔了一两天，萧何回来见汉王，汉王又是生气又是喜欢，骂道：'你逃跑，是为什么？'萧何答道：'我不敢逃跑，我是追逃跑的人。'汉王问：'你去追回来的是谁？'萧何说：'韩信啊。'汉王又骂道：'军官跑掉的有好几十个，你都没有追；倒去追韩信，这是撒谎。'萧何说：'那些军官是容易得到的，至于像韩信这样的人才，是普天下也找不出第二个来的。大王假如只想老做汉王，当然用不上他；假如要想争夺天下，除了韩信就没有可以商量大计的人。只看大王如何打算罢了。'汉王说：'我也打算回东方去呀，哪里能够老困在这个鬼地方呢！'萧何说：'大王如果决计打回东方去，能够重用韩信，他就会留下来；假如不能重用他，那么，韩信终究还是要跑掉的。'汉王说：'我看你的面子，派他做个将军吧。'萧何说：'即使让他做将军，韩信也一定不肯留下来的。'汉王说：'那么，就让他做大将。'萧何说：'太好了。'当下汉王就想叫韩信来拜将。萧何说：'大王一向傲慢无礼，如果任命一位大将，就像是呼唤一个小孩子一样，这就是韩信离去的原因。大王如果诚心拜他做大将，就该拣个好日子，自己事先斋戒，搭起一座高坛，按照任命大将的仪式办理，那才行啊！'汉王答应了。那些军官们听说了，个个暗自高兴，人人都以为自己会被任命为大将，等到举行仪式的时候，才知道是韩信，全军上下都大吃一惊。"

《汉书·韩信传》所载与《史记·淮阴侯列传》大体相同。

总之，《史记》和《汉书》只记载了萧何追韩信，并无所谓"月下"情节，因此似可以推论此剧为剧作家创作成分居多，但是萧何月下追韩信的画面却出现在民间各种作品，如年画、陶瓷、雕刻、塑像上。

项羽进了咸阳之后，将六国旧贵族和有功的将领一共封了十八个异姓侯王，他自称为西楚霸王。其中，项羽最不放心刘邦，便把刘邦封在了偏远的巴蜀和汉中，称为汉王；又把关中地区封给秦国的三名降将章邯等人，让他们挡住刘邦，不让刘邦出来。刘邦对自己的封地很不满意，但是自己兵力弱小，没法跟项羽计较，只好带着人马到了封国的都城南郑。

而韩信本是为项羽效劳，但是一直得不到重用，而他又是个胸有大志的人，便出走投奔了刘邦。但是刘邦也只让他当了个小官。有一次，韩信犯了法被抓了起来，就要被砍头时，幸亏刘邦部下的将军夏侯婴经过，他是刘邦的老乡，很得刘邦信任。韩信高声呼喊，向他求救，说："汉王难道不想打天下了吗，为什么要斩壮士？"夏侯婴看韩信的模样，是一条好汉，把他放了，还向刘邦推荐。

但是刘邦也仅仅是封韩信做了管粮食的小官。后来丞相萧何见到韩信，谈话中，认为韩信很有才能，很器重他，还几次三番劝汉王重用他，但汉王总是不听。韩信知道汉王不肯重用他，终于，在一个月明星稀的夜晚，悄悄地踏上了逃亡的小路。萧何得知韩信逃走的消息，顾不得向刘邦报告，连夜率人追赶韩信。

萧何月下追到韩信，月光下，萧何劝说韩信不要离开刘邦，自己定然全力保荐，让你可以在刘邦手里全力施展其才能。所以韩信跟着萧何重新又回到了汉营。

那么萧何为什么追韩信？因为韩信有才，韩信可以帮助刘邦打败项羽，韩信可以帮刘邦打下天下，让刘邦做皇帝。萧何向刘邦举荐韩信时，评价他是"国士无双，汉王欲得天下，必得韩信"。萧何的话很有技巧，先将韩信的价值说出来，再联系刘邦的心思，说"汉王欲得天下，必得韩信"，以此来打动刘邦。

刘邦考虑到自身军事才能确实不是项羽对手，军中正缺领兵作战的将领，更何况韩信又有丞相萧何的举荐。于是刘邦就答应了萧何的要求，择吉日登坛拜将，韩信就由军中无名小吏一跃成为统率汉军的大将军。

韩信后来果然不负萧何所望，为刘邦夺取天下，建立汉朝立下了汗马功劳，与萧何、张良并称汉初三杰。

萧何月下追韩信的故事教育了古今多少人，从这则故事中人们看到了萧何为国求贤的一颗赤诚之心，看到了他识人爱才的伯乐精神，

（五）成也萧何，败也萧何

高帝十一年（前196），陈豨谋反，刘邦平定回军，不过多时，淮阴侯韩信即谋反关中，吕后于是用萧何的计谋，诛杀韩信。后世有名言，"成也萧何，败也萧何"，说的是韩信的成、败都是萧何一手造成的，并由此认为"英雄造时势之说法是假的"。

成也萧何，败也萧何，比喻事情的成败都出于同一个人。这原是一条民间俚语，见于宋洪迈《容斋续笔·萧何给韩信》："韩信为人告反，吕后欲召，恐其不就，乃与萧相国谋，诈令人称陈？已破，给信曰：'虽病强

人贺。'信入，即被诛。信之为大将军，实萧何所荐，今其死也，又出其谋，故俚语有'成也萧何，败也萧何'之语。

（六）"生死一知己，存亡两妇人"

"生死一知己，存亡两妇人"这是一副评价韩信的对联。生死一知己，讲的是萧何，正是萧何发现了韩信的才能并将其推荐给刘邦，韩信才得以崭露头角，充分发挥自己的军事能力，在楚汉之争中留下自己浓重的一笔。而刘邦也正是依仗了韩信，才能战胜西楚霸王项羽，最终称帝，坐拥天下。

存亡两妇人，一个指给韩信送饭、使韩信不至于饿死的漂母；一个指断然杀死韩信的吕后。

关于韩信被杀，《史记·淮阴侯列传》是这样叙述的：

陈豨（？—前195），宛朐（今山东省菏泽市东明西南）人，秦汉之际汉王刘邦部将）被任命为钜鹿郡（郡治在今河北平乡县城西南平乡）太守，向淮阴侯辞行。淮阴侯拉着他的手，命令左右的侍从回避，同陈豨在庭院里散步，仰望苍天叹息说："我有话可以同你说吗？我有些心里话想同你谈谈呢！"陈豨说："一切听从将军吩咐！"淮阴侯说："您管辖的地区，是当时天下精兵聚集的地方；而您，是陛下亲信宠幸的臣子。别人告发你造反，陛下一定不会相信；你叛变的消息再次传来，陛下就怀疑了；你叛变的消息三次传来，陛下必然大怒，并且亲自率兵去攻打你。我为您做内应，一起起兵，天下就可以取得了。"陈豨一向知道韩信的雄才大略。深信不疑，说："我一定听从您的指教！"

汉十一年（196），陈豨果然反叛。皇上刘邦亲自率领兵马前往征讨陈豨，韩信托病没有随从。韩信暗中派人到陈豨处说："只管起兵，我在京城协助您。"韩信就和家臣商量，乘夜里假传诏书，赦免没入宫中服役的罪犯和奴隶，打算派遣犯人和奴隶去袭击吕后和太子刘盈。部署完毕，等待着陈豨的消息。他的一位家臣栾说得罪了韩信，韩信把他囚禁起来，打算杀掉他。栾说的弟弟向吕后告密，陈说韩信要造反的情况。吕后打算把韩信召来，又怕他万一不肯就范，就和丞相萧何谋划，派一个人假装从皇上那儿回来，说陈豨已被俘获处死了，列侯群臣都来祝贺。萧相国欺骗韩信说："虽然生病，还是勉强进宫去祝贺一下吧。"韩信进了皇宫，吕后命令武士把韩信捆起来，把韩信斩于长乐宫悬钟的室中。韩信临斩时说："我后悔没有采纳蒯通的计谋，以至被妇人小子所欺骗，难道不是天意吗？"之后，诛杀了韩信父、母、妻三族。（韩信之死，前人多疑为冤狱。清梁玉绳《史记志疑》说："信之死冤矣！前贤皆极辩其无反状，大抵出于告变者之诬词，及吕后与相国文致之耳。史公依汉庭狱案叙入传中，而其冤自见。一饭千金，弗忘漂母，解衣推食，宁负高皇！不听涉、通于拥兵王齐之日，必不忘动淮阴家居之时；不思结连（黥）布、（彭）越大国之王，必不轻约边远无能之将。'宾客多'（指陈豨）"与称病之人（指韩信）何涉？'左右辟'则'挈手'之语，谁闻？上谒入贺，某你这未必坦率如斯；家臣徒奴，善将者亦复部署有几（眼家臣徒奴人数和能力有限，韩信必不轻加信任）！是知高祖畏恶其能，非一朝夕。胎祸于蹑足附耳，露疑于夺符袭军；故擒缚不已，族诛始快。'从豨军来，见信死，且喜且怜'，亦谅其无辜受戮为可怜。……）

高祖从平叛陈豨的军中回来，回到京城，见韩信已死，又高兴、又怜悯他。

萧何与韩信的故事自古流传，一直就是爱才惜才的榜样。从中也看到了他那不嫉贤妒能、自愿甘居人后的博大胸怀。萧何确是一位有远见卓识的西汉开国良相。

二、荐贤与自保

（一）萧何见疑，自污保身

萧何很早就和曹参一起追随刘邦，忠心耿耿，至死不渝，而他发掘人才的本事也几乎无人能及。首先，选择并追随市井无赖刘邦，认为其必成大器，其次是看好韩信，强力推荐，所以才有了萧何月下追韩信的佳话。刘邦性类曹操，功高位显的萧何曾经三次被怀疑、试探。汉三年（前204），刘项两军对峙，刘邦一边打仗，一边数次派使者慰劳坐镇后方的萧何。有人对萧何说："如今陛下在征战沙场，餐风吸露，自顾不暇，却多次派人慰问阁下，这不是明摆着有怀疑阁下之心吗？我替阁下拿个主意，不如派您族中能作战的全部奔赴前线，这样大王就会更加信任阁下了。"萧何依计而行，刘邦果然大为高兴。

汉十一年（前196），陈豨谋反，刘邦御驾亲征，萧何帮助吕后在长乐宫杀掉了淮阴侯韩信。于是刘邦下诏拜萧何为相国，加封食邑五千户，并派士兵五百人、都尉一名，作为相国的卫队。满朝文武都为萧何受到恩宠发来贺词，唯有召平前来报忧。他说："恐怕祸患从此开始了！皇上在外征战，而阁下留守朝中，明明不必以身涉险，却无端加封阁下、为阁下增设卫队，这是由于淮阴侯韩信刚刚在朝中谋反，皇上因而有了怀疑阁下之心。增设卫队保护阁下，其实并非恩宠。希望阁下谢绝封赏，把全部家产都贡献出来资助军队建设，这样皇上必定高兴。"萧何于是谢绝封赏，大散家资，一场劫难化于无形。

汉十二年（前195），淮南王黥布谋反，刘邦再次御驾亲征，在外多次派遣使者回京打听萧何都在干什么。回报说："萧相国在京安抚百姓，拿出财产资助军需，和平定陈豨反叛时一样。"于是又有人来对萧何说："恐怕阁下离灭族之祸不远了！阁下功高盖世，无以复加。阁下当初入关，已经深得民心，十余年来，百姓都已归附于您，您还要孜孜不倦地争取百姓的拥戴，这可不是什么好事啊。皇上所以多次派人询问阁下所作所为，就是唯恐阁下控制关中动摇汉室。现在您不如做一点强购民田民宅、放高利贷之类的事情来'自污'，败坏自己的好名声，这样皇上才能心安。"萧何依计而行，刘邦果然大为高兴。

但萧何再三为民请命，希望朝廷将闲置的土地开放给贫苦百姓耕种，高祖怀疑是萧何收买民心愤而回绝，并以勾结富商、谋盗国土的罪名将萧何予以囚禁，所幸获得其他官员直谏才得以释放。

（二）举贤任能，惟贤惟德

古人在形容一个人举荐人才时的大公无私常用一句话叫"内举不避亲，外举不避仇"，至少后一句萧何是当之无愧的。萧何与曹参关系并不和睦。高祖死后，他辅佐惠帝。萧何一向很避讳与曹参相比能力，但萧何在去世前仍将他列为继任丞相的最佳人选。事实证明萧何的选择无比英明，曹参延续萧何休养生息、清静无为的施政方针，使建立伊始的汉朝国力很快得到了提高。

其实萧何与曹参虽曾同为沛吏，有过良好的交情，后来在创建汉业中，又都是功业卓著的辅弼之臣，但在建汉后、封赏之时，两人却相处得不太融洽。可是萧何素知曹参贤能，因此才举荐这位与己"有隙"的同僚为相，甚至为此而向惠帝顿首，称之为"死无遗恨"，从中可以看出萧何的胸怀是何等的宽广。

（三）"萧规曹随"，传为佳话

孝惠帝二年（前193），到临终前，向孝惠皇帝推荐的贤臣只有曹参。曹参听到萧何去世消息后，就告诉他的门客赶快整理行装，说："我将要入朝当相国去了。"过了不久，朝廷派来的人果然来召曹参。

曹参离开时，嘱咐后任齐国丞相说："要把齐国的狱市作为某些人行为的寄托，要慎重对待这些行为，不要轻易干涉。"后任丞相说："治理国家没有比这件事更重要的吗？"曹参说："不是这样。狱市这些行为，是善恶并容的，如果您严加干涉，坏人在哪里容身呢？我因此把这件事摆在前面。"

曹参入朝成为相国，一切皆遵萧何之法而无所变更，并且从各郡和诸侯国中挑选一些质朴而不善文辞的厚道人，立即召来任命为丞相的属官。对官吏中那些言语文字苛求细微末节、想一味追求声誉的人，就斥退撵走他们。

曹参见别人有细小的过失，总是隐瞒遮盖，因此相府中平安无事。

曹参做汉朝相国，前后有三年时间。他死了以后，被谥为懿。曹参之子接替了他父亲的侯位。百姓们歌颂曹参的事迹说："萧何制定法令，明确划一；曹参接替为相，遵守制定的法度而不改变。曹参施行他那清净无为的做法，百姓因而安宁不乱。"曹参继相三年病逝，汉史上与萧何齐名，"萧规曹随"一词遂成为历史上的佳话。

刚即位的汉惠帝看到曹丞相一天到晚都请人喝酒聊天，好像根本就不用心为他治理国家似的。惠帝感到很纳闷，又想不出个所以然来，只以为是曹相国嫌他太年轻了，看不起他，所以就不愿意尽心尽力来辅佐他。惠帝左想右想总感到心里没底，有些着急。

有一天，惠帝就对在朝廷担任中大夫的曹窋（曹参的儿子）说："你休假回家时，碰到机会就顺便试着问问你父亲，你就说：'高祖刚死不久，现在的皇上又年轻，还没有治理朝政的经验，正要丞相多加辅佐，共同来把国事处理好。可是现在您身为丞相，却整天与人喝酒闲聊，一不向皇上请示报告政务；二不过问朝廷大事，要是这样长此下去，您怎么能治理好国家和安抚百姓呢？'你问完后，看你父亲怎么回答，回来后你告诉我一声。不过你千万别说是我让你去问他的。"曹窋接受了皇帝的旨意，休假日回家，找了个机会，一边侍候他父亲，一边按照汉惠帝的旨意跟他父亲闲谈，并规劝了曹参一番。曹参听了他儿子的话后，大发脾气，大骂曹窋说："你小子懂什么朝政，这些事是该你说的呢？还是该你管的呢？你还不赶快给我回宫去侍候皇上。"一边骂一边拿起板子把儿子狠狠地打了一顿。

曹窋遭了父亲的打骂后，垂头丧气地回到宫中，并向汉惠帝大诉委屈。惠帝听了后就更加感到莫名其妙了，不知道曹参为什么会发那么大的火。

第二天下了朝，汉惠帝把曹参留下，责备他说："你为什么要责打曹窋呢？他说的那些话是我的意思，也是我让他去规劝你的。"曹参听了惠帝的话后，立即摘帽，跪在地下不断叩头谢罪。汉惠帝叫他起来后，又说："你有什么想法，请照直说吧！"曹参想了一下就大胆地回答惠帝说："请陛下好好地想想，您跟先帝相比，谁更贤明英武呢？"惠帝立即说："我怎么敢和先帝相提并论呢？"曹参又问："陛下看我的德才跟萧何相国相比，谁强呢？"汉惠帝笑着说："我看你好像是不如萧相国。"

曹参接过惠帝的话说："陛下说得非常正确。既然您的贤能不如先帝，我的德才又比不上萧相国，那么先帝与萧相国在统一天下以后，陆续制定了许多明确而又完备的法令，在执行中又都是卓有成效的，难道我们还能制定出超过他们的法令规章来吗？"接着他又诚恳地对惠帝说："现在陛下是继承守业，而不是在创业，因此，我们这些做大臣的，就更应该遵照先帝遗愿，谨慎从事，恪守职责。对已经制定并执行过的法令规章，就更不应该乱加改动，而只能是遵照执行。我现在这样照章办事不是很好吗？"汉惠帝听了曹参的解释后说："我明白了，你不必再说了！"

曹参在朝廷任丞相三年，极力主张清静无为不扰民，遵照萧何制定好的法规治理国家，使西汉政治稳定、经济发展、人民生活日渐提高。他死后，百姓们编了一首歌谣称颂他说："萧何定法律，明白又整齐；曹参接任后，遵守不偏离。施政贵清静，百姓心欢喜。"史称"萧规曹随"。

萧规曹随，意思是说，萧何创立了规章制度，死后，曹参做了宰相，仍照着实行，比喻按照前人的成规办事。《史记·曹相国世家》的原话是这样说的："参代何为汉相国，举事无所变更，一遵萧何约束。"汉扬雄《解嘲》说："夫萧规曹随，留侯画策。"于是"萧规曹随"，便成了汉语中的一个成语，形容继任人沿用前任定下的规则、做法等等，不作更改。

诸葛亮——辅助刘备建立蜀汉政权

诸葛亮（181—234），字孔明，琅琊阳都（今山东临沂市沂南）人，三国时蜀汉政治家、军事家，蜀汉丞相。

毛泽东对诸葛亮十分熟稔，评价很高，在他的著作、讲话、谈话中谈及诸葛亮的，不下数十处。他十分推崇诸葛亮"鞠躬尽瘁，死而后已"的献身精神。诸葛亮被誉为古代贤相的典范，自归刘备之后，便竭心尽虑，事必躬亲，最后病逝于前线军中，实践了他在《出师表》中所说的"鞠躬尽瘁，死而后已"的诺言，成为后人的楷模。

再次，毛泽东称赞诸葛亮的智慧。他在文章和讲话中多次引用"三个臭皮匠，合成一个诸葛亮"的谚语，唱《借东风》《空城计》等有关诸葛亮的京剧折子戏，赞扬诸葛亮的足智多谋和超越常人的智慧，同时又指出一个人的智慧再高，也是有限的，我们要靠一个阶级、一个党，集中大家的智慧，才是完善的。

此外，诸葛亮与刘备的鱼水关系，挥泪斩马谡和七擒孟获的故事，也是毛泽东经常提及的。据芦获回忆，毛泽东曾对她说："诸葛亮会处理民族关系，他的民族政策比较好，获得了少数民众的拥护。"

一、诸葛亮是"办事之人"

诸葛亮一生建功无数，观星辰、测天气，可谓是神机妙算，算无遗策；草船借箭、三气周瑜、智取华容道、巧布八阵图，可谓是计谋百出，出无不胜。毛泽东很敬仰他。早在湖南省立第四师范读书期间，他在读书笔记《讲堂录》中说："有办事之人，有传教之人。前如诸葛武侯、范希文，后如孔、孟、朱、陆、王阳明等是也。"诸葛武侯，即诸葛亮，曾被封为武乡侯。毛泽东认为诸葛亮是"办事之人"，后又借用杜甫"出师未捷身先死，长使英雄泪满襟"（杜甫《蜀相》）来悼念革命烈士陈子博。

毛泽东在《讲堂录》记载读清方苞的《与翁止园书》："才不胜今人，不足以为才；学不胜古人，不足以为学。天下无所谓才，有能雄时者，无对手也。以言对手，则孟德、仲谋、诸葛亮已。"他把三国时的曹操（字孟德）、孙权（字仲谋）和诸葛亮都看作是有才干的人，而且互为对手。

当然，知识分子如果光死啃书本，只会纸上谈兵是没有什么用的。所以，毛泽东1921年5月至9月，在广州第六届农民运动讲习所讲授中国农民问题时，说："历史上有名的知识阶级诸葛亮当其未出茅庐时，一点用也没有，及一出山握有兵权，则神出鬼没了，所以知识阶级没有民众的拥护一点力量也没有。"又说："古诗有：'天子重英豪，文章教尔曹。万般皆下品，唯有读书高。'这首诗影响非常大的，因为后人看待读书人那么样敬重，就是因为受了这位诗人的同化了。《幼学》云：'儒为国家宝，鱼乃席上珍'。这也是同上边那首诗一同的意思。总之以上的现象，是贵族式教育的影响。"（王子今：《毛泽东与中国史学》，中共中央党校出版社1993年版，第292—293页）

（一）舌战群儒

东汉末期，曹操挟天子以令诸侯，较有实力的军阀大都被他消灭了，唯独刘备和孙权还有发展壮大的可能，曹操自知一下子吞并这两股势力还比较难。于是，曹操就派人拿着他的书信去东吴，想和孙权联手消灭刘备。

孙权手下的谋士大都主张降曹自保，只有鲁肃主张联刘抗曹，但鲁肃自知难以说服孙权和东吴的文臣，特意请诸葛亮来当说客。

鲁肃引诸葛亮见了东吴的一群谋士，这些人并非泛泛之辈，个个都是有学问的人。东吴第一大谋士张昭首先发难，张昭诘问诸葛亮自比管仲、乐毅，而最终却使刘备"弃新野，走樊城，败当阳，奔夏口，无容身之地"，"是豫州即得先生之后，反不如其初也"。张昭此问着实厉害，后来李贽评此句曰："下得好毒手"。

诸葛亮神态自若，笑着回答："鹏飞万里，其志岂群鸟能识哉？"以大鹏自况，志在万里；将群儒比作群鸟，胸无大志。接下去运用比喻论证的方法，人染沉疴，当用和药糜粥，而不可用猛药厚味，说明刘备取胜尚需时日。又进一步用事实论证说明自己的观点："夫以甲兵不完，城郭不固，军不经练，粮不继日，然而博望烧屯，白河用水，使夏侯惇、曹仁辈心惊胆裂；窃谓管仲、乐毅用兵，未必过此。"此段诸葛亮以充分的事实为论据，对"自比管仲乐毅"之说予以论证，在凿凿事实面前张昭的非难不攻自破。

诸葛亮将刘备的暂时之败归于三个原因：一是刘备仁义，不忍夺同宗基业，不忍舍弃赴义之民，甘与同败；二是刘琮孱弱，听信妄言，暗自投降；三是刘备向日兵不满千，将只关、张、赵云，"寡不敌众，胜负乃其常事"，之后引用汉高祖数败于项羽而垓下一战成功作类比，说明刘备失利是暂时的，而取得最后的胜利是必然的。进而归纳出汉高祖的最终胜利靠的是韩信之良谋，突出自己在刘备兴复汉室大业中的重要作用。此段答张昭刘备得先生反不如初之问，水来土掩，滴水不漏。

接着话锋一转，将矛头直指东吴群儒："非比夸辩之徒，虚誉欺人，坐议立谈，无人可及，临机应变，百无一能。诚为天下笑耳！"李贽评诸葛亮的反驳之论为"说尽今日秀才病痛"。诸葛亮此举攻势凌厉，使对方"并无一言回答"。此乃先守后攻、攻守有度之辩论策略。对虞翻的"刘备大败犹言不惧曹，实为大言欺人"之语，诸葛亮只以刘备寡不敌众，退守夏口，以待天时相应，是为防守，随即便有"江东兵精粮足，且有长江之险，犹欲使其主屈膝降贼，不顾天下耻笑"之语来反攻，使虞翻不能对。后对步骘、薛综等人的发难，孔明莫不用此先攻后守之法对之，使东吴的儒者一个个败下阵来。

（二）草船借箭

赤壁大战前，周瑜提出让诸葛亮在 10 日之内赶制 10 万支箭的要求，诸葛亮却出人意外地答应了："操军即日将至，若候 10 日，必误大事。"他表示："只需 3 天的时间，就可以办完复命。周瑜一听大喜，当即与诸葛亮立下了军令状。在周瑜看来，诸葛亮无论如何也不可能在 3 天之内造出 10 万支箭，因此诸葛亮必死无疑。

诸葛亮告辞以后，周瑜就让鲁肃到诸葛亮处查看动静，打探虚实。诸葛亮一见鲁肃就说："3 日之内如何能造出 10 万支箭？还望子敬救我！"

忠厚善良的鲁肃回答说："你自取其祸，叫我如何救你？"

诸葛亮说："只望你借给我 20 只船，每船配置 30 名军卒，船只全用青布为幔，各束草把千余个，分别竖在船的两舷。这一切，我自有妙用，到第三日包管会有 10 万支箭。但有一条，你千万不能让周瑜知道。如果他知道了，必定从中作梗，我的计划就很难实现了。"

鲁肃虽然答应了诸葛亮的请求，但并不明白诸葛亮的意思。他见到周瑜后，不谈借船之事，只说诸葛亮并不准备造箭用的竹、翎毛、胶漆等物品。

周瑜听罢也大惑不解。

诸葛亮向鲁肃借得船只、兵卒以后，按计划准备停当。第一天，不见诸葛亮有什么动静！第二天，仍然不见诸葛亮有什么动静！直到第三天夜里四更时分，他才秘密地将鲁肃请到船上，并告诉鲁肃要去取箭。

鲁肃不解地问："到何处去取？"

诸葛亮回答道："子敬不用问，前去便知。"鲁肃被弄得莫名其妙，只得陪伴着诸葛亮去看个究竟。

凌晨，浩浩江面雾气霏霏，漆黑一片。诸葛亮遂命用长索将 20 只船连在一起，起锚向北岸曹军大营进发。时至五更，船队已接近曹操的水寨。这时，诸葛亮又教士卒将船只头西尾东一字摆开，横于曹军寨前。随后，他又命令士卒擂鼓呐喊，故意制造了一种击鼓进兵的声势。鲁肃见状，大惊失色，诸葛亮却心底坦然地告诉他说："我料定，在这浓雾低垂的夜里，曹操决不敢贸然出战。你我尽可放心地饮酒取乐，等到大雾散尽，我们便回。"

曹操闻报后，果然担心重雾迷江，遭到埋伏，不肯轻易出战。他急调旱寨的弓弩手 6000 人赶到江边，会同水军射手，共约 1 万多人，一齐向江中乱射，企图以此阻止击鼓叫阵的"孙刘联军"。一时间，箭如飞蝗，纷纷射在江心船上的草把和布幔之上。

过了一段时间后，诸葛亮又从容地命令船队调转方向，头东尾西，靠近水寨受箭，并让士卒加劲地擂鼓呐喊。等到日出雾散之时，船上的全部草把密密麻麻地排满了箭枝。此时，诸葛亮才下令船队调头返回。他还命令所有士卒一齐高声大喊："谢谢曹丞相赐箭！"当曹操得知实情时，诸葛亮的取箭船队已经离去20余里，曹军追之不及，曹操为此懊悔不已。

船队返营后，共得箭10余万支，为时不过3天。鲁肃目睹其事，称诸葛亮为"神人"。诸葛亮对鲁肃讲，自己不仅通天文，识地利，而且也知奇门、晓阴阳。更擅长行军作战中的布阵和兵势，在3天之前已料定必有大雾可以利用。他最后说："我的性命系之于天，周公瑾岂能害我！"当周瑜得知这一切以后，大惊失色，自叹不如。

（三）赤壁之战

在赤壁之战中，诸葛亮有两大贡献：第一，和周瑜一起制定火攻的战术。第二，巧借东风。这二者又是紧密相关的。他和周瑜的分工是，由于战斗主力是东吴的军队，火攻当然只能由周瑜指挥施行，而诸葛亮的任务就是巧借东风。

赤壁之战时，有人提醒曹操要防备吴军乘机火攻。曹操却认为："凡用火攻，必借东风，方今隆冬之际，但有西北风，安有东南风耶？吾居于西北之上，彼兵皆在南岸，彼若用火，是烧自己之兵也，吾何惧哉？若是十月阳春之时，吾早已提备矣。"周瑜也看到了这个问题，只是由于气候条件不利火攻，急得他"口吐鲜血，不省人事"。

诸葛亮非常了解周瑜的心思，用"天有不测风云"一语，点破了周瑜的病因，并密书十六字："欲破曹公，宜用火攻；万事俱备，只欠东风。"可见，对于火攻的条件，曹、周、诸葛三人都有共同的认识。

然而，诸葛亮由于家住赤壁不远的南阳（今湖北襄阳附近），对赤壁一带天气气候规律的认识，比曹、周两人更深刻、更具体。西北风只是气候现象，在气候背景下可以出现东风，这是天气现象。而诸葛亮实际上是一个杰出的天文学家，这有他著的《二十八宿分野》《阴符经序》《阴符经注》（《诸葛亮集》，中华书局1960年版，第55—59页）可证。作为一个军事家，诸葛亮又特别注意气象学的研究。在军事气象上，除了必须考虑气候规律之外，还须考虑天气规律作为补充。当时，诸葛亮根据对天气气候变化的分析，凭着自己的经验，已准确地预报出出现偏东风的时间。但为糊弄周瑜，他却设坛祭神"借东风"。这是历史小说《三国演义》的写法。

十一月的一个夜晚，果然刮起了东南风，而且风力很大。周渝派出部将黄盖，带领一支火攻船队，直驶曹军水寨，假装去投降。船上装满了饱浸油类的芦苇和干柴，外边围着布幔加以伪装，船头上插着旗帜。驶在最前头的是十艘冲锋战船。这十艘船行至江心，黄盖命令各船张起帆来，船队前进得更快，逐渐看得见曹军水寨了。这时候，黄盖命令士兵齐声喊道："黄盖来降！"曹营中的官兵，听说黄盖来降，都走出来伸着脖子观望。曹兵不辨真伪，毫无准备。黄盖的船队距离曹操水寨只有二里路了。这时黄盖命令"放火！"号令一下，所有的战船一齐放起火来，就像一条火龙，直向曹军水寨冲去。东南风愈刮愈猛，火借风力，风助火威，曹军水寨全部着火。"连环战船"一时又拆不开，火不但没法扑灭，而且越烧越盛，一直烧到江岸上。只见烈焰腾空，火光烛天，江面上和江岸上的曹军营寨，陷入一片火海之中。

孙、刘联军把曹操的大队人马歼灭了，把曹军所有的战船都烧毁了。在那烟火弥漫之中，曹操率领着残兵败将，向华容（今湖北监利西北）小道撤退。不料，途中又遇上狂风暴雨，道路泥泞难行。曹操只好命令所有老弱残兵，找来树枝杂草，铺在烂泥路上，让骑兵通过。可是那些老弱残兵，被人马挤倒，受到践踏，又死掉了不少。后来，他只得留下一部分军队防守江陵和襄阳，自己率领残部退回北方去了。

赤壁之战，东风起了很大作用，唐朝诗人杜牧有两句名诗道："东风不与周郎便，铜雀春深锁二乔。"意思是多亏老天爷把东风借给了周瑜，使他能方便行事，否则孙策的老婆大乔和周瑜的老婆小乔会被曹操掳到铜雀台去了。京剧《群英会》中，曹操有句唱词："我只说十一月东风少见。"显然后悔自己对气象判断失误，吃了大亏。

然而，诸葛亮借东风的传说，有人经过考证却认为是虚构的。不过从赤壁之战中，长江江面盛吹东南大风，到后来曹军败走华容道又遇上倾盆大雨,这在天气形势上看来,当时很像是一次锋面气旋天气。通晓天文地理的诸葛亮,他的家就住在离赤壁不远的南阳,是掌握这次东南风出现前的征兆的,所以他准确地做出了天气预报。这样看来,诸葛亮在冬初的十一月份,根据长江中下游地区当时的天气变化,预测将有东南大风出现,并进一步推断天气还要恶化,不愧为通晓天文地理的奇才。

借东风的故事发生于赤壁之战时期。赤壁之战是我国历史上以弱胜强的著名战例。东汉末年,曹操初步统一北方之后,建安十三年(208),率兵20余万南下,孙权和刘备联军5万,共同抵抗。曹兵进到赤壁,小战失利,退驻江北,与孙刘联军隔江对峙。孙刘联军利用曹军远来疲惫、疾疫流行、不习水战、后方又不稳定等弱点,用火攻击败曹操水师,孙权大将周瑜和刘备水陆并进,大破曹军。战后,孙权地位更加巩固,刘备据有荆州大部分地区,旋又取得益州,形成曹、孙、刘三方鼎立的局面。

毛泽东对赤壁之战有不少精辟评论。关于双方胜负原因,他说:"有真必有假,虚夸古亦有之。赤壁之战,曹营号称八十三万人马,其实只有二三十万,又不熟水性,败在孙权手下,不单是孔明借东风。"(吴冷西:《忆毛主席》,新华出版社1995年版,第109页)

关于双方参战人数和借东风,均据《三国演义》,不是根据《三国志》。

关于诸葛亮在赤壁之战中的作用,毛泽东指出诸葛亮当时很年轻,他到东吴游说孙权、促成孙刘联合、共抗曹操回来后,才被封为军师中郎将,是个年轻干部。1965年,毛泽东在一次讲话中说:"现在必须提拔青年干部。赤壁之战,群英会,诸葛亮那时二十七岁,孙权也是二十七岁,孙策起事时只有十七八岁,周瑜死时才不过三十多岁,鲁肃四十岁,曹操五十三岁。事实上,青年人打败了老年人,长江后浪推前浪,世上新人赶后人。"

早在1957年4月上旬,毛泽东在四省一市的省市委书记思想工作座谈会上,在谈及提拔青年干部时就说过:

"赤壁之战,程普四十多岁,周瑜二十多岁,程普虽是老将,不如周瑜能干,大敌当前,谁人挂帅?还是后起之秀周瑜挂了大都督的帅印。孔明二十七岁成名,也未当过支部书记、区委书记嘛,也是个新干部嘛!赤壁之战以前无名义，之后才当军师中郎将。古时候可以破格用人，我们为什么不可以大胆提拔？"（《社会科学论坛》1995 年第 1 期）

1958 年 5 月 8 日，毛泽东在中共八大二次会议的第一次讲话中，主要讲"破除迷信"的问题。他说："青年人打倒老年人，学问少的人，打倒学问多的人，这种例子多得很，周瑜、孔明都是年轻人，孔明二十七岁当军师。程普是老将，他不行，孙权打曹操不用他，而用周瑜做都督，程普不服，但是周瑜打了胜仗。"（王子今:《毛泽东与中国史学》，中共中央党校出版社 1993 年版，第 199 页）

1958 年 6 月 7 日 15 时，陈毅率黄镇和另外几位回国的大使，一同来到中南海游泳池。在说到外交上也要破除迷信时，毛泽东便开始了他擅长的"古为今用"："人太稳了不好，野一点好。"他对多少有点吃惊的外交官们继续发挥自己的思想："三国时关、张，开始因为孔明年轻不服气，刘备劝说也不行，没封他官，因为封大封小都不好，后来派孔明到东吴办了一件大事，回来后才封为军师。……自古以来多是年轻的代替老的。"毛泽东说了一句总结性的话。（尹家民:《将军不辱使命》，解放军文艺出版社1992 年版，第 153 页）

毛泽东还曾经两次在自己的军事理论著作中援引赤壁之战这个战例，阐明军事理论问题。在《中国革命的战略问题》中，毛泽东指出：

"当时的情况是弱国抵抗强国。……虽然是一个不大的战役（按：指齐鲁长勺之战），却同时是说的战略防御的原则。中国战史中合此原则而取胜的实例是非常之多的。楚汉成皋之战、新汉昆阳之战、袁曹官渡之战、吴魏赤壁之战、吴蜀彝陵之战、秦晋淝水之战等等有名的大战，都是双方强弱不同，弱者先让一步、后发制人，因而战胜的。"

毛泽东用赤壁之战等大战实例，有力地说明作战双方强弱不同，弱者先让一步，后发制人，因而制胜的道理，阐明了战略防御原则的重要意义。

在《论持久战》中，毛泽东指出："主观指导的正确与否，影响到优势劣势和主动被动的变化，观之强大之军打败仗、弱小之军打胜仗的历史事实而益信。中外历史上这类事情是多得很的。中国如晋楚城濮之战，楚汉成皋之战，韩信破赵之战，新汉昆阳之战，袁曹官渡之战，吴魏赤壁之战，吴蜀彝陵之战，秦晋淝水之战等等，外国如拿破仑的多数战役，十月革命后的苏联内战，都是以少击众，以劣势对优势而获胜。都是先以自己的局部优势和主动，向着敌人局部的劣势和被动，一战而胜，再及其余，各个击破，全局因而转成了优势，转成了主动。在原占优势和主动之敌则反之；由于其主观错误和内部矛盾，可能将其很好的或较好的优势和主动地位，完全丧失，化为败军之将，亡国之君。

在这里，毛泽东用包括赤壁之战在内的许多中外战例，说明在战争中指挥员主观指导的正确与否，影响到敌我双方优势、劣势和主动、被动的转化，从而导致战争的不同结局。

（四）空城计

三国时期，诸葛亮因错用马谡而失掉战略要地——街亭（今甘肃天水市东南街子镇），魏将司马懿乘势引大军15万向诸葛亮所在的西城蜂拥而来。当时，诸葛亮身边没有大将，只有一班文官，所带领的五千军队，也有一半运粮草去了，只剩2500名士兵在城里。众人听到司马懿带兵前来的消息都大惊失色。诸葛亮登城楼观望后，对众人说："大家不要惊慌，我略用计策，便可教司马懿退兵。"

于是，诸葛亮传令，把所有的旌旗都藏起来，士兵原地不动，如果有私自外出以及大声喧哗的，立即斩首。又叫士兵把四个城门打开，每个城门之上派20名士兵扮成百姓模样，洒水扫街。诸葛亮自己披上鹤氅，戴上纶巾，领着两个小书童，摆上一张琴，到城上望敌楼前凭栏坐下，燃起香，然后慢慢弹起琴来。

司马懿的先头部队到达城下，见了这种气势，都不敢轻易入城，便急忙返回报告司马懿。司马懿听后，笑着说："这怎么可能呢？"于是便令三军停下，自己飞马前去观看。离城不远，他果然看见诸葛亮端坐在城楼上，笑容可掬，正在焚香弹琴。左面一个书童，手捧宝剑；右面也有一个书童，手里拿着拂尘。城门里外，20多个百姓模样的人在低头洒扫，旁若无人。司马懿看后，疑惑不已，便来到中军，下令后军充作前军，前军作后军撤退。他的二子司马昭说："莫非是诸葛亮家中无兵，所以故意弄出这个样子来？父亲您为什么要退兵呢？"司马懿说："诸葛亮一生谨慎，不曾冒险。现在城门大开，里面必有埋伏，我军如果进去，正好中了他们的计，还是快快撤退吧！"于是各路兵马都退了回去。

空城计是一种"虚而虚之"的心理战术，在战争的紧急关头和力量虚弱的情况下运用这种战术，故意以空虚无兵之势示敌，就可能使敌人疑中生疑，恐中埋伏，从而达到排危解难的目的。这个智谋故事见于《三国演义》第九十五回"马谡拒谏失街亭，武侯弹琴退仲达"。诸葛亮冒死作出假象，最后成功了，可见其不光具有智谋还有非凡的胆量。

（五）六出祁山

诸葛亮恢复与吴联盟、平定南中后，就准备北伐曹魏。第一次北伐在蜀汉建兴六年(228年)春，他令赵云等作疑兵，摆出由斜谷(今陕西眉县南)攻郿城(今眉县北)的态势，以吸引魏军；自己则率主力向祁山(今甘肃西和县祁山堡)方向进攻，陇右的天水、南安、安定等郡相继叛魏降蜀，又收服了姜维，一时关中大震。可是马谡违背诸葛亮部署，为张郃所败，丢了街亭。赵云等出兵也不利，诸葛亮只得退回汉中。不久，天水、南安、安定三郡又叛汉附魏。

第二次北伐是同年冬，诸葛亮乘陆逊在石亭打败曹休之机，出散关，包围陈仓(今陕西宝鸡西南)，攻打二十多天未破，魏的援军赶到，他不得已又退回汉中。

第三次北伐是建兴七年，亮进攻武都(今甘肃成县)、阴平(今甘肃文县西北)，打败魏援军，占了这两郡，留兵据守，自己率部回师。次年，魏军进攻汉中，诸葛亮加强防守，又增调援军，再由于连续大雨，子午谷、斜谷等道路不通，魏军撤退。

第四次北伐是建兴九年，蜀军包围祁山，魏军统帅司马懿迎击，诸葛亮准备决战。司马懿知蜀军远来，军粮不多，凭险坚守，拒不出战。诸葛亮想用退兵的办法引诱敌人，但司马懿追赶很谨慎，蜀军一停，他就扎营拒守。此时李严假传刘禅要求退兵的圣旨，加上蜀军粮草将尽，诸葛亮只得班师，在归途中以伏兵杀了魏国名将张郃。

第五次北伐是建兴十二年春，诸葛亮率十万大军出斜谷口，到达郿县，在渭水南岸五丈原扎营。司马懿也筑营阻拦，不与蜀军作战，料知蜀军远来，粮草运输困难，想把蜀军拖垮。诸葛亮也有准备，在渭水分兵屯田，作长期战争的打算。诸葛亮在这次出兵前曾与孙权约定同时攻魏，五月吴军十万攻魏，不胜，撤回江东，所以蜀军只得与魏军单方面周旋。八月间诸葛亮积劳成疾，病情日益严重，不久就与世长辞。死后，姜维等遵照他的遗嘱，秘不发丧，整军退入斜谷。诸葛亮出师北伐共为五次，真正出兵祁山只有二次；还有一次是魏军进攻汉中，不是诸葛亮出击。后世概而言之，说成是"六出祁山"。

基于上述所论，诸葛亮"六出祁山"的英明果断决策，是贯彻落实《隆中对》中计策、北定中原、兴复汉室、以成霸业的正确军事举措和重要战略方针。

二、诸葛亮是"高级知识分子"

（一）"他为什么姓诸葛？"

毛泽东非常敬佩诸葛亮，对诸葛亮的生平也很熟悉。1951 年年底，毛泽东沿津浦铁路南下视察，车到济南，在火车上召见济南市委书记、市长谷牧。他对济南市的工作给予肯定，接着就话题一转，天南海北、上下古今地谈了起来。

毛泽东问："诸葛亮是哪里人？"

谷牧答："祖上是山东临沂人，后来移居湖北襄阳。"

"他为什么姓诸葛？"

谷牧被问住了。

毛泽东说："你读过陈寿的《三国志》吗？《诸葛亮传》里头有个注，说明孔明的先世本姓葛，原籍诸城，后来移居阳都（即临沂，治所在今沂南县）。当地葛氏是大族，排外性强。后代相沿，就姓了诸葛。"（《党史信

息报》，2002年10月16日）

　　毛泽东所述大意不错，但不见于陈寿《三国志·诸葛亮传》裴松之注，而出自清张澍编《诸葛武侯文集》所附《故事》卷一《诸葛篇》载："韦曜《吴书》：'诸葛氏，其先葛氏，本琅邪诸县人，后徙阳都，阳都先有姓葛者，时人谓之诸葛，因以为氏。'"

　　诸葛亮（181—234），字孔明，琅邪郡阳都（今山东沂南县）人，汉司隶校尉诸葛丰之后。丰字少季，以明经为郡文学，以刚直闻名。禹贡为御史大夫，丰为属下，举侍御史。汉元帝提升为司隶校尉，刺举无所规避。京师为之语曰："间何阔，逢诸葛。"当时侍中许章以外戚贵幸，奢淫不奉法度，宾客犯事，与章相连。丰欲上奏其事，适逢许章私出，丰停下车来，举节告诉许章说："下来。"要捉拿他。许章窘迫，驱车而去，诸葛丰追赶他，许章逃进宫中，报告皇帝，诸葛丰也上奏，于是收了诸葛丰的符节。后被贬为城下校尉，又废为庶人。卒于家。

　　其父诸葛珪，字君贡，东汉末年曾任泰山郡郡丞，在诸葛亮年幼时就去世了。叔父诸葛玄被袁术任命为豫章（今江西南昌）郡太守，带着诸葛亮和诸葛均兄弟去上任，恰巧碰到朝廷派朱皓代替诸葛玄。诸葛玄一向与荆州牧刘表有交情，于是就去投靠了刘表。

　　诸葛玄逝后，诸葛亮自己耕种田地，喜欢吟咏《梁父吟》："步出齐东门，遥望荡阴里。里中有三坟，累累正相似。问是谁家墓，田疆、古冶子。力能排南山，文能绝地纪。一朝被谗言，二桃杀三士。谁能为此谋？国相齐晏子。"

　　梁父，一作梁甫，山名，在泰山脚下，为死人聚葬之处。所以，这是一首流传于民间的葬歌，并非诸葛亮所作，但旧题为诸葛亮作，见于《乐府诗集·相和歌》，属楚调曲。此诗写齐相晏婴让公孙接、田开疆、古冶子三个大力士争食两个桃子而互相残杀，为忠臣遭害鸣不平，对晏婴的计谋也予以赞扬，流露出诸葛亮对晏婴的仰慕。

　　诸葛亮身高八尺，常常把自己比作管仲和乐毅，当时没有人认可他。为什么呢？因为二人皆非常人。管仲（？—前645），名夷吾，字仲，颍上（颍水之滨，在河南中部），春秋初期政治家。由鲍叔牙推荐，被齐桓公为卿，进行改革，使齐国强大起来。帮助齐桓公以"尊王攘夷"相号召，使之成为春秋时第一个霸主。

乐毅，中山国灵寿（今河北灵寿）人。战国时燕将。燕昭王时任亚卿。燕昭王二十八年（前284），率军击破齐国，先后攻下七十多城。

所以，当时的认为诸葛亮把自己和管仲、乐毅相提并论，自视太高。只有博陵（今河北蠡县一带）的崔州平、颍川郡的徐庶和诸葛亮是好朋友，认为的确是这样。

崔州平，安平（今山东益都西北）人，太尉崔烈之子。徐庶，字元直，颍川（今河南禹州）人。初与诸葛亮等为友。后归刘备，乃推荐诸葛亮。曹操取荆州，从刘备南行，以其母为曹军所执，他归曹操，官至右中郎将，魏明帝时死。

（二）"孔明二十七岁当军师"

当时刘备依附荆州刘表，率部驻扎在新野县（今河南新野）。徐庶去拜见刘备，刘备很器重他，徐庶对刘备说："诸葛孔明是个卧龙，将军可愿意见见他吗？"刘备回答："您陪他一起来吧。"徐庶郑重地说："这个人只能去他那里拜见他，不能屈其志节把他招来。将军应该放下架子去拜望他。"

因此，刘备就去拜访诸葛亮，一共去了三次，才见到。刘备让旁边的人都退去，对诸葛亮说："汉朝的统治崩溃，奸臣盗用皇帝的政令，皇帝遭难出奔。我没有估计和衡量自己的德行和力量，要在天下伸张大义；但是，我智谋短浅，能力有限，因此就屡屡失败，成了今天这种局面。但是我的志向还在，您说应该怎么办？"

诸葛亮回答刘备说："自从董卓搅乱朝政以来，各地豪杰纷纷起兵，占据几个州郡的数也数不过来。曹操和袁绍相比，名望低，兵力少，曹操之所以能打败袁绍，不但是时机好，而且也是人的筹划得当。如今曹操已拥有百万大军，挟制皇帝来号召诸侯，确实是不能和他争高下的。

"孙权占据江东地区已历三代，地势险要，百姓归附，有才干的人都愿意为他效力，只可以把他作为外援，而不可以兴兵吞灭他。

"荆州北与汉水（沔水）中下游一代相接，一直到南海的物资，都能得到，东面与吴郡、会稽郡相连，西部和巴郡、蜀郡相通，这是大家争夺的重要地方，而荆州牧刘表不能守，这大概是上天用来资助将军的，将军有这个打算吗？

"益州形势险要、易守难攻，有上千里的肥田沃土，是个物产丰富的天然宝库，汉高祖凭借这个地方建立了基业。益州牧刘璋昏庸无能，北面又有占据汉中的张鲁威胁他，虽然人口众多，百姓富裕，却不懂得爱抚他们，有智慧和才干的人都盼望有一个贤明的君主。

"将军是皇帝的后代，信用和道义名闻天下，广泛地罗致英雄豪杰，思慕贤才如饥似渴。如能占据荆、襄二州，守住两州的险要，西面和各少数民族和好，西南安抚好各少数民族，对外与孙权结盟，对内改革政治，天下形势一有变化，就派一员大将率领荆州的部队向宛（今河南南阳）县和洛阳（今河南洛阳）一带进军，将军您亲率益州大军直出秦川（今陕西、甘肃一带），老百姓能不用竹篮子（箪）盛着饭，用壶盛着水来迎接将军吗？如果真是这样的话，您称霸的大业就成功，汉朝就复兴了。"

刘备说："好！"于是和诸葛亮的友情一天比一天亲密。

关羽、张飞等人很不高兴，刘备便向他们解释说："我有了孔明，就像鱼儿得到了水一样，希望你们不要再说什么了。"关羽、张飞于是停止议论。

东汉末年，诸葛亮隐居隆中。献帝建安十二年（207），刘备三次往访，询问治世大计。这就是所谓"三顾茅庐"。在回答刘备的谈话中，诸葛亮分析天下形势，提出占据荆、益两州，安抚西北、西南各少数民族，联合孙权，整顿内政，伺机从荆、益两路北伐曹操的策略，以图统一中国，恢复刘家帝业，史称"隆中对"。

对于诸葛亮的《隆中对》应该怎么评价呢？

诸葛亮是一个青年知识分子，而革命可事业是不能缺少知识分子的。毛泽东说过："一个阶级革命要胜利，没有知识分子是不可能的。你们看过《三国演义》《水浒传》，魏、蜀、吴三个国家，每个国家都有自己的知识分子，有高级的知识分子，有普通的知识分子，那个穿八卦衣拿鹅毛扇的就是知识分子；梁山泊没有公孙胜、吴用、萧让这些人就不行，当然没有别人也不行。"(《在中国共产党第七次全国代表大会上的口头政治报告》，《毛泽东文集》第三卷，人民出版社1996年版，第342页)

（三）"那个穿八卦衣拿鹅毛扇"的人

毛泽东说的"那个穿八卦衣拿鹅毛扇"的，是旧戏剧中诸葛亮的装扮。《三国演义》中说："玄德见孔明身长八尺，面如冠玉，头戴纶巾（用丝制成的一种冠巾），身披鹤氅（鸟羽制成的裘，用作外会），飘飘然有神仙之概。"

据民间传说诸葛亮的八卦衣是他勤奋好学，师母所赏赐。诸葛亮少年时代，从学于水镜先生司马徽，诸葛亮学习刻苦，勤于用脑，不但司马德操赏识，连司马的妻子对他也很器重，都喜欢这个勤奋好学，善于用脑子的少年。那时，还没有钟表，计时用日晷，遇到阴雨天没有太阳。时间就不好掌握了。为了计时，司马徽训练公鸡按时鸣叫，办法就是定时喂食。诸葛亮天资聪颖，司马先生讲的东西，他一听便会，不解求知饥渴。为了学到更多的东西，他想让先生把讲课的时间延长一些，但先生总是以鸡鸣叫为准，于是诸葛亮想：若把公鸡鸣叫的时间延长，先生讲课的时间也就延长了。于是他上学时就带些粮食装在口袋里，估计鸡快叫的时候，就喂它一点粮食，鸡一吃饱就不叫了。

过了一些时候，司马先生感到奇怪，为什么鸡不按时叫了呢？经过细心观察，发现诸葛亮在鸡快叫时给鸡喂食。司马先生在上课时，就问学生，鸡为什么不按时叫鸣？其他学生都摸不着头脑。诸葛亮心里明白，可他是个诚实的人，就如实地把鸡快叫的时候喂食来延长老师授课时间的事如实报告了司马先生。司马先生很生气，当场就把他的书烧了，不让他继续读书了。诸葛亮求学心切，不能读书怎么得了，可又不能硬来，便去求司马夫人。司马夫听了请葛亮喂鸡求学遭罚之事，深表同情，就向司马先生说情。司马先生说："小小年纪．不在功课上用功夫，倒使心术欺蒙老师。这是心术不正，此人不可大就。"司马夫人反复替诸葛亮说情，说他小小年纪，虽使了点心眼，但总是为了多学点东西，并没有他图。司马先生听后觉得有理，便同意诸葛亮继续读书。

司马先生盛怒之下烧了诸葛亮的书，后经夫人劝解，又同意诸葛亮来继续读书。可没有书怎么读呢？夫人对司马先生说："你有一千年神龟背壳，传说披在身上，能使人上知千年往事，下晓五百年未来，不妨让诸葛亮一试，如果灵验，要书作甚？"司马先生想到把书已烧了，也只好按夫人说的办。

诸葛亮将师母送的神龟背壳往身上一披，即成了他的终身服饰——八卦衣，昔日所学，历历在目，先生未讲之道，也能明白几分。

诸葛亮的鹅毛扇代表着智慧和才干，所以在有关诸葛亮的戏曲中，孔明总是手拿鹅毛扇。

关于鹅毛扇，民间流传着这样的故事：黄承彦的千金小姐黄月英并非丑陋，而是一个非常聪明美丽、才华出众的姑娘。黄承彦怕有为的青年有眼不识荆山玉，故称千金为"阿丑"。阿丑黄月英不仅下笔滔滔，而且武艺超群，她曾就学于名师。艺成下山时，师傅赠送她鹅毛扇一把，上书"明""亮"二字。二字中还密密麻麻地藏着攻城略地、治国安邦的计策。并嘱咐她，姓名中有明亮二字者，即是你的如意郎君。后来黄承彦的乘龙快婿，就是吟啸待时、未出隆中便知天下三分的名字中有"明""亮"二字的未来蜀国丞相诸葛亮。结婚时，黄月英便将鹅毛扇作为礼物赠给诸葛亮。孔明对鹅毛扇爱如掌上明珠，形影不离。他这样作不仅表达了他们夫妻间真挚不渝的爱情，更主要的是熟练并运用扇上的谋略。所以不管春夏秋冬，总是手不离扇。

清朝康熙年间，襄阳观察使赵宏恩在《诸葛草庐诗》中写道："扇摇战月三分鼎，石黯阴云八阵图"，就足以证明诸葛亮手执鹅毛扇的功用以及他手不离扇的原因。

（四）诸葛亮是"高级知识分子"

诸葛亮所处的时代，正是中国书法艺术趋向成熟的时代。在他出生前四年，汉灵帝熹平六年（177），首次把书刻文字称作"书法"。这标志着作为交流工具的"写字"，与作为美学欣赏与实用相统一的"书法"，正式拉开了距离，并使后者逐步发展成为一门独特的艺术——书法艺术。这时汉隶已成为别具风格的主导字体，同时又始创了草书、行书和楷书，使篆、隶、草、行、楷五体基本齐备。

诸葛亮喜爱书法，在青少年时代就进行过刻苦的训练，能写多种字体，篆书、八分、草书都写得很出色。南朝梁时期的陶弘景是一位大书法家，他所著《刀剑录》记载："蜀章武元年辛丑（221），采金牛山铁，铸八铁剑，各长三尺六寸，……并是孔明书作风角处所。"

虞荔《古鼎录》记载："诸葛亮杀王双，还定军山，铸一鼎，埋于汉川，其文曰：定军鼎。又作八阵鼎，沉永安水中，皆大篆书。"

又曰："先主章武二年（222），于汉川铸一鼎，名克汉鼎，置丙穴中，八分书，三足；又铸一鼎，沉于永安水中，纪行军奇变；又铸一鼎于成都武担山，名曰受禅鼎；又铸一鼎于剑山口，名剑山鼎。并小篆书，皆武侯迹。"

又曰："章武三年（223）又作二鼎，一与鲁王，文曰：'富贵昌，宜侯王。'；一与梁王，文曰：'大吉祥，宜公王。'并古隶书，高三尺，皆武侯迹。"

北宋时周越所著《古今法书苑》也记载："蜀先主尝作三鼎，皆武侯篆隶八分，极其工妙。"

上述记载是可信的，特别是南朝时期的陶弘景，距诸葛亮仅二百余年时间，他的见闻和记述应是有事实依据的。宋徽宗宣和内府的《宣和书谱》卷13记载：诸葛亮"善画，亦喜作草字，虽不以书称，世得其遗迹，必珍玩之"。又说："今御府所藏草书一《远涉帖》。"这说明到北宋末期（1119—1125）在皇宫内府还珍藏有诸葛亮的书法作品。南宋陈思《书小史》记载：诸葛亮"善其篆隶八分，今法帖中有'玄漠太极，混合阴阳'等字，殊工"。

从宋代开始，把前人著名书迹摹刻拓印下来，以便流传，称之为"法帖"。这一则记载说明：在宋代诸葛亮的书法作品是作为有示范意义的"法帖"流行于世的。诸葛亮在繁忙的政务和军事活动中，始终不忘书法。《常德府志》记载："卧龙墨池在沅江县（今湖南沅江）西三十里卧龙寺内。俗传汉诸葛武侯涤墨于此寺，因名。"我们知道，诸葛亮在常德一带活动的时间，是在赤壁大战之后，战事十分紧张频繁，可是他仍然不忘临池挥毫。

遗憾的是，现在还无法看到其书法真迹，这只有寄希望于考古的发现了。

唐朝张彦远在《历代名画记》中写道："诸葛武侯父子皆长于画。"张彦远还在其《论画》一书中，记载了当时绘画收藏与销售的情况。他说："今分为三古以定贵贱，以汉、魏三国为上古，则赵岐、刘褒、蔡邕、张衡、曹髦、杨修、桓范、徐邈、曹不兴、诸葛亮之流是也。"以晋、宋画家为中古，以齐、梁、陈、后魏、后周、北齐的画家为下古，隋和唐初的画家则称之为近代。近代画家作品的价格与下古画家作品价格相近，而以上古画家作品价格为最高。

张彦远记述当时一些近代画家如阎立本、吴道子等人绘画作品的售价："屏风一片值金二万，坎者售一万五千，""一扇值金一万。"并说汉魏三国（即上古）画家的作品，在唐代已是"有国有家之重宝"，"为希代之珍"。张彦远（生于公元815年）出身于宰相世家，家藏法书名画非常丰富，他的《历代名画记》，向有"画史之祖"的称誉，他的记载和论述，在中国绘画史上一直是可信而难得的史论资料。从他的记述中，可以大致看到诸葛亮在中国美术史上的历史地位和艺术成就。

东晋史学家常璩的《华阳国志》记载："南中，其俗征巫鬼，好诅盟，投石结草，官常以诅盟要之。诸葛亮乃为夷作图谱，先画天地日月君长城府，次画神龙，龙生夷及牛马驼羊。后画部主吏，乘马幡盖，巡行安恤。又画夷牵牛负酒赍金宝诣之之象，以赐夷，夷甚重之。"又记道："永昌郡，古哀牢国……世世相继，分置小王，往往邑居，散在溪谷，绝域荒外，山川阴深，生民以来，未尝通中国，南中昆明祖之，故诸葛亮为其图谱也。"从以上两段记载可以看出，诸葛亮的确具有非凡的绘画才能。他的画作既取材于现实生活（如南中少数民族的生活）又有神奇而丰富的想象（如神龙等），而且构图宏伟，场面博大。

诸葛亮不仅能画天地、日、月，而且能画各种建筑、车马、动物和人物。能掌握如此全面的绘画技巧的画家，在中国绘画史上也是不多见的。同时，我们还可以看到，诸葛亮作画绝不是出于个人的闲情逸致，他的绘画艺术总是为他的政治和军事目的服务的。

诸葛亮还精通音律，喜欢操琴吟唱，有很高的音乐修养。

这方面在古籍中多有记述。陈寿《三国志·诸葛亮传》记载："玄卒，亮躬耕陇亩，好为梁父吟。"习凿齿《襄阳耆旧记》："襄阳有孔明故宅……宅西面山临水，孔明常登之，鼓瑟为《梁父吟》，因名此山为乐山。"当然还有卧龙吟，真是千古绝唱，《中兴书目》记载："《琴经》一卷，诸葛亮撰述制琴之始及七弦之音，十三徽取象之意。"

谢希夷《琴论》也记有："诸葛亮作《梁父吟》。"

《舆地志》记载："定军山武侯庙内有石琴一，拂之，声甚清越，相传武侯所遗。"从以上记载就足以看出：诸葛亮在音乐方面有着很全面的修养和很高的艺术成就。他既长于声乐——会吟唱；又长于器乐——善操琴；同时他还进行乐曲和歌词的创作，而且还会制作乐器——制七弦琴和石琴。不仅如此，他还写有一部音乐理论专著——《琴经》。

（五）"他征孟获时使用了这种先进武器"

诸葛亮擅长巧思，改进连弩，造木牛流马，都是根据他的意思；推演兵法，作八陈（阵）图，都得到他的要领。

改进武器，推演阵法，表现了诸葛亮的聪明才智。对此，毛泽东予以肯定。1962 年 2 月，他在和南京炮兵工程学院院长孔从周谈日益进步的科学技术时，又谈到了诸葛亮的兵器改革，说："我们祖先使用的十八般兵器中，刀矛之类属于进攻性武器，弓箭是戈矛的延伸和发展。由于射箭误差大，于是又有了弩机，经诸葛亮改进，一次可连发十支箭，准确性也提高了。他征孟获时使用了这种先进武器。可是孟获也有办法，他的三千籐甲军使诸葛亮的弩机失去了作用。诸葛亮经过调查研究，发现藤甲是用油浸过的，于是一把火把藤甲军给烧了。"

诸葛亮的弩机，其法矢长八寸，一弩可发十矢，也就是古代小说中的"连珠箭"。1964 年，四川郫县曾出土的蜀汉景耀四年（261）制造的铜弩机，即是诸葛亮改进后的连弩。其六出祁山时用木牛、流马运粮，本传裴松之注载有木牛流马作法。其所作八阵图法，郦道元《水经注》云："八陈（阵）既成，自今行师，庶不覆败矣。"

裴松之《蜀志》注引《亮集》，载木牛流马法，曰：

木牛者，方腹曲头，一脚四足，头入领中，舌着于腹。载多而行少，宜可大用，不可小使；特行者数十里，群行者二十里也。曲者为牛头，双者为牛脚，横者为牛领，转者为牛足，覆者为牛背，方者为牛腹，垂者为牛舌，曲者为牛肋，刻者为牛齿，立者为牛角，细者为牛鞅，摄者为牛革鞦轴。牛仰双辕，人行六尺，牛行四步。载一岁粮，日行二十里，而人不大劳。

流马尺寸之数，肋长三尺五寸，广三寸，厚二分二寸，左右同。前轴孔分墨去头四寸，径中二寸。前脚孔分墨二寸，去前轴孔四寸五分，广一寸。前杠孔去前脚孔分墨二寸七分，孔长二寸，广一寸。后轴孔去前杠分墨一尺五分，大小与前同。后脚孔分墨去后轴孔三寸五分，大小与前同。后杠孔去后脚孔分墨二寸七分，后载剋去后杠孔分墨四寸五分。前杠长一尺八寸，广二寸，厚一寸五分。后杠与等板方囊二枚，厚八分，长二尺七寸，高一尺六寸五分，广一尺六寸，每枚受米二斛三斗。后上杠孔去肋下七寸，前后同。上杠孔去下杠孔分墨一尺三寸，孔长一寸五分，广七分，八孔同。前后四脚，广二寸，厚一寸五分。形制如象，靬长四寸，径面四寸三分。孔径中三脚杠，长二尺一寸，广一寸五分，厚一寸四分，同杠耳。后杠孔去后脚孔分墨二寸七分，

古代打仗，讲究排兵布阵。作为一个杰出的军事家，诸葛亮非常注重阵法的推演。《三国志》本传载："推演兵法，作八阵图，咸得其要。"陈寿注曰："亮立法施度，整理戎旅，工械技巧，物究其极。"

郦道元《水经注》曰："八阵既成，自今行师，庶不覆败矣。"

《玉海》云："图之可见者三：一在沔阳高平旧垒。《水经》云：'江又东迳诸葛亮图垒南，注：沔阳定军山东谷高平，是亮宿营处，营东即八阵图也。一在新都之八阵乡。……一在鱼复宫南江难水上。……'"

《太白阴经》曰："天阵居乾，为天门。地阵居坤，为地门。风阵居

巽，为风阵。云阵居坎，为云门。飞龙居震，为飞龙门。虎翼居兑，为武翼门。鸟翔居离，为鸟翔门。蛇盘居艮，为蛇盘门。天地风云为四正门，龙虎鸟蛇为四奇门。乾坤艮巽为四阖门，坎离震兑为四开门。"

《路史》曰："八阵古有，汉以十月会营士为八阵，是也。世以为出诸葛孔明，不然。孔明八阵，本一阵也，盖出于黄产丘井之法。井分四道，八家处之，阵分八面，大将军处其中而握奇也焉。一军万二千五百人，八千七百五十为正阵，三千七百五十为奇兵。阵间容阵，队间容队。李卫公（靖）变为六花阵，今出军亦遗法也。李靖曰：'天地者本乎旗号，风云者本乎幡名，龙虎鸟蛇本乎队伍，古人秘之，设此八名耳'。"

八阵图是古代作战时的一种战斗队形及兵力部署。诸葛亮根据古人推演又有改进，在作战中发挥了重要作用。唐代大诗人杜初到夔州时，看见夔州西南永安宫前平沙上的八阵图遗迹，聚石成堆，纵横棋布，写了《八阵图》一诗云：

功盖三分国，名成八阵图。

江流石不转，遗恨失吞吴。

其他还有《作斧教》《作匕首教》《作刚（钢）铠教》等有关作兵器的教令和各种军令。

木牛流马这种运粮工具，现代人仿制也很不易，可见诸葛亮的超人智慧。所以中国人把诸葛亮看作智慧的化身，没是没有道理的。可以说，诸葛亮为了统一中原的战争，贡献了自己的一切聪明才智，是"鞠躬尽瘁"的一种表现。

（六）毛泽东还十分赞赏诸葛亮屯田

1955 年元旦期，毛泽东在中南海会见王震。

王震说："主席，我们打了这么多年的仗，现在战争结束了，那么多退伍军人需要安置，总得想个好办法解决。""可以组织屯垦戍边么！"毛泽东说，"中国古代就有屯垦制，管仲搞过，诸葛亮在汉中也搞过呢！开荒就业，治疗战争创伤，巩固边疆，建设边疆，应该是个好办法。"（邸延生：《历史的真言——李银桥在毛主席身边工作纪实》，新华出版社2000年版，第598页）

屯田，是我国古代政府利用军队或农民、商人垦种土地，征取部分所收粮食作为军粮的一种制度。春秋时期的齐相管仲实施最早。管仲（？—前645）年，名夷吾，字仲，春秋时齐颖上（今山东颍水之滨）人，春秋初期齐政治家。由鲍叔牙推荐，被齐桓公任命为卿，进行改革，分国为十五士乡和六工商乡。工商专心本业，免服兵役。士乡即农乡，平时农民耕地，士"食田"，战时农民当兵打仗，士当甲士和小军官。管仲所实行的屯田策，我国屯田制度的开创者。

汉以后历代政府也沿用这种办法取得部分军饷和军粮。有军屯、民屯、商屯之分。《汉书·西域传下·渠犁》："自武帝初通西域，置校卫，屯田渠犁。"

三国时期曹操、诸葛亮都实行屯田。《三国志·魏志·武帝纪》："是岁用枣祗、韩浩等议，始兴屯田。""是岁"即汉献帝建安元年（196）。

曹操屯田较早，而诸葛亮较晚。《三国志·蜀志·诸葛亮传》："十二年春，亮悉大众由斜谷出，以流马运，据武功五丈原，与司马宣王对于渭南。亮每患粮不继，使己志不申，是以分兵屯田，为久驻之基。耕者杂于渭滨居民之间，而百姓安堵，军无私焉。相持百余日。""十二年"，即后主刘禅建兴十二年（234）。而且就在这年八月，诸葛亮病逝于军中。

三、"共产党就是以诸葛孔明的办法办事"

（一）诸葛亮的《出师表》

后主建兴五年（227）春天，诸葛亮率各路大军第一次北伐曹魏，进驻汉中，临出发时给后主刘禅上奏疏说：

"先帝开创统一大业还没有完成就中途逝世了，现在天下分成三个国家，我们益州弱小贫乏，这真是生死存亡的关头。然而，侍卫陛下的群臣在内毫不松懈，忠心耿耿的将士在外舍身奋战，都是为了追念先帝的特别厚待，而想报答陛下。陛下应该扩大圣明的听闻，以光大先帝的美德，发扬志士的英雄气概，不要看轻自己，说话不恰当，以致堵塞忠诚建议的道路。

"皇宫中和丞相府内，都是一个整体，赏罚褒贬，不应厚此薄彼。如果有违法乱纪和尽忠立功的人，应交有关官吏评断赏罚，以表示陛下公正严明的法治，不应当有偏向和私心，使宫中和朝廷中执法不一。

"侍中郭攸之、费祎，侍郎董允等人，都是善良、诚实的人，其志向和心思忠贞不二，所以先帝选拔出来留给陛下。我认为，宫中的事，无论大小，都拿来问问他们，然后施行，一定能够弥补缺点和疏漏之处，获得更多的好处。

"将军向宠，贤良公正，精通军事，过去试用他时，先帝称赞他很有才能，因此，大家商议推举他为都督。我认为，军中的事，都要和他商议，一定能使军队团结，优劣人才安排得当。

"亲近贤臣，疏远小人，是前汉兴旺的原因；亲近小人，疏远贤臣，是后汉衰败的根源。先帝在世时，经常与我谈论此事，总是叹惜痛恨桓、灵二帝。侍中（郭攸之、费祎）、尚书（陈震）、长史（张裔）、参军（蒋琬），都是坚贞可靠，能为以死报国的忠臣，希望陛下亲近信任他们，这样，蜀汉的兴隆，就为期不远了。

"我本是个平民，在南阳（今河南阳）种地，在动乱的年代里苟且保全性命，不求做官扬名。先帝不嫌我微贱，宁肯降低身分，三次亲临草庐看我，征求我对国家大事的看法，因此，我很感激，就答应为先帝奔走效劳。后来遇到兵败，在战败、危难的关头我奉命出使东吴，至今已二十一年了。

"先帝知道我谨慎，所以，把完成统一大业的事托付给我。自从接受先帝的托付以来，我早晚忧愁叹息，恐怕先帝的托付不见成效，损伤先帝知人之明，所以，我五月渡过泸水（金沙江），深入不生草木的地方。现在南方已经平定，兵甲已经充足，应当奖励和统率三军，北定中原，竭尽我平庸之才，铲除奸凶，复兴汉室，重返旧都（洛阳），这就是我报答先帝和尽忠陛下的职责。至于斟情酌理，掌握分寸，进尽忠言，那是郭攸之、费祎、董允等人的职责了。

"请求陛下把讨伐曹魏复兴汉室彻的重任交给我，不成功，就治我的罪，以告慰先帝之灵。假如没有革新朝政的忠言，那就责罚郭攸之、费祎、董允等人的怠慢，显示他们的过失。陛下自己也应该深谋远虑，询问治国的好道理，采纳正确的意见，深切地回想先帝的遗诏，我受恩深重，不胜感激。现在我就出征远离陛下，当写表时，禁不住流下泪来，真不知道说了些什么。"

这个奏疏就是所谓《前出师表》。在表中，诸葛亮劝后主刘禅修明政治，推荐人才，自述己志，表示北伐中原，完成统战大业们的决山。随后，率大军出发，驻扎在沔阳（今陕西勉县东）。

建兴六年（228）春天，诸葛亮扬言要从斜谷（在今陕西眉县西南三十里）夺取郿县，派赵云、邓芝作为疑兵，占据箕谷（在今陕西褒城北）来迷惑敌人，魏国派大将军曹真率军抵抗。诸葛亮亲率蜀军主力进攻祁山（在今甘肃西南和西北），队伍整齐，号令严明，南安、天水、永安三郡起来响应，整个关中地区都为之震动。

（二）"鞠躬尽瘁，死而后已"

汉献帝建安十六年（211），益州牧刘璋派法正迎接刘备入蜀，让他攻打占据汉中的张鲁，诸葛亮和关羽镇守荆州。后来刘备从葭萌关返回，攻打刘璋。诸葛亮和张飞、赵云等人率军溯江而上，分别平定了沿江各郡县，然后与刘备一起包围成都。攻下成都后，刘备任命诸葛亮为军师将军并代理左将军府事。刘备外出时，诸葛亮留守成都，粮食和军备物资供应充足。

建安二十六年（221），部下劝刘备称帝，刘备不答应，诸葛亮反复劝说，刘备才称帝。诸葛亮被任命为丞相，总管尚书台事务并持符节，张飞死后，他又兼任司隶校尉。

章武三年（223）春，刘备在永安病危，将诸葛亮从成都召来并以后事相托。刘备对诸葛亮说："您的才能比曹丕强十倍，一定能安定国家，最后完成全国统一大业。如果太子刘禅可以辅佐，您就辅佐他；如果他没有什么才能，您可以取而代之。"诸葛亮流着泪说："我愿意竭尽全身辅佐，效法忠贞的节操，一直到死。"刘备又下诏书告诫太子刘禅说："你与丞相一起治理国家，对他要像侍奉父亲一样。"

后主建兴元年（223），刘禅封诸葛亮为武乡侯，成立丞相府署处理政事。诸葛亮"受任于败军之际，奉命于危难之中"，忠心辅助刘禅，军政大事，每必亲躬，兢兢业业，备受辛劳。

建兴六年（228）冬，"诸葛亮闻孙权破曹休，魏兵东下，关中虚弱，十一月上言曰：

"先帝虑汉、贼不两立，王业不偏安，故托臣以讨贼也。以先帝之明，量臣之才，故知臣伐贼才弱敌强也；然不伐贼，王业亦亡，唯坐待亡，孰与伐之？是故托臣而弗疑也。

"臣受命之日，寝不安席，食不甘味，思惟北征，宜先入南，故五月渡泸，深入不毛，并日而食。臣非不自惜也，顾王业不得偏全于蜀郡，故冒危难以奉先帝之遗意也，议者谓为非计。

"今贼适疲于西，又务于东，兵法乘劳，此进趋之时也。谨陈其事如左：

"高帝明并日月，谋臣渊深，然涉险被创，危然后安。今陛下未及高帝（刘邦），谋臣不如（张）良、（陈）平，而欲以长计取胜，坐定天下，此臣之未解一也。

"刘繇、王朗各据州郡，论安言计，动引圣人，群疑满腹，众难塞胸，今岁不战，明年不征，使孙策坐大，此臣之未解二也。

"曹操智计殊绝于人，其用兵也，仿佛孙（武）、吴（起），然困于南阳，险于乌巢，危于祁连，逼于黎阳，几败北山，殆死潼关，然后伪定一时耳，况臣才弱，而欲以不危而定之，此臣之未未解三也。

"曹操五攻昌霸不下，四越巢湖不成，任用李服而李服图之，委夏侯（渊）而夏侯败亡，先帝每称操为能，犹有此失，况臣驽下，何能必胜？此臣之未解四也。

"自臣到汉中，中间期年耳，然丧赵云、阳群、马玉、阎芝、丁立、白寿、刘郃、邓铜等及曲长屯将七十余人，突将、无前、賨叟、青羌、散骑、武骑一千余人，此皆数十年之内所纠合四方之精锐，非一州之所有；若复数年，则损三分之二也，当何以图敌？此臣之未解五也。

"今民穷兵疲，而事不可息，事不可息，则住与行劳费正等，而不及今图之，欲以一州之地与贼持久，此臣之未解六也。

"夫难平者，事也。昔先帝败军于楚，当此时，曹操拊手，谓天下以定。然后先帝东连吴、越，西取巴、蜀，举兵北征，夏侯授首，此操之失计而汉事将成也。然后吴更违盟，关羽毁败，秭归蹉跌，曹丕称帝。凡事如是，难可逆见。臣鞠躬尽力，死而后已，至于成败利钝，非臣之明所能逆睹也。"

此即所谓《后出师表》。《后出师表》不见于《诸葛亮传》，首见于陈寿注引《汉晋春秋》，所以一些学者认为是后人伪托。但它表现的诸葛亮"鞠躬尽瘁，死而后已"的献身精神，是符合诸葛亮的实际的。后多作"鞠躬尽瘁，死而后已"。明无名氏《鸣凤记·二相争朝》："我老臣不能为玉烛于光天，岂忍见铜驼于荆棘，明日奏过圣上，亲总六帅，鞠躬尽瘁，死而后已，不必再议。因而对后代影响很大。

于是诸葛亮又出兵散关（今陕西宝鸡西南），围攻陈仓（今陕西宝鸡东），魏将曹真迎击他，诸葛亮又因粮草已尽而退兵。魏将王双率骑兵追击，诸葛亮打败了魏军并将王双杀死。

建兴七年（229），诸葛亮派陈式攻打武都（今甘肃成县西）、阴平（今甘肃文西西北）二郡。魏国的雍州刺史郭淮率军反击陈式，诸葛亮亲自赶到建威（今甘肃成县西北），郭淮军退回雍州，于是平定了武都、阴平二郡。

建兴九年（231），诸葛亮再次出兵祁山，用木牛运输军用物资，又因为粮草已尽而退兵。这次北伐作战射杀了魏名将张郃。

建兴十二年（234）春天，诸葛亮率领全军从斜谷出击，用流马运输军用物资，占据了武功县的五丈原（在今陕西眉县西南斜谷口西侧），在渭水之南与魏国名将司马懿对阵。诸葛亮常常担心军粮供应不上，使自己统一全国的抱负不能实现，因此派出一部分士兵在驻地垦荒种地，想建立一个长期驻军的基地。开荒种地的士兵混杂在渭水边上的居民中间，百姓安居乐业，不受骚扰，屯田的军队也不求私利。因此，诸葛亮与司马懿的军队相持了一百多天。这年八月，诸葛亮在军中病故，时年 54 岁。蜀军退走后，司马懿巡视蜀军的营房和工事，感慨地说："诸葛亮真是天下的奇才啊！"

在诸葛亮的治理下，蜀国"田畴开辟，仓廪充实，器械坚利，蓄积丰饶"，官吏廉洁奉公、开明守法。诸葛亮因长期的戎马生活，历尽艰辛，而积劳成疾，心力交瘁，于建兴十二年 (234) 在北伐前线五丈原军营中与世长辞，终年 54 岁，实现了他"鞠躬尽瘁，死而后已"的夙愿。

诸葛亮临终前留下遗嘱：把遗体安葬于汉中定军山（今陕西勉县西）中，丧葬力求节俭简朴。依山造坟，墓（大小只要能容纳一口棺木就行。入殓时，只穿平时衣服，不放任何陪葬品。

当初，诸葛亮曾给刘禅写过一道奏章，坦诚地表明自己的心迹："臣在成都有桑树八百株，薄田十五顷，子孙们的日常衣食费用已有宽余。至于臣在外任职，没有额外的花费安排，随身衣物饮食全由国家供应，无须再置其他产业来增添家财。待臣离开人世时，不让家有多余衣物，外有多余钱财，以不辜负陛下的恩宠和信任。"及至去世后，人们清点其遗物，果然和他所讲的一样。

"鞠躬尽瘁，死而后已"，是诸葛亮的名言，也是他一生的写照。诸葛亮的英名连同他的业绩、品德，永载于中华民族的光辉史册。

毛泽东高度评价诸葛亮"鞠躬尽瘁，死而后已"的献身精神，在自己的文章中多次提倡人们学习诸葛亮的"鞠躬尽瘁，死而后已"，自己也表示：我也定要鞠躬尽瘁，死而后已呢！

1942 年 5 月，毛泽东在《在延安文艺座谈会上的讲话》中号召："一切共产党员，一切革命家，一切革命的文艺工作者，都应该学习鲁迅的榜样，做无产阶级和人民大众的'牛'，鞠躬尽瘁，死而后已。"（《毛泽东选集》，第三卷，人民出版社 1991 年版，第 877 页）

1944 年 11 月 15 日，毛泽东为延安《解放日报·邹韬奋先生逝世纪念特刊》题词："热爱人民，真诚地为人民服务，鞠躬尽瘁，死而后已，这就是邹韬奋先生的精神，这就是他之所以感人之处。"

1950 年 4 月 27 日，毛泽东在北京中南海接见国民党绥远起义将领董其武时说，"共产党就是以诸葛孔明的办法办事"。诸葛亮"鞠躬尽瘁，死而后已"的精神，成为中华民族的精神财富。

1956 年 11 月 12 日，毛泽东为纪念孙中山先生诞辰九十周年写的文章《纪念孙中山先生》称赞说："他全心全意地为了改造中国而耗费了毕生精力，真是鞠躬尽瘁，死而后已。"（1956 年 11 月 12 日《人民日报》）

孙中山（1866—1925），名文，字逸仙，广东香山（今广东中山）人。伟大的革命先行者。毛泽东曾为孙中山诞辰九十周年纪念大会题词："孙中山先生诞辰九十周年纪念大会"。同年，还为孙中山诞辰九十周年展览会题词："孙中山先生生平事迹展览会"。此外，早在 1938 年 3 月的一天，延安各界准备纪念孙中山先生逝世十三周年和追悼抗日阵亡将士大会时，毛泽东在前一天晚上凌晨一时或二时写的诸多挽联中的一副云："国共合作的基础如何？孙先生云：共产主义是三民主义的好朋友；抗日的胜利原因何在？国人皆曰：侵略阵线是和平阵线的死对头。"此联将纪念孙中山先生逝世十三周年和悼抗日阵亡将士两件事融为一体，几如天衣无缝。

1939 年 1 月 2 日，毛泽东写的《〈八路军军政杂志〉发刊词》说："从前人说：读诸葛《出师表》而不流泪者，其人必不忠；读李密《陈情表》而不流泪者，其人必不孝。今天我们应该说：凡看见或听见中国军队不记旧怨而互相援助、亲密团结而不感动者，其人必不爱国。"（《毛泽东文集》，第二卷，人民出版社 1993 年版，第 140 页）

毛泽东所引前人的两句话，见于宋代赵与时《宾退录》中所记青城山隐士安子顺所说。诸葛亮上表后主刘禅，出师北伐曹魏，攻战累年，后以疾卒于军中，确实做到了"鞠躬尽瘁，死而后已"，对国家无限忠诚，所以，读了他的《出师表》不感动得流泪，这个人对国家一定不忠诚。

李密（224—287），字令伯，晋朝犍为武阳（今四川彭山）人。其父早死，母亲何氏改嫁。那时李密年仅 4 岁，又多病。赖祖母刘氏抚养成人。李密侍奉祖母十分孝顺。泰始三年（267），晋武帝下诏征他为太子洗马，他因为祖母年高，无人奉养，不肯应命，上表陈说自己的情况。晋武帝看了他的表章，很受感动，说他在当时的名望不是虚传的，就不再勉强他。祖母死后才到晋朝做官，最后做汉中太守，因为怀怨被免官，卒于家。所以，有人说如果谁读了李密的《陈情表》不流泪，那这个人肯定是不孝。

在封建社会，所谓"忠孝"，就是忠于君国，孝敬父母。《孝经·开宗明义》汉郑玄注："忠孝道著，乃能扬名荣亲，故曰终于立身也。"我们共产党人也要忠于国家、忠于党、忠于革命事业，也要孝敬父母，毛泽东也是如此。他领导中国人民奋斗一生，为革命献出了六位亲人，可以说对为之他奋斗的共产主义事业"鞠躬尽瘁，死而后已"。同时，他也是一个孝子，对自己的父母十分孝顺。母亲有病，他送母亲到长沙看病。1919年10月5日，母亲因患瘰疬去世，他从长沙星夜回去奔丧，悲痛中写下了400余字的《祭母文》，赞颂母亲勤俭持家、爱抚子女、和睦邻里等美德；还作泣母灵联两副：

> 疾革尚呼儿，无限关怀，万端遗恨皆须补，
> 长生新学佛，不能住世，一掬慈容何处寻？

> 春风南岸留晖远，
> 秋雨韶山洒泪多。

1920年1月23日，父亲毛贻昌在家乡病逝，与母亲文氏合葬于韶山土地冲。毛泽东在北京忙于驱张（敬尧，湖南军阀）活动，未能回湘奔丧。这也是忠孝不能两全吧！

1959年，毛泽东回到阔别32年的故乡韶山时，曾去父母墓前凭吊，寄托哀思。回到住所后，他对随行的公安部部长罗瑞卿说："我们共产党人是彻底的唯物主义者，不信什么鬼神。但生我者父母，教我者党、同志、老师、朋友也，还得承认。我下次再回来，还要去看他们两位。"

毛泽东还多次用"诸葛一生唯谨慎，吕端大事不糊涂"两句话来赞扬叶剑英元帅，其中前句就是对诸葛亮的作风的赞扬。

（三）诸葛亮的治国方法

毛泽东认为诸葛亮治国方法有三条，那就是他引的六句话，每两句是一个办法。

"言忠信，行笃敬"，语出《论语·卫灵公》："言忠信，行笃敬，虽蛮貊之邦，行矣。"这是孔子对其弟子子张问怎样才能使自己的主张行得通的答话。意思是说，说话讲究忠信，行为讲究笃敬，即使到了蛮貊地区，也可以行得通。笃敬，笃厚严肃。这和《论语·子路》篇中说的"言必信，行必果"意思相近，是说诸葛亮言行一致，要求自己很严格。这是第一条。

诸葛亮在上奏给刘禅的表章中说："臣初奏先帝，资仰于官，不自治生。今成都有桑八百株，薄田十五顷，子弟衣食，自有余饶。至于臣在外任，无所调度，随身衣食，悉仰于官，不别治生，以长尺寸。若臣死之日，不使内有余帛，外有赢财，以负陛下。""及卒，如其所言"，表明诸葛亮言行一致。他的丧事办得十分简朴，"亮遗命葬汉中定军山，因山为坟，冢足容棺，敛以时服，不须器物"。

诸葛亮清廉节俭的作风，成为他留给蜀汉政权的巨大财富，泽被后世。费祎"雅笥谦素，家不积财。妻子皆令布衣素食，出入无车骑，无异凡人"，姜维"宅舍弊薄，资财无余"，邓芝"不治私产，妻子不免饥寒，死之日家无余财"。蜀汉政权官员中为政清廉的风气，是在诸葛亮身体力行影响下形成的，这种风气对于安定民心，稳定政权起到了很大的作用。

"开诚心，布公道"，语出《三国志·蜀志·诸葛亮传论》："诸葛亮之为相国也，抚百姓，示仪轨，约官职，从权制，开诚心，布公道；尽忠益时者虽仇必赏，犯法怠慢者虽亲必罚，服罪输情者虽重必释，游辞巧饰者虽轻必戮"。后形成"开诚布公"这个成语，指推诚相待，坦白无私。是说诸葛亮大公无私，办事公道。这是第二条。

"集众思，广忠益"，这是第3条。语本诸葛亮《与群下教》："夫参署者，集众思，广忠益也。"意思是说，参与讨论、决定国家大事，就要集中大家的智慧，广泛汲取有益的意见。后来约定俗成"开诚布公"这个成语，指集中众人智慧，博采有益的意见。

早在建安二十三年(218)，刘备率兵同曹操在汉中展开争夺战时，诸葛亮就采纳了部属杨洪的意见，急速派兵增援汉中，保证了战役的胜利。

建兴三年(225)，诸葛亮率大军南征，临行前曾征求马谡的意见，马谡向他提了"攻心为上"的策略，也被诸葛亮所采纳。建兴五年，诸葛亮率兵北伐，需要留一个有才能的人留下任丞相府长史，以代理丞相管理蜀汉日常军国事务。他想把此任交给张裔，但觉得此事关系重大，还应听听别人的意见。一征求别人意见，果然有不同看法，蜀郡太守杨洪就认为："张裔天生具有明察事物的能力，他能够担负起丞相府长史的公务，但他处事不太公平，恐怕不能单独担此重任。"后来，诸葛亮虽然任张裔为丞相府长史，但又派了"方整有威重"的蒋琬协助他，显然是吸取了杨洪的意见。

对于不同意见，诸葛亮是持欢迎态度的。还在隆中隐居时，他的好朋友崔州平、徐庶等人就常和他一起探讨问题，在探讨中经常各抒己见，争论不休，正是这种争论，使诸葛亮觉得获益匪浅。自从占领益州，初建霸业之后，诸葛亮又实行参署制度，即让一些有识之士参与机要事务的议论与处理。在参署人员中，比较突出的是董和和胡济。董和，字幼宰，刘备入蜀后被任为掌军中郎将，与诸葛亮并署左将军、大司马府事，经常提一些好的建议。在他参署的时候，有时与诸葛亮意见不一致，双方的争辩讨论竟达十次之多。胡济字伟度，任诸葛亮的主簿，也常提出不同意见。为了鼓励大家都能像董幼宰、胡伟度那样知无不言，言无不尽，诸葛亮曾一再发布《与群下教》。第一个教令说："夫参署者，集众思、广忠益也。若远小嫌，难相违覆，旷阙损矣。违覆而得中，犹弃弊而获珠玉。然人心苦不能尽，惟徐元直处兹不惑。又董幼宰参署七年，事有不至，至于十返，来相启告。苟能慕元直之十一，幼宰之殷勤，有忠于国，则亮可少过矣。"

以后，又发了第二个教令："昔初交州平，屡闻得失；后交元直，勤见启诲。前参事于幼宰，每言则尽；后从事于伟度，数有谏止。虽姿性鄙暗，不能悉纳，然与此四子终始好合，亦足以明其不疑于直言也。"

街亭之役失败，诸葛亮退回汉中。在对这次战役中有过者处罚，有功者奖励之后，为了进一步总结经验，诸葛亮又下了《劝将士勤攻己阙教》："大军在祁山、箕谷，皆多于贼，而不能破贼为贼所破者，则此病不在兵少也，在一人耳。今欲减兵省将，明罚思过，校变通之道于将来；若不能然者，虽兵多何益！自今以后，诸有忠虑于国，但勤攻吾之阙，则事可定，贼可死，功可足而待矣。"

从以上三个教令中，我们可以看到诸葛亮对不同意见真诚的欢迎态度。

共产党人提倡严于律己、公开民主和群众路线，诸葛亮三条治国方法都得到了很好的继承和发扬光大。

（四）"东联孙吴，北拒曹操"

毛泽东说诸葛亮一出山握有兵权，就神出鬼没了，是指诸葛亮出山后，协助刘备在博望坡、新野火烧曹军，连连取胜，阻遏了曹军的进攻势头。他对诸葛亮在《隆中对》中提出的占据荆、益，联吴抗曹策略的认识，是一分为二的。

首先，它的成功之处在于抓住了当时的主要矛盾，区分了主要矛盾和次要矛盾，东联孙权，共抗曹操，在赤壁之战中大败曹军，初步形成了三足鼎立的局面，后又助刘备夺得益州，使力量弱小的刘备终成一番帝业。

1941年1月4日，新四军军部及其直属部队9000余人奉命北移。六日，部队到达泾县茂林地区时，突然遭到国民党第33集团军总司令上官云相指挥的7个师80000余人严密包围和猛烈攻击。新四军在浴血奋战七天七夜之后，终因弹尽粮绝而失败。奉命同国民党军队谈判的军长叶挺被扣，项英、袁国平、周子昆等其他主要领导同志遇难，史称"皖南事变"。

皖南事变之后，在如何对待蒋介石和国民党的问题上，党内产生了不同意见。有的同志主张从政治上、军事上立即全面反击。毛泽东认为，在皖南事变之后，"在中国两大矛盾中间，中日民族间的矛盾依然是基本的。国内阶级间的矛盾依然处在从属的地位。我们是必须制裁反动派、反击顽固派的，但我们要站在严格的自卫立场上，任何党员都不许超过自卫原则。蒋介石既有抗战的一面，又有反共的一面，在反共方面也有两面性，即既有对中共实行高压政策和军事进攻的一面，又有不愿在根本上破裂国共合作的一面。我党的方针便是'即以其人之道，还治其人之身'，以打对打，以拉对拉，这就是革命的两面政策。对其不愿在根本上破裂国共合作的一面，采取联合政策；对他动摇和反共的一面，采取斗争和孤立的政策。但是斗争必须是有理、有利、有节，三者缺一，就要吃亏。"（《关于打退穿第二次反共高潮的总结》，《毛泽东选集》，第二卷，人民出版社1991年版，第781—783页）

如何制裁反动派呢？毛泽东说：

"皖南新四军军部被歼——这是蒋介石杀我们的一刀，这一刀杀得很深。许多人看了这种情形，都非常气愤，就以为抗日没有希望了，国民党都是坏人，都应该反对。我们必须指出，气愤是完全正当的，哪有看到这种严重情形而不气愤的呢？但是抗日仍然是有希望的，国民党里也不都是坏人。对于各部分的国民党人，应该采取不同的政策。对于那些丧尽天良的坏蛋，对于那些敢于攻打进步军队、进步团体、进步人员的人，我们是决不能容忍的，是必定要还击的，是决不能让步的，因为这类坏蛋，已经丧尽天良，当一个民族敌人深入国土的时候，他们还闹摩擦、闹惨剧、闹分裂。不管他们心里怎样想，他们是在实际上帮助了日本和汪精卫，或者有些人本来就是暗藏的汉奸。对于这些人，如果不加以惩罚，我们就是犯错误，就是纵容汉奸卖国贼，就是不忠实于民族抗战，就是不忠实于祖国，就是纵容坏蛋采破坏统一战线，就是违背了党的政策。"

说到这里，毛泽东慢慢地掏出火柴，点燃手里的那支烟，深深地吸了一口，又徐徐将烟喷出，烟雾缥缈，变化无穷。

在场的所有眼光都集中在毛泽东的身上，所有人的注意力都被毛泽东吸引了。毛泽东又接着说：

"但是这种给投降派和顽固派以打击的政策，全是为了坚持抗日，全是为了保护抗日统一战线。因此，我们对于那些忠心抗日的人，对于一切非投降派、非反共顽固派的人们，对于这样的国民党员，是表示好意的，是团结他们的，是尊重他们的，是愿意和他们长期合作以便把国家弄好的。谁如果不这样做，他也就违背了党的政策。"

"为什么呢？"在场的李卓然听得入了神。

毛泽东一手撑腰，一手拿烟。"事理纷繁，重在主要矛盾。你读过《三国演义》没有？"

"读过。"

"三国时期，荆州失守，蜀军进攻东吴，被东吴将领陆逊火烧连营七百里，打得大败，其原因就在于刘备没有处理好主要矛盾和次要矛盾的关系，在谋略中没有抓住主要矛盾。诸葛亮在《隆中对》中所确定的战略方针是'东联孙吴，北拒曹操'。曹刘是主要矛盾，孙刘是次要矛盾。所以当孙权数次讨荆州时，诸葛亮总是一再推诿软磨，而不硬抗，直到最后才让出荆州的部分地方。刘备不了解这一点，派了根本不执行联吴为根本、争夺荆州要有理有节方针的关羽去驻守荆州。关羽这个人，虽然斩华雄，诛颜良、文丑，过五关斩六将，擒庞德，威震华夏，但孤傲自大，刘备封'关、张、赵、马、黄'五虎大将时，关羽怒曰：'翼德吾弟也。孟起世代名家。子龙久随吾兄，即吾弟也。位与吾相并，可也。黄忠何等人，敢与吾同列？大丈夫终不与老卒为伍！'当孙权派诸葛瑾为儿子向关羽女儿求婚，以结秦晋之好，共伐曹操时，关羽却勃然大怒，说：'吾虎女安肯嫁犬子乎！不看汝弟（诸葛亮）之面，应斩汝首！再休多言'。诸葛瑾抱头鼠窜而去。孙权便攻占了荆州，孙刘联盟瓦解。刘备见关羽被杀，荆州丢失，遂起兵攻打东吴，众臣苦谏都不听，实在是因小失大。正如诸葛亮所说：'臣亮等切以吴贼逞奸诡之计，致荆州有覆亡之祸；陨将星于斗牛，折天柱于楚地；此情哀痛，诚不可忘，但念迁汉鼎者，罪由曹操；移刘祚者，过非孙权。窃谓魏贼若除，则吴自宾服。愿陛下纳秦宓金石之言，以养士卒之力，别作良图。则社稷幸甚！天下幸甚！'可是刘备看完后，把表掷于地上，说：'朕意已决，无得再谏！'决意起大军东征，最终导致兵败身亡。"（徐中远：《毛泽东读评五部古典小说》，华文出版社1997年版，第177—178页）

毛泽东通过分析《三国演义》中刘备兵败身亡的历史故事启示大家：当时刘备只有"抓住主要矛盾，分清主次与轻重缓急，先曹后孙才是以大局为重的上策"。他用这个历史教训，很快地统一了全党同志对皖南事变的认识，牢牢抓住与日本侵略者的这个主要矛盾，恰当地处理了与国民党反动派的次要矛盾，维护了抗日民族统一战线，不断夺取抗日战争的新胜利。

其次，《隆中对》中提出占据荆、益二州，分散了兵力，是导致后来蜀汉失败的原因。

毛泽东在读清姚鼐编纂的《古文辞类纂·苏明允（洵）〈权书〉十项藉》中云："诸葛孔明弃荆州而就西蜀，吾知其无能为也。且彼未尝见大险也，彼以为剑门者，可以不亡也。吾尝观蜀之险，其守不可出，其出不可继，兢兢而自安，犹且不给，而何足以制中原哉？"苏洵认为诸葛亮抛弃荆州这个战略要地，而到西蜀去，表明他没有多大作为。原因是西蜀只能凭险自守，而想由此出秦川北伐中原是不可能的。毛泽东看到这里，批注说："其始误于隆中对，千里之遥而二分兵中，其终则关羽、刘备、诸葛亮三分兵力，安得不败。"（《毛泽东读文史古籍批语集》，中央文献出版社1993年版，第106页）

《隆中对》中提出占据荆、益二州，后来得以实现，留关羽镇守荆州，这就把蜀汉有限的兵力一分为二，而且两地相距千里之遥；后来刘备在成都，又派诸葛亮去夺汉中，这就把兵力一分为三。在魏、蜀、吴三国之中，蜀国最弱，而又三分兵力，怎么能不失败呢？毛泽东的这个分析，是符合实际的，言之成理，一反历代史家皆誉颂诸葛亮《隆中对》的战略思想，别树一帜，堪称卓见。

（五）"三个臭皮匠，顶一个诸葛亮"

诸葛亮在传统文化里是智慧的象征。毛泽东肯定诸葛亮的聪明才智。早在红军时代，他就多次说过："三个臭皮匠，顶一个诸葛亮。只要我你们有诚心，有耐心，就能把湘粤赣边建成千个万个'诸葛亮'。动员起来，参加我们的斗争，那我们干出来的事业就一定比当年的诸葛亮不知要伟大多少倍"。

1943年11月29日，毛泽东在中共中央招待陕甘宁边区劳动模范大会上讲话说："'三个臭皮匠，合成一个诸葛亮'，这就是说，群众有伟大的创造力。中国人民中间，实在有成千成万的'诸葛亮'，每个乡村，每个市镇，都有那里的'诸葛亮'。"

1957 年 11 月 18 日，毛泽东在莫斯科共产党和工人党代表会议上讲话说："任何一个人都要人支持。一个好汉也要三个帮，一个篱笆也要三个桩。这是中国的成语。中国还有一句成语，荷花虽好，也要绿叶扶持。……中国还有一句成语，三个臭皮匠，合成一个诸葛亮。……单独的一个诸葛亮是不完全的，总是有缺陷的。"《（在莫斯科共产党和工人党代表会议上的讲话》，《毛泽东文集》第七卷，人民出版社 1999 年版，第 330 页）

1957 年 7 月 9 日，毛泽东在上海干部会议上讲话说："刘备得了孔明，说是'如鱼得水'，确有其事，不仅小说上那么写，历史上也那么写，也像鱼跟水的关系一样。群众就是孔明，领导者就是刘备。一个领导，一个被领导。智慧都是从群众那里来的。"

1958 年秋，毛泽东在河南郑州接见南阳县委的一位书记，问道："你们南阳，旧称宛城，是个古老的市镇，藏龙卧虎的地方哩！南阳有个卧龙冈，据说诸葛亮曾在那儿隐居过。诸葛亮，能人呵！俗话说，三个臭皮匠，合成一个诸葛亮。诸葛亮是哪里人呀？"他等了片刻，不见回答，便自己说："诸葛亮是山东琅琊郡阳都县人。阳都，就是现在的沂水县。"毛泽东接着又问了南阳农民生活，在分手时说："我给你们留下两句临别赠言：第一，学一点历史知识；第二，要关心人民生活。"

诸葛亮足智多谋，智商很高，所以封建社会把他神化了，在旧戏曲、小说中甚至把他写成"眉头一皱，计上心来"的神奇人物，是一个没有缺点、不犯错误的完人。毛泽东认为这是可以理解的。据林默涵回忆，第二次文代会是在 1953 年夏秋之交召开的。这是一次重要会议，主要精神是克服"左"的倾向。1000 多人参加了这次大会。原来准备由胡乔木同志向大会作报告，他起草了一个报告，交中央审查。中央政治局讨论了这个报告。林默涵和周扬同志列席了这次政治局会议。毛主席在这次会议上讲了重要意义。在谈及关于文艺作品里的英雄人物问题时，毛泽东说，每个阶级都要塑造自己的英雄人物。封建社会塑造了孔子、诸葛亮那样的英雄人物；资产阶级也有它们的英雄人物；无产阶级当然也应该有自己的英雄人物。写英雄人物是否一定要写缺点？这也不一定。不写缺点不是真实的人吗？封建时代写诸葛亮就没有写缺点，《列宁在一九一八》也没有写缺点。（朱元和主编：《共和国要事口述史》，湖南人民出版社1999年版，第77页）

但是诸葛亮毕竟是封建社会的"办事之人"，治理国家确有一套好的办法，毛泽东也颇为赞赏。1950年4月，他在北京中南海对在绥远起义的国民党将领董其武说：有人害怕共产党，那有什么可怕呢？共产党心口如一，表里一致，没有私利可图，要团结一切可以团结的人，把我们国家搞好。你看过《三国演义》吧？共产党就是以诸葛孔明的办法办事。那就是"言忠信，行笃敬"，"开诚心，布公道"，"集众思，广忠益"。蒋（介石）搞码头，搞宗派，他是必然要失败的嘛，希望你们团结起来，努力把国家的事情办好。（中共呼和浩特市委党史资料征集办公室编：《呼和浩特史料》第五辑，内蒙古人民身出版社1984年版，第82页）

四、"诸葛亮会处理民族关系"

（一）七擒孟获

毛泽东读史时，对一些能处理好民族关系的政治家，是十分推崇的。他说："诸葛亮会处理民族关系，他的民族政策比较好，获得了少数民族的拥护。在《三国志·诸葛亮传》中，毛泽东在裴松之注引《汉晋春秋》的一段注文旁边，画了很多圈。这条注文记载了诸葛亮七擒七纵少数民族首领孟获和平定云南后用当地官员管理南中的事迹。毛泽东说："这是诸葛亮的高明处。"（芦荻：《毛泽东谈二十四史》，1993年12月12日《光明日报》）

《诸葛亮传》载：建兴三年（225）春天，诸葛亮率军征讨南方，当年秋天平定了叛乱。这次征战的军需物资都出自这些新平定的各郡县，没有动用国家仓库的东西，因而国家富饶起来了。于是整顿兵器，操练军队，准备伐魏。裴松之注引《汉晋春秋》曰：

"亮至南中，所在战捷。闻孟获者，为夷、汉所服，募生致之。既得，使观于营陈（阵）之间，问曰：'此军何如？'获对曰：'向者不知虚实，故败。今蒙赐观看营陈（阵），若只如此，即定易胜耳。亮笑，纵使更战，七纵七禽（擒），而亮犹遣获。获止不去，曰：'公，天威也，南人不复反矣。'遂至滇池。南中平，皆即其渠率而用之。或以谏亮，亮曰：'若留外人，则当留兵，兵留则无所食，一不易也；加夷新伤破，父兄死丧，留外人而无兵者，必成祸患，二不易也；又夷累有废杀之罪，自嫌衅重，若留外人，终不相信，三不易也。今吾欲使不留兵，不运粮，而纲纪粗定，汉粗安故耳。"

这次出征的地域是南中，相当于今四川省大渡河以南和云南、贵州二省。蜀汉以巴、蜀为根据地，其地在巴、蜀之南，故名。目的是平定南中地区少数民族中上层贵族发动的叛乱，根据参军马谡的建议，诸葛亮向部下颁布了《南征教》："用兵之道，攻心为上，攻城为下；心战为上，兵战为下。"也体现了诸葛亮在这次战争中非常注重从心理上瓦解对方。他七擒七纵孟获是个典型，平定后又大胆使用少数民族头领管理其地，确实是很高明的做法，因而受到毛泽东的称赞。

毛泽东非常注重"七擒七纵"孟获的历史验，把它视为处理民族关系的一个好方法。

1935年5月初，毛泽东率领中央红军到达安顺场，往前需要经过彝族聚居区，当他得知总参谋长刘伯承已妥善地处理了和彝族首领小叶丹结盟的事，很高兴地询问："诸葛亮七擒七纵才使孟获心服，你怎么一下子说服了小叶丹呢？"

1949年，当习仲勋妥善争取青海省昂拉部落第二十七代千户项谦归顺成功时，毛泽东对习仲勋说："仲勋，你真厉害。诸葛亮七擒孟获，你比诸葛亮还厉害。"

1953年8月，当西南军区李达参谋长汇报贵州擒获布依族女匪首程莲珍案事时说："这个女匪首，下面要求杀。"毛泽东却说："不能杀。好不容易出了一个女匪首，又是少数民族，杀了岂不可惜？"又说："人家诸葛亮擒孟获，就敢七擒七纵，我们擒了个程莲珍，为什么就不敢来个八擒八纵？连两擒两纵也不行？总之，不能一擒就杀。"

1956 年 4 月，毛泽东又与天宝（桑吉悦希）、瓦扎木基谈及有些民族地区出现有被俘的叛乱分子，放回后又叛乱的问题时，他告诫说："诸葛亮就是七擒七纵，我们共产党为什么不可以八擒八纵呢？"据当时是凉山彝族代表瓦扎木基回忆，当他向毛泽东汇报凉山人民要求废除奴隶制度，实行民主改革时，"毛泽东从三国时诸葛亮说起，引经据典，教育我们要有气魄，有胆略，搞好彝族地区的民主改革"。

建国后，在毛泽东领导下，我国在少数民族聚居的地区，实行民族区域自治，先后建立了广西壮族、宁夏回族、新疆维吾尔族、西藏藏族四个自治区和一些自治州、县，在中国共产党领导下走社会主义道路，并且在 1959 年西藏上层奴隶主叛乱以前，在西藏保留奴隶制，实际上也是"一国两制"，可以看作在香港、澳门回归后实行"一国两制"的先例。我们的民族区域自治制度，无疑借鉴了历史上，包括诸葛亮的民族政策，但历史上都是从汉族地主阶级的统治利益出发的，不可能实行真正的民族平等。我国 56 个民族 56 朵花，全国人民是一家，现在各个民族是完全平等的。

（二）"挥泪斩马谡，这是万不得已的事情"

魏明帝亲自到长安镇守，命令张郃率军抵抗。诸葛亮派马谡统率各军作为先锋，与张郃战于街亭（今甘肃秦安东北）。马谡违背诸葛亮的战略部署，指挥不当，被张郃打得大败。

诸葛亮移西县（今甘肃天水西南）一千多家，回到汉中（今陕西汉中东），杀了马谡以安慰众人。诸葛亮向后主上书说："我以弱小的才干，担任了不能胜任的职务，亲自率军出征以激励三军将士，不能训导法规，严明法纪，遇事谨慎戒惧，以至于发生了街亭违背命令的错误，箕谷戒备不严的过失，责任都在我用人不当。我既没有知人之明，考虑问题又不能明白，按照《春秋》战争失败惩罚主帅的先例，我的职务应受这种处罚。请允许我自降三级，来惩罚我所犯的错误。"于是诸葛亮降为右将军，作丞相应作的事，总管事务和从前一样。

诸葛亮曾先后六次出祁山攻魏，史称"六出祁山"，这是第一次。因马谡指挥错误而失败，诸葛亮挥泪斩马谡。

马谡（190—228），字幼常，襄阳宜城（今湖北宜城南）人。初从刘备克蜀，任越嶲太守。以好论军事，诸葛亮十分器重，可以说是作为接班人培养的。诸葛亮南征时，为随军参军，曾提出"用兵之道，攻心为上，攻城为下；心战为上，兵战为下"的建议，为诸葛亮所采纳，并向部下颁布了这个教令。这次北伐，诸葛亮任马谡为前部先锋，违背诸葛亮的战略部署，致使街亭大败，遂使这次北伐也归于失败，诸葛亮依法斩了马谡。

参军蒋琬认为"天下未定"，杀了马谡实在可惜。

诸葛亮说："孙武所以从无敌于天下，是因为他执法严明。所以杨干违犯军法，魏绛杀了他的仆人。国内正处于分裂状态，蜀魏战争刚刚开始，如再废弛军法，靠什么讨伐敌人呢？"这里，诸葛亮吸取了先秦著名军事家孙武以法治军的经验，指出了在战争中严明军法的重要性。

1951年11月底，河北省委在省会保定召开第三次代表大会。在会上，李克才同志把刘青山、张子善的问题公开揭露了出来。天津地区的代表纷纷上台发言，表示支持李克才，进而又揭发出刘、张的许多其他问题。省委组织部部长代表省委当即在会上表态，要严肃处理。通过调查证明，刘青山、张子善严重触犯了党纪国法。12月4日，省委通过决议，开除刘青山、张子善的党籍，依法对其拘留审查。

刘青山是天津地委书记，张子善是天津专署专员。天津地委和专署当时设在天津西郊的杨柳青镇。据揭发，刘、张二人的问题，早在1949年底就有所暴露。刘青山住在原来一个大汉奸的别墅里，生活奢侈、腐化。一天，副专员李克才同志去找他谈工作，发现他竟在抽大烟。李克才非常吃惊，当即向他提出，这是党纪国法所不允许的。他却满不在乎地说："老子从小革命，现在革命成功了，也应该享受享受了。"他不仅私下吸毒，而且毒瘾发作时，在公开场合也吸。张子善则投其所好，把专署公安处缴来的毒品送给他享用。

当时，天津地区连降暴雨，洪涝成灾。河北省政府为此下拨救灾款、救灾粮。刘、张合谋把救灾物资和运输任务交给机关生产处，并指使生产处从中牟利，侵吞了灾民 40 多万斤粮食。他们还贪污、挪用救灾款、治河款和地方财政款项，进行非法活动。刘、张的行为，严重地损害了党和政府的声誉，激起了极大的民愤。群众纷纷向李克才反映他的问题。李克才于 1950 年二三月间向省委反映了刘青山吸毒和他挪用公款等问题，但未引起重视。

1950 年下半年，刘青山为贪图享受，又用公款从香港购进两辆小汽车，一辆留作他自己使用，一辆送给别人。刘、张还与不法资本家串通一气，盗用公款倒卖钢材，以饱私囊，使国家蒙受了很大的经济损失。

1951 年六七月间，《人民日报》又披露了天津地委倒卖木材的事件。刘青山却公然地说："这是老子和张子善商量搞的，谁敢处理！"经刘、张四处活动，这件事竟不了了之。

"刘、张事件"上报华北局，华北局又上报中央。那天，毛泽东和刘少奇、周恩来、彭真、薄一波等书记处领导在顾年堂开会，专门研究杀不杀的问题。毛泽东说："非杀不可，挥泪斩马谡，这是万不得已的事情。"1952 年 2 月 10 日，河北特别法庭判处刘青山、张子善死刑。

那次参加会议的还有公安部部长罗瑞卿，一起讨论了公安部行政处长宋德贵利用盖办公楼大量受贿和生活腐化问题，会上决定枪决宋德贵。（李银桥：《在毛泽东身边十五年》，河北人民出版社 1991 年版，第 170—172 页）

"刘、张事件"是新中国成立后的第一个反腐败大案，毛泽东没有因为刘、张二人都是老革命，过去对革命有功而心慈手软，亲自批准处决了腐化变质分子刘青山、张子善，大大推动了"三反"（反贪污、反浪费、反对官僚主义）和"五反"（反行贿、反偷税漏税、反盗窃国家盗财、反偷工减料、反盗窃国家经济情报）运动的顺利开展，打退了资产阶级思想的猖狂进攻。

毛泽东在读宋司马光《资治通鉴》卷七十一、七十二《汉纪》三、四时分别批注道："初战亮宜自临阵""自街亭败后，每出，亮必在军"。（《毛泽东读文史古迹批语集》，中央文献出版社 1993 年版，第 292 页）"初战"指街亭之战，诸葛亮没有亲临战阵，致使马谡指挥失当，导致首战失利，全盘皆输，诸葛亮是负有领导责任的。但他知错就改，以后，每次出兵，他都在军，这也是难能可贵的。毛泽东加以肯定。

五、"这是诸葛亮的高明处"

（一）"观人观大节，略小故"

毛泽东还非常赞成诸葛亮评价人的原则，这突出表现在他对法正的看法上。据宋代司马光《资治通鉴》卷六十七《汉纪》五十九记载：

法正外统都畿，内为谋主，一餐之德，睚眦之怨，无不报复，擅杀毁伤己者数人。或谓诸葛亮曰："法正太纵横，将军宜启主公，抑其威福。"亮曰："主公之在公安也，北畏曹操之强，东惮孙权之逼，近则惧孙夫人生变于肘腋。法孝直为之辅翼，令幡然翱翔，不可复制。如何禁止孝直，使不得少行其意也。"

毛泽东读到这里，批注道："观人观大节，略小故。"（《毛泽东读文史古籍批语集》，中央文献出版社1993年版，第291页）

法正（176—220），字孝直，右扶风郿县（今陕西眉县）人，三国时刘备谋士。初依附刘璋，奉命邀刘备入蜀拒张鲁。他向刘备献计，劝他乘机取蜀。刘备占据益州，任为蜀郡太守，并采用他的计策，攻杀曹操大将夏侯渊，夺取汉中。后任尚书令、护军将军。

此事发生在汉献帝建安十九年（214），法正因助刘备取蜀有功，被任为蜀郡太守、扬武将军，"外统都畿，内为谋主"，颇受刘备信任，手中权力很大，因此他便利用权势，专横霸道，报个人之恩，泄个人之怨，甚至公报私仇，擅自杀了几个过去对他不满的人。于是有人劝诸葛亮向刘备汇报，加以节制。诸葛亮则从当时刘备所处不利环境这一大局出发，指出法正像羽翼一样辅佐刘备，使刘备能自由翱翔，不能因为小的过失，就限制他的权力和自由。毛泽东认为诸葛亮对法正的看法，是"观人观大节，略小故"，表明他是赞同诸葛亮的看法的。

"大节"，这里指品德操行的主要方面。语出《宋书·王玄谟传》："玄谟虽苛尅少恩，然观其大节，亦足为美。"《明史·赵时春传》："大臣宜待以礼，取大节，略小过。""小故"，小过失。语出《宋史·范仲淹传》："仲淹曰：'太后受遗先帝，调护陛下者十余年，宜掩其小故，以全后德。'"毛泽东要"观人观大节，略小故"的批语，提出了一个评价人、使用人个原则，对我们使用干部有重要意义。

（二）"自街亭败后，每出，亮必在军"

毛泽东对诸葛亮的自我批评精神也十分赞赏。

宋司马等《光资治通鉴》卷七十一《魏纪》三记载："初，越嶲太守马谡，才器过人，好论军计，诸葛亮深加器异。……及出军祁山，亮不用旧将魏延、吴懿等为先锋，而以谡督诸军在前，与张郃战于街亭。谡违亮节度，举措烦扰，舍水上山，不下据城。张郃绝其汲道，击，大破之，士卒离散。亮进无所据，乃拔西县千余家还汉中。收谡下狱，杀之。"

毛泽东读了马谡失街亭的叙述，批注道："初战亮宜自临阵。"（《毛泽东读文史古籍批语集》，中央文献出版社1993年版，第292页）

为了完成统一大业，诸葛亮曾经六出祁山进攻曹魏政权。蜀后主刘禅建兴六年（228），诸葛亮第一次率大军北伐，进攻祁山（今甘肃西和北），两军战于街亭（今甘肃秦安东北），因马谡违犯他的军事部署，而被曹军打得大败。事后，诸葛亮为了申明军纪，忍痛割爱，杀了他精心培养的爱将，正如毛泽东所说："挥泪斩马谡，这是迫不得已的事。"诸葛亮上疏后主，"请自贬三等，以督厥责"。这种自我批评精神当然是好的，但毛泽东认为，这还不够，读了上面一段文字后，他又批注道："初战亮宜自临阵。"（《毛泽东读文史古籍批语集》，中央文献出版社1993年版，第292页）这是对作为主帅的诸葛亮在街亭之败中应承担责任的检讨，而且诸葛亮以后确实是认真改正了。

宋司马光等《资治通鉴》卷七十二《魏纪》四记载："（太和五年）六月，亮以粮尽退军，司马懿遣张郃迫之。郃进至木门，与亮战，蜀人乘高布伏，弓弩乱发，飞矢中郃右膝而卒。"

太和是魏明帝曹叡的年号，太和五年，即公元231年，也就是后主建兴九年。这年春天，诸葛亮五出祁山，"以木牛运，粮尽退军，与魏将张郃交战，射杀郃"（《三国志·诸葛亮传》）毛泽东读了上述一段文字后，批注道："自街亭败后，每出，亮必在军。"（同上注）毛泽东肯定诸葛亮知错必改的作风。而且在他读《三国志·魏志·武帝纪》载：

己酉，令曰："《司马法》：'将军死绥。'故赵括之母，乞不坐法。是古之将者，军破于外而家受罪于内也。自命将征行，但赏功而不罚罪，非国典也。其令诸将出征，败军者抵罪，失利者免官爵。"毛泽东读后，批注曰："赤壁之败，将抵何人之罪？"（《读〈三国志集解〉批语》，《毛泽东读文史古籍批语集》1993年版，第138页）意思是说，赤壁之战，大败而归，曹操作为统帅，没有自责，降职削爵，又能追究什么人的责任呢？太缺乏自我批评精神了。在这一点上，曹操与诸葛亮相比，是逊色的。

六、诸葛亮之失误

清姚鼐编选《古文辞类纂·论辩类·苏明允〈权书〉十项籍》说："诸葛孔明弃荆州而就西蜀，吾知其无能也。且彼未尝见大险也，彼以为剑门者，可以不亡也。吾尝观蜀之险，其守不可出，其出不可继，竞竞而自安，犹且不给，而何足以制中原哉？若夫秦汉之故都，沃野千里，洪河大山，真可业控天下，又乌事夫不可以措足如剑门者而后险哉！今夫富人必居四通五达之都，使其财帛出于天下，然后可以收天下之利。有小丈夫者，得一金楪而藏诸家，拒户而守之，呜呼！是求不失也，非求富也。大盗至，劫而取之，又焉知其果不失也？"

毛泽东读了这段话，批注道："其始误于隆中对，千里之遥而二分兵力。其终则关羽、刘备、诸葛三分兵力，安得不败。"（《毛泽东读文史古籍批语集》，中央文献出版社1993年版，第106页）

这个批语写在清姚鼐《古文辞类纂·论辩类·苏明允《权书》十项

藉》。原文是：

> 诸葛孔明弃荆州而就西蜀，吾知其无能为也。且彼未尝见大险也，彼以为剑门者，可以不亡也。我尝观剑门之险，其守不可出，其出不可继，竞竞而自安，犹且不给，而何足以制中原哉？若夫秦汉之故都，沃野千里，洪河大山，真可以控天下，又乌事夫不可以措足如剑门者而后曰险哉！今夫富人必居四通五达之都，使其财帛出于天下，然后可以收天下之利。有小丈夫者，得一金椟而藏诸家，拒户而守之，呜呼！是求不失也，非求富也。大盗至，劫而取之，又焉知其果不失也？

这段话的意思是说，诸葛亮"弃荆州而就西蜀"，就表明他不可能有作为，而毛泽东的批语则不同。作者是从地理形势来看的。

《隆中对》最早出自《诸葛亮集》卷一第一篇，原名《草庐对》，《三国志》亦有引用。作者诸葛亮，后改名为《隆中对》，主要关于中国东汉末年刘备三顾茅庐拜访诸葛亮时的谈话内容，促成三国鼎立的战略决策。

公元207年冬至208年春，当时驻军新野的刘备在徐庶建议下，三次到隆中拜访诸葛亮，但直到第三次方得见，诸葛亮为刘备分析了天下形势，提出东联孙吴，北抗曹操的方针，先取荆州为家，再取益州成鼎足之势继而图取中原的战略构想。诸葛亮在登上政治舞台之初，就以《隆中对》的方式为刘备描述出一个战略远景。

毛泽东是从军事力量的布局来看的，刘备的蜀汉政权在三国中力量最弱，二分兵力，就是留下关羽镇守荆州，刘备、诸葛亮分头领兵夺取西川，建立蜀汉政权，这应该是对的；三分兵力是指夷陵之战时，关羽荆州失利被杀，刘备领兵攻打孙吴，而诸葛亮留守成都。夷陵之战刘备大败而归，病逝于白帝城，托孤于诸葛亮。一个小国，三分兵力，失败是必然的。所以，毛泽东的看法，别具一格，有他的道理。

谢安——"文韬武略"，巩固东晋政权

一、谢安"文韬武略"

谢安（320—385），字安石，号东山，浙江绍兴人，祖籍陈郡阳夏（今河南省太康），东晋政治家，军事家。历任吴兴太守、侍中兼吏部尚书兼中护军、尚书仆射兼领吏部加后将军、扬州刺史兼中书监兼录尚书事、都督五州、幽州之燕国诸军事兼假节、太保兼都督十五州军事兼卫将军等职，死后追封太傅兼庐陵郡公。世称谢太傅、谢安石、谢相、谢公。

谢安世家是中国历史上功勋卓著、不可磨灭的显赫家族，为世人所称道，毛泽东亦对谢安世家曾颇有赞誉。

在中国革命的转折关头，毛泽东于一九三六年十二月撰写了《中国革命战争的战略问题》，这篇文章分为五大章节，可谓长篇大论，其结构条理清晰，全面、深刻地反映了他的军事思想和战争观。

在说到战略防御的原则时，毛泽东在文中说："中国战史中合此原则而取胜的实例是非常之多的。楚汉成皋之战、新汉昆阳之战、袁曹官渡之战、吴魏赤壁之战、吴蜀彝陵之战、秦晋淝水之战等等有名的大战，都是双方强弱不同，弱者先让一步，后发制人，因而战胜的。"

关于"秦晋淝水之战"，《毛泽东选集》第一卷的注释是："公元三八三年，东晋将军谢玄大败秦王苻坚于安徽淝水。当时苻坚有步兵六十余万、骑兵二十七万、卫队三万余骑，东晋只有水陆军八万。在两军隔淝水对峙的时候，晋军将领要求淝水以北的秦军让出一片战场来，以便晋军渡水决战。秦军应允后撤，但一退即不可遏止，晋军乘机渡水攻击，大败秦军。"

在抗日战争紧要阶段，针对亡国论、速胜论等错误观点，毛泽东于一九三八年五月撰写了《持久论战》一文，再一次提到"秦晋淝水之战"，他说："主观指导的正确与否，影响到优势劣势和主动被动的变化，观于强大之军打败仗、弱小之军打胜仗的历史事实而益信。中外历史上这类事情是多得很的。中国如晋楚城濮之战，楚汉成皋之战，韩信破赵之战，新汉昆阳之战，袁曹官渡之战，吴魏赤壁之战，吴蜀彝陵之战，秦晋淝水之战等等，外国如拿破仑的多数战役，十月革命后的苏联内战，都是以少击众，以劣势对优势而获胜。"

关于"秦晋淝水之战"，《毛泽东选集》第二卷的注释是："公元三八三年，秦王苻坚出兵攻晋。他依仗优势兵力，非常轻视晋军。晋军打败了秦军的前锋，从水陆两路继续前进，隔淝水同秦军对峙。苻坚登寿阳城（今安徽省寿县）瞭望，见晋兵布阵严整，又望见八公山上的草木，以为都是晋兵，觉得是遇到了劲敌，开始有惧色。随后在淝水决战中，强大的秦军终于被晋军打败。"

在这两篇非常重要的纲领性文章中都提到"秦晋淝水之战"，因为谢安、谢石、谢玄所指挥八万北府子弟兵打败了拥兵九十七万前秦苻坚的这场大战，是世界军事史上以少胜多的典范。

除此之外，谢安世家在毛泽东心目中，亦有很高的位置，事见《新华文摘》2006 年 9 期《毛泽东谈魏晋南北朝》一文。

徐中远文：关于国家的统一，中华民族的统一，这是政治中的政治，国家中的大事。毛泽东在读《二十四史》过程中，对这一重要问题非常关注。他说："我们的国家，是世界各国中统一历史最长的大国。中间也有过几次分裂，但总是短暂的。这说明，中国的各族人民，热爱团结，维护统一，反对分裂。分裂不得人心。"

坚持统一还是搞分裂，是毛泽东评论历史人物的一个重要标准。他认为秦始皇最大的功绩就是既完成了统一，又实行郡县制，为中国"长治久安"的统一局面奠定了牢固的基础。在谈《三国志》的时候，他说，汉末开始大分裂，黄巾起义摧毁了汉代的封建统治，后来形成三国，这是向统一发展的。三国的几个政治家、军事家，对统一都有所贡献，而以曹操为最大。司马氏一度完成了统一，主要就是他那时打下的基础。反之，对于破坏统一、搞分裂，他一概加以谴责和批评。对于士族门阀，毛泽东是持否定态度的，但对谢安，却给以很高的评价，原因就在于谢安为维护东晋的统一局面，立了两次大功。一次是他指挥了"淝水之战"，以少胜多，打了个漂亮仗；另一次是他拖住了搞分裂的野心家桓温，使其分裂的阴谋没有得逞。毛泽东说："桓温是个搞分裂的野心家，他想当皇帝。他带兵北伐，不过是作样子，搞资本，到了长安，不肯进去。符秦的王猛很厉害，一眼就看透了他的意图。还是谢安有办法，把他拖住了，使他的野心没得实现。谢安文韬武略，又机智又沉着，淝水之战立了大功，拖住桓温也立了大功，两次大功是对维护统一的贡献。"（芦荻：《毛泽东读二十四史》，1993年12月20日《光明日报》）

在《晋书》的《谢安传》和《桓温传》的有关描写处，毛泽东都画了很多圈和线。在《谢安传》上，他一处批了"有办法"，一处写了"谢安好"，而在《桓温传》上则写了"是做样子"。

（一）高卧东山

谢安出身名门陈郡谢氏，父亲谢裒曾任太常卿，属于东晋士族。谢家人大多风流潇洒，被称为"谢家兰玉真门户""谢家子弟，衣冠磊落"。谢安年仅四岁时，便被桓彝称许，认为他"风神秀彻"，长大以后，不在王承（东晋初年的第一名士）之下。谢安十三岁时，声名就已经传到辽东，连当时才七岁的慕容垂（十六国后燕开国君主）都特地送来一对白狼毦（竿头以白狼尾做装饰的一种军旗，用以指挥全军；白狼，白色的狼，古时以为吉祥）作为礼物。谢安得到了当时王导（东晋丞相，历仕晋元帝、明帝和成帝三朝，是东晋政权的奠基人之一）以下几乎所有名士的推崇，因而一举一动都被世人仿效。曾经有一个他的老乡回家没有路费，只有五万把根本卖不出去的蒲葵扇，谢安得知以后，便抓了把扇子来用，结果人人仿效，积压的扇子不久便全部高价售出。他和王羲之（著名书法家）及王献之父子均交好，曾一起参加兰亭集会，即《兰亭集序》中所记载的那次。（见下文）

《兰亭集序》是这么回事：

东晋永和九年的三月三日，王羲之与孙绰、谢安、支遁等四十一人，集会于会稽山阴的兰亭，在水边游赏嬉戏。他们一起流觞饮酒，感兴赋诗，畅叙幽情。事后，将全部诗歌结集成册，由王羲之写成此序。

其原文是：

永和九年，岁在癸（guǐ）丑，暮春之初，会于会（kuài）稽（jī）山阴之兰亭，修禊（xì）事也。群贤毕至，少长（zhǎng）咸集。此地有崇山峻岭，茂林修竹，又有清流激湍，映带左右，引以为流觞（shāng）曲水，列坐其次。虽无丝竹管弦之盛，一觞一咏，亦足以畅叙幽情。

是日也，天朗气清，惠风和畅。仰观宇宙之大，俯察品类之盛（shèng），所以游目骋（chěng）怀，足以极视听之娱，信可乐也。

夫（fú）人之相与，俯仰一世。或取诸怀抱，悟言一室之内；或因寄所托，放浪形骸之外。虽趣（qū）舍万殊，静躁不同，当其欣于所遇，暂（zàn）得于己，快然自足，不知老之将至；及其所之既倦，情随事迁，感慨系之矣。向之所欣，俯仰之间，已为陈迹，犹不能不以之兴怀，况修短随化，终期于尽！古人云："死生亦大矣。"岂不痛哉！

每览昔人兴感之由，若合一契，未尝不临文嗟悼（jiē dào），不能喻之于怀。固知一死生为虚诞，齐彭殇（shāng）为妄作。后之视今，亦犹今之视昔，悲夫（fú）！故列叙时人，录其所述，虽世殊事异，所以兴怀，其致一也。后之览者，亦将有感于斯文。

译成现代汉语大意是：

永和九年，是癸丑之年，阴历三月初，（我们）会集在会稽山阴的兰亭，（为了）做禊事。众多贤才都汇聚在这里，年长的年少的都聚集在一起。兰亭这地方有高峻的山峰，茂盛的树林，高高的竹子。又有清澈湍急的溪流，辉映环绕在亭子的四周，我们引溪水来作为流觞的曲水，列坐在曲水旁边。虽然没有演奏音乐的盛况，（但）饮酒一杯，咏诗一首，也足以令人抒发内心深处的情意。

这一天，清明爽朗，和风习习。向上看，天空广大无边，向下看，地上事物如此繁多，借以纵展眼力，开阔胸怀，极尽视听的乐趣，实在是快乐呀！

人与人相交往，很快便度过一生。有的人把自己的志趣抱负，在室内畅谈；有的人就着自己所爱好的事物，寄托自己的情怀，不受拘束，自由放纵地生活。虽然各有各的爱好，取舍爱好各不相同，恬静与躁动不同，（可是）当他们对所接触的事物感到高兴时，一时感到自得，感到高兴和自足，不觉得老年即将到来；等到（对于）所喜爱或得到的东西已经厌倦，感情随着事物的变化而改变，感慨随着产生。过去感到高兴的事，转眼之间成为旧迹，仍然不能不因它引起心中的感触，何况寿命的长短，听凭造化，最后归结于消灭！古人说："死生是一件大事。"怎么能不悲痛呢？

每当看到古人（对死生）发生感慨的原因，（和我所感慨的）像符契那样相合，没有不面对他们的文章而感叹悲伤的，不能明白于心。本来就知道，那种把死和生等同起来的说法是不真实的，把长命和短命等同起来的说法是妄造的。后代的人看现在，也正如同我们今天看过去一样，这真是可悲呀！所以我一个一个记下当时与会的人，抄录他们做的诗赋，即使时代变了，世事不同了，但是人们兴发感慨的缘由，人们的思想情趣是一样的。后世的读者，也将有感慨于这次聚会的诗文。

《兰亭集序》记叙的是东晋时期清谈家们的一次大集会，表达了他们的共同意志。文章融叙事、写景、抒情、议论于一体，文笔腾挪跌宕，变化奇特精警，以适应表现富有哲理的思辨的需要，而引发出乐与忧、生与死的感慨，作者的情绪顿时由平静转向激荡。他说：人生的快乐是极有限的，待快乐得到满足时，就会感觉兴味索然。往事转眼间便成为了历史，人到了生命的尽头都是要死的。由乐而生悲，由生而到死，这就是他此时产生的哲理思辨。从而进一步深入地探求生命的价值和意义，并产生了一种珍惜时间、眷恋生活、热爱文明的思考。正因人生无常，时不我待，所以他才要著文章流传后世，以承袭前人，以启示来者。

由此可见谢安的雅人深致。

　　谢安起初曾做了一个月的小官著作郎（官名。东汉末始置，属中书省，为编修国史之任。晋惠帝时，改属秘书监，称大著作郎。南朝末期为贵族子弟初任之官），但很快就以生病为由辞官回家。他长期在东山（今浙江上虞西南）隐居，一边教育子弟，一边与名流来往，常携歌妓，在会稽（古地名，绍兴的别称，今浙江绍兴）周围和朋友一起游玩。这个故事在《世说新语·雅量》有记载："谢太傅盘桓东山，时与孙兴公诸人泛海戏。风起浪涌，孙、王诸人色并遽。便唱使还。太傅神情方王，吟啸不言。舟人以公貌闲意说，犹去不止。既风转急，浪猛，诸人皆喧动不坐。公徐云：'如此，将无归。'众人即承响而回。于是审其量，足以镇安朝野。"这个故事大意是说，谢太傅隐居东山的时候，常常和孙兴公等人乘船在海上玩。有一次风起浪涌，孙兴公、王羲之等人神色惊恐，便高喊着要回去。谢安兴致正高，仍然吟诗、呼啸，不说一句话。船夫因为谢安神态悠闲、愉悦，便继续摇船向前。一会儿风势转急，浪更猛了，人们都叫喊、惊动，坐不住了。谢安慢悠悠地说：'像这样（乱动），怕不能回去。'众人听到他的声音，立即安定下来，坐回原位。由此大家审察谢安的器量，认为足以镇抚安定国家。

　　谢安的声名越来越响，被推崇为江左"风流第一"，世人皆称"安石不肯出，将如苍生何？"

（二）教育子弟

　　谢安在东山时，兄弟的子女都归他教养。他善于教育子弟，往往以身作则，潜移默化。其中以谢道韫，谢玄姐弟最为出色，也最受谢安喜爱，谢安称赞谢道韫有"雅人深致"，这则故事在《世说新语·文学》中是这样记载的："谢公因子弟内集，问：'《毛诗》何句最佳？'遏称曰：'昔我往矣，杨柳依依；今我来思，雨雪霏霏。'公曰：'訏谟定命，远猷辰告。'谓此句偏有雅人深致。"这个故事大意是说，谢安趁着子侄们聚集在一起的机会，问道："《诗经》那一句最好？"谢玄称赞说："'昔我往矣，杨柳依依；今我来思，雨雪霏霏'最好。'谢公却说："訏谟定命，远猷辰告。"他认为这句诗独有诗人很深的情致。而谢安自己则最喜欢的《诗经·大雅·抑》中的"訏谟定命，远猷辰告"，这两句的意思是说，有宏伟规划，又审定政令，远大谋略，时时宣告于众，被后世史学家认为是他的政治思想的概括。

南朝宋刘义庆《世说新语·言语》中还记载了这样一则故事："谢太傅寒雪日内集，与儿女讲论文义。俄而雪骤，公欣然曰：'白雪纷纷何所似？'兄子胡儿曰：'撒盐空中差可拟。'兄女曰：'未若柳絮因风起。'公大笑。即公大兄无奕女，左将军王凝之妻也。"这个故事大意是说，谢太傅在一个寒冷的日子里，把家里子侄们聚集在一起，同他们讲论文章义理。不一会，雪下得很大，谢太傅兴致勃勃地说："这纷纷扬扬的雪花像什么呢？"侄儿谢朗回答说："在空中撒盐大约可以比拟吧！"侄女谢道韫却回答："不如用柳絮随风飘起来比拟。"谢太傅听了大笑，感到很高兴。谢道韫就是谢太傅的大哥谢无奕的女儿、左将军王凝之的妻子。《晋书·列女传·谢道韫》亦载有此事。后来便以"咏絮才"来称扬女子能诗善文之典。

谢安很注重孩子们的自尊心。谢玄小时候好虚荣，佩戴了紫罗香囊，谢安没有直接指责，而是打赌赢了以后将香囊当面烧毁，以此来教育谢玄不适宜佩戴这样浮华的东西。谢朗不知道"熏老鼠"的笑话是自己父亲谢据的，也跟着世人一起嘲笑，谢安知道以后，故意把自己也说成做这件傻事，启发谢朗去懂得不应该随意嘲笑别人。

（三）东山再起

谢安高卧东山，并不是徜徉山水，而是积蓄力量，等待时机，治国安邦。

南朝宋刘义庆《世说新语·排调》有一篇《谢公始有东山之志》："谢公始有东山之志，后严命屡臻，势不获已，始就桓公司马。于时人有饷桓公药草，中有远志，公取以问谢：'此药又名小草，何一物而有二称？'谢尚未答。时郝隆在座，应声答曰：'此甚易解，处则为远志，出则为小草。'谢甚有愧色。桓公目谢而笑曰：'郝参军此过乃不恶，亦极有会。'"

译成现代汉语大意是：谢安起初抱有隐居山林的意愿，后来朝廷征召的命令多次下达，看样子无法实现自己的愿望了，才就任桓温属下的司马。那时有人赠送药草给桓温，其中有远志。桓温拿了问谢安："这种药又叫小草，怎么一种东西有两样名称呢？"谢安没有马上回答。当时郝隆在座，一听就随声答道："这很容易解释，在山里时叫远志，出山了就叫小草。"谢安感到很惭愧。桓温看着谢安，笑着说："郝参军这个失言还不算坏，话也说得极有意味。"

明李时珍《本草纲目·草一·远志》："此草服之能益智强志，故有远志之称。"多年生草本植物。茎细，叶子互生，线形，总状花序，花绿白色，蒴果卵圆形。根入药，有安神、化痰的功效。又名小草。

《世说新语·言语》还有一则《王右军与谢太傅共登冶城》：王右军与谢太傅共登冶城。谢悠然远想，有高世之志。王谓谢曰："夏禹勤王，手足胼胝；文王旰食，日不暇给。今四郊多垒，宜人人自效。而虚谈废务，浮文妨要，恐非当今所宜。"谢答曰："秦任商鞅，二世而亡，岂清言致患邪？"

译成现代汉语大意是：王右军与谢太傅一起登上冶城，谢太傅悠闲地出神遐想，颇有超脱世俗的志趣。王右军对谢太傅说："夏禹勤劳国事，手脚都长了茧子。周文王总是过时用饭，天天忙着，没有一点空闲。现在国家处于战乱之中，每个人都应当为国出力。如果一味空谈，荒废政务，妨碍国事，恐怕不是今天所适宜的吧！"谢太傅答道："秦国任用商鞅，结果到秦二世就灭亡了，难道是清淡所造成的祸害吗？"

公元 360 年，谢万兵败，被废为庶人，陈郡谢氏一族再无重要人物在朝。谢安不得不"东山再起"，入桓温幕府为司马。谢安与桓温虽然政治立场不一致，但仍然非常相得，彼此都很推崇对方。后来桓温到了因立场相左而打算杀掉谢安的时候，仍然对旁人称赞谢安不已。

谢安在桓温幕府不久，谢万去世，谢安以服丧为由辞职，不久又被丞相司马昱推荐为吴兴太守，任内百姓安居乐业。几年后，升为侍中。又升任吏部尚书、中护军。

二、两大功劳

（一）拖住桓玄篡晋自立

公元 371 年，谯国桓氏的桓温废司马奕，改立司马昱为帝，族诛陈郡殷氏、颍川庾氏两家三支士族，贬斥武陵王为庶人，实际控制了东晋的所有州府，声势如日中天。谢安与另外两家大士族——太原王氏和琅琊王氏的王坦之、王彪之等人联合，与之周旋，并于公元 372 年晋简文帝病重之时，逼简文帝改写遗诏，阻止了简文帝打算将政权拱手让给桓温的打算。

桓温（312—373），字元子（一作符子），谯国龙亢（今安徽怀远龙亢镇）人，东晋政治家、军事家、权臣，谯国桓氏代表人物，东汉名儒桓荣之后，宣城内史桓彝长子。

桓温是晋明帝的驸马，因溯江而上灭亡成汉政权而声名大振，又三次出兵北伐（北伐前秦、后秦、前燕），战功累累。后独揽朝政十余年，操纵废立，有意夺取帝位，终因第三次北伐失败而令声望受损。

桓温得知简文帝改写遗诏之事以后，大怒，率军入京，欲"诛王谢，移晋鼎"，太后褚蒜子命谢安与王坦之去新亭迎接，王坦之慌乱不已，以至于在见到桓温以后倒持笏板，汗湿重衣；谢安却很镇定，不仅在临行前安慰王坦之说"晋祚存亡，在此一行"，并在见到桓温以后，从容就席，问桓温："安闻诸侯有道，守在四邻，明公何须壁后置人邪？"桓温笑答："正自不能不尔耳。"二人笑着谈了很久，一场大祸化解于无形。桓温后来病重，想让朝廷给他加九锡，让袁宏起草奏表。谢安见了以后，总是借故修改，拖延时间，没几天，桓温病故，加九锡的事情也就不再被提起了。

《世说新语·雅量》是这样记载的：

桓公埋伏着兵士，摆设了酒宴，便请朝中的官员，想借这个机会杀害谢安、王坦之。王坦之很惊慌，问谢安："应该采取什么对策？"谢安神态不变，对王坦之说："晋朝政权的存亡，决定我们这一次行动。"两人一同前去。王坦之害怕的情状逐渐在神色中表现出来；谢安的从容不迫，越发显现在容貌上。他们向西阶走去，进入席位。谢安像洛下书生那样，吟诵"浩浩洪流"那样的诗篇。桓公忌惮他那旷达的风度，就赶快撤走了兵士。王坦之和谢安原来一样有名，通过这件事，才分辨出他们气度的高低。

桓温死了以后，谢安为了调和晋室与桓氏的矛盾而颇费苦心。374年，谢安先以王坦之出领徐、兖二州刺史而从桓氏取回徐州和兖州，然后又迫使桓温之弟桓冲出让扬州，转而任命其领荆州，谢安自领扬州（非今江苏扬州），终于达到"荆扬相衡，则天下平"的目的，并取得了桓氏的谅解与合作，建立起一个相对牢固的防御阵线，共同对付北方的前秦苻坚。

苻坚（338—385），字永固，又字文玉，小名坚头，氐族，略阳临渭（今甘肃天水秦安）人，十六国时期前秦的君主，前秦世祖宣昭皇帝。公元357—385年在位。苻坚在位前期励精图治，重用汉人王猛，推行一系列政策与民休息，加强生产，终令国家强盛，接着以军事力量消灭北方多个独立政权，成功统一北方，并攻占了东晋领有的蜀地，与东晋南北对峙。但最终前秦大败给东晋谢安、谢玄领导的北府兵，国家亦陷入混乱，各民族纷纷叛变独立，苻坚最终亦遭羌人姚苌杀害，终年48岁，谥号宣昭，庙号世祖。

太元元年（376），孝武帝司马曜开始亲政，谢安升中书监、录尚书事，总揽朝政，陈郡谢氏成为东晋的最后一个"当轴士族"。同年，苻坚统一了中国北方，前秦与东晋的战争已经临近。当时的东晋，长江上游由桓氏掌握，下游则属于谢氏当政，谢安尽力调和桓谢两大家族关系，以为即将爆发的战争作准备。

（二）淝水之战立了大功

淝水之战发生在安徽寿县境内东淝河上，又作肥水，源出肥西、寿县之间的将军岭。分为二支：一支向西北流者，经200里，出寿县而入淮河；另一支向东南流者，注入巢湖。三国时，魏将张辽曾败孙权于淝水。东晋时，谢玄亦败苻坚于淝水，是有名的古战场。特别是东晋的淝水之战，是我国历史上著名的以弱胜强的战例。

战前准备

公元 377 年，广陵（今江苏扬州）缺乏良将防守，谢安不顾他人议论，极力举荐自己的侄子谢玄出任兖州刺史，镇守广陵，负责长江下游江北一线的军事防守。谢安则自己都督扬州、豫州、徐州、兖州、青州五州军事，总管长江下游。

谢玄（343—388），字幼度，陈郡阳夏（今河南太康）人，谢衰之孙，谢奕之子，谢安之侄，东晋时期军事家。谢玄有经国才略，善于治军。早年为大司马桓温部将。太元二年（377）为抵御前秦袭扰，谢安荐谢玄为建武将军、兖州刺史，领广陵相，监江北诸军事。

谢玄不负叔父重托，在广陵挑选良将，训练精兵，选拔了刘牢之、何谦等人，招募北来民众中的骁勇之士，并训练出一支在当时的整个中国最具有战斗力的精兵——北府兵。太元四年，谢玄加领徐州刺史，镇京口。东晋称京口为"北府"，所以称这支军队为北府兵。

第一阶段，淮南之战

公元 378 年，前秦征南大将军苻丕率步骑 7 万人进攻襄阳（今湖北襄阳）。苻坚又另派 10 万多人，分三路合围襄阳，总计投入兵力 17 万。襄阳守将朱序死守近一年后，于太元四年（379）二月城破被俘。苻坚又派彭超围攻彭城（今江苏徐州），秦晋淮南之战爆发。谢安在建康（今江苏南京）布防，又令谢玄率 5 万北府兵，自广陵起兵应敌。谢玄四战四胜，全歼秦军。战后，谢安因功晋封建昌县公，谢玄晋封东兴县侯。

第二阶段，淝水之战

太元八年（383）五月，桓冲倾 10 万荆州兵伐秦，以牵制秦军，减轻对下游的压力，苻坚派苻睿、慕容垂、姚苌和慕容暐等人迎战，自己亲率步兵 60 万，骑兵 27 万，号称百万，以弟苻融为先锋，于八月大举南侵。苻坚于 383 年发动战争意图消灭东晋，史称淝水之战。

谢安临危受命，以谢石（327—388，谢安弟）为前线大都督，谢玄为先锋，并谢琰（（352—400），字瑗度，陈郡阳夏人，东晋后期重要将领，太保谢安次子、车骑将军谢玄从弟）、桓伊（字叔夏，谯国铚县人）等人，领8万兵马，分三路迎击秦军。符坚派先前在襄阳俘获的晋将朱序前往劝降。朱序心向晋室，借机将军情密告谢石，并建议趁秦军兵力尚未集中，迅速挫其前锋。十一月，谢石采纳其计，于是派刘牢之率精兵五千渡过洛涧（即今安徽淮南市东淮河支流洛河），一战斩秦军将领十人，秦兵万余被歼，首战告捷，晋军士气大振，于是水陆并进。符坚与其弟符融登上寿阳城，见晋军队伍严整，又望见八公山上草木，以为是晋军伏兵。成语"八公山上，草木皆兵"即源于此。对符融说："此亦劲敌"，怔然有惧色。

十二月，双方决战淝水。谢石将晋军推进至淝水，符融隔水为阵。谢石"遣使谓（符）融曰：君若小退师，令将士周旋，仆与君公缓辔而观之，不亦美也？融于是麾军却陈"，符融原想趁晋军半渡淝水时出兵击之，没有想到，军队一退，就一发而不可收拾，狂奔撤退，士无斗志，阵中还有东晋降将朱序高喊"秦军败了！"被胁迫参军的各族士兵乘机逃跑，阵势大乱。符融马倒被杀，秦军大败。谢石乘胜追击。秦军"闻风声鹤唳，皆谓晋师之至"在路上，符坚被流矢射中，单骑遁还淮北，狼狈不堪。晋军7万战胜了符坚和符融所统率的前秦数十万大军，并阵斩符融。淝水之战以晋军的全面胜利告终。

谢玄乘胜攻进洛阳、彭城，收复大批失地。符坚逃到关中，不久为部下所杀。

战后影响

淝水之战的巨大胜利，谢安的事先筹划功不可没。而且谢安从战前的"围棋赌墅"到战后的"小儿辈大破贼"，自始至终一直采取极为冷静的态度，对于稳定当时建康的人心起到了关键的作用。《世说新语·雅量》中是这样记载的：

谢公和别人下棋，不久，谢玄从淝水战场写来的书信到了。谢安看完信，默不作声，又慢慢地下起棋来。客人问："淮上胜负怎样？"谢安回答说："孩子们大破敌兵。"说话时神态行动，和平时没有什么两样。

此次战争的前线将领也是谢家嫡系子弟的谢石、谢玄、谢琰等人，谢家的声望达到顶峰，引起了司马氏皇室的戒备，以至于淝水战后，谢安竟然没有得到封赏，直到两年后谢安去世，司马曜方才因淝水战功追封谢安为庐陵郡公。

三、北伐、去世

淝水之战到北伐时期的南北形势有很大不同。谢安为了安定"荆扬相衡"的局面，放弃了以谢玄任荆、江两州刺史的机会，改以桓氏子弟出任，缓和了桓、谢两大士族的关系，为东晋接下来的大规模北伐稳定了后方。

公元384年，谢安起兵北伐。东路的谢玄领北府兵自广陵北上，一路收复了兖州（今山东济宁兖州区）、青州（今山东青州）、司州（治所在今河南洛阳东）、豫州（今河南大部），中路和西路的桓氏则出兵攻克了鲁阳（故治在今河南鲁山尧山镇一带）和洛阳（今河南洛阳），并收复了梁州（治所在今陕西汉中）和益州（包括今天四川盆地和汉中盆地一带）。至此，淝水之战前秦晋以淮河—汉水—长江一线为界的局面改成了以黄河为界，整个黄河以南地区重新归入了晋朝的版图。

北伐节节胜利以后，司马氏和部分朝臣对谢安非常猜忌，世人也有怀疑谢安会像王莽那样篡位夺权，谢安"素退为业"，主动交出手上权力，于公元385年自请出镇广陵，都督北伐军事。不久，刘牢之（？—402年，字道坚，彭城即今江苏徐州人，东晋时期名将）于邺城（在今河北临漳县西南邺镇、三台村迤东一带）被慕容垂击败，谢安不得不调整部署，将进攻转为调整、巩固黄河防线。

8月，谢安病重，自广陵还京医治，由西州门入建康，不久，于8月22日，病逝建康，享年66岁，谥号曰"文靖"。

谢安葬礼同霍光、王导以及桓温等人同规格，有"九旒鸾辂，黄屋左纛，缊辌车，挽歌二部，羽葆鼓吹，武贲班剑百人"，为皇帝级别的葬礼。后谢安妻刘氏去世，也用同等葬仪。

四、多才多艺

谢安性好音乐，自弟万丧，十年不听音乐。及登台辅，期丧不废乐。王坦之书喻之，不从，衣冠效之，遂以成俗。又于土山营墅，楼馆林竹甚盛，每携中外子侄往来游集，肴馔亦屡费百金，世颇以此讥焉，而安殊不以屑意。常疑刘牢之既不可独任，又知王昧之不宜专城。

安少有盛名，时多爱慕。乡人有罢中宿县者，还诣安。安问其归资，答曰："有蒲葵扇五万。"安乃取其中者捉之，京师士庶竞市，价增数倍。安本能为洛下书生咏，有鼻疾，故其音浊，名流爱其咏而弗能及，或手掩鼻以赗之。及至新城，筑埭于城北，后人追思之，名为召伯埭。

五、毛泽东早年就关注谢安

在湖南第一师范读书时，毛泽东1913月10月至12月写的讲堂录中《国文课》有一篇课堂笔记《谢安论》，记载如下：

古之有为于天下者，必有以脱除天下之习，而立乎其外。

德量　夫君子之所恃以胜天下者，在乎器识德量之间，而不在乎干局。

干局　然而干局之用，君子虽不恃以为长，而不可以之自废。

向客何如大人？濛曰：此客亹亹，为来逼人。

夏禹勤王，手足胼胝，文王旰食，日不暇给。今四郊多垒，宜思自效，而虚谈废务，浮文妨要，恐非当时所宜。

秦用商鞅，二世而亡，岂清言致患邪？

岂犹夫寻常之可测者哉？

盖未有力不足以举天下之烦，气不足以炼天下之苦，性情不足以扶持天下之一偏，而可以大有为者也。

清冲有余，而朴练不足。

无以争天下之先，而经天下之远，吾以其夙习决之矣。

不为浮誉所惑，则所以养其力者厚；不与流俗相，则所以制其气者重。

又安能深沉确实开扩淬厉而以先（天）下为己任乎？

导有大有为之识，而无大有为之才。安有大有为之量，而无大有为之干。

安闻诸侯有道，守在四邻，明公何须壁后置人邪？

无者有之先也，故洪荒以前，谓之无也，因此则洪荒以后似有矣。

才，才者，经世之谓也。才有从学问一方得者，有从阅历一方得者。

浔阳，古属安庆。（《毛泽东早期文稿》，湖南人民出版社1996年版，第609—610页）

其原文如下：

古之有为于天下者，必有以脱除天下之习，而立乎其外；盖为物所移者，虽足以自见于天下，而恐其历久而不胜也。夫君子之所恃以胜天下者，在乎器识德量之间，而不在乎干局，然而干局之用，君子虽不恃以为长，而不可以之自废。苟遗弃其鄙近，而将寄托于所溺，岂独揽宠溺利欲之足以累人哉？

吾以为谢安之清言，亦其累也。安之未仕也，知镇西之必败，而委屈厚结其士卒，脱弟万于难，其既相也，当桓温而不慑，御苻坚而不惧，是其气量，岂犹夫寻常之可测哉！故可以见天下之微者识也，而天下之大，有非命之所能尽，则识于是乎穷；可以镇天下之危疑者量也，而建功立业之人，又有时乎出于远生脱死之表，起气不足于炼天下之苦，性情不足以扶持天下之一偏，而可以大有为者也。

善乎王羲之谓安曰："夏禹勤王，手足胼胝，文王旰食，日不暇给。今四郊多垒，宜思自效，而虚谈废务，浮文妨要，恐非当时所宜。"而桓冲亦云："安石有庙堂之望，不娴大略。安皆不之用也。夫安岂不知四郊多垒，所当布置而经营，日不暇给也哉？顾其数十年以来，熟见夫江东之门第声名，以文雅为高，以风流为美，既不能矫克其一时之夙习，而又以清言济之，方且尘视乎轩冕，敝屣乎功名，以矜其迈往不屑之韵，幸而遇变如温与坚者，而皆有以镇静而安全焉以为是已足以自见也。说着于二患既平之后，安即间于国宝之谗，不久而卒，故其建竖止乎此，而不知其不然。"

盖安之为人，清冲有余，而朴练不足，无以争天下之先，而经天下之远，吾以其夙习决之矣。夫所贵乎矫而克之者，非以为胜于天下也，乃以自胜也。不为浮欲所惑，则所以养其力者厚；不与于天下者，繁简适宜，而苦乐一致。若安者，可谓简易而和乐矣，设一旦困之于烦，尝之以苦，吾恐其废然而反与庄生老子之林也，又安能深沉确实，开扩淬厉。而以先（天）下为己任乎？

晋氏之既东也，其相臣前有王导，后有谢安。导有大有为之识，而无大有为之才。安有大有为之量，而无大有为之干。过此则时势去矣，其偏安也宜哉！然则必何如而可？曰："如陶侃、祖逖者，而更假之以导与安之识量，庶几其可也。"

关于这篇文章的作者侯方域，毛泽东曾说："侯朝宗，生长世族，善属文。黄黎洲曰：侯公子自不耐寂寞耳。"（《毛泽东早期文稿》，湖南人民出版社 1990 年版，第 592 页）

侯方域（1618 年 4 月—1655 年 1 月），字朝宗，明朝归德府（今河南商丘）人，明末清初散文三大家之一、明末"四公子"之一、复社领袖。

侯方域是明户部尚书侯恂之子，祖父及父辈都是东林党人，均因反对宦官专权而被黜。与冒襄、陈贞慧、方以智，合称明末"四公子"，与陈贞慧交情尤深。明朝灭亡后，侯方域流落江南，入清后参加科举，为时人所讥："两朝应举侯公子，忍对桃花说李香。"晚年深悔此举。

清顺治二年（1645），28 岁的侯方域回到归德府老家隐居，在此整理旧籍，编写新著。至 35 岁，回想起自己遭遇坎坷，事业一无所成，悔恨不已，便将其书房更名为"壮悔堂"，表示其壮年后悔之意。在这里，完成了他的两部文集《壮悔堂文集》10卷、《四忆堂诗集》6卷。

清朝顺治十一年十二月十三日（1655年1月30日），37岁的侯方域因悲愤国事和思念香君，不幸染病身亡。

《谢安论》载于《壮悔堂文集》卷七。

谢安是东晋宰相、著名政治家。这样的历史人物，历代评论很多，要出新意也非易事。作者侯方域不愧是文章高手，偏能自出手眼，从谢安个人修养和素质入手，探讨它的成败得失，启迪后人。

文章开头提出"夫君子之所恃以胜天下者，在乎器识德量之间，而不在乎干局"的论点，就是说一个人对社会贡献的大小，在于识见、度量，而不在于才干大小，当然才干是不可缺少的。这就为评论谢安立了一个标尺。

接着，作者一言论定："吾以为谢安之清言，亦其累也。"清言，也叫玄谈，是一种排斥世务，专谈玄理的风气，魏晋时此风渐炽，渐以成习，至晋益盛。后人认为，晋祚不永，实为清言所误。文章列举三件事，说明谢安胆识过人：知弟谢万傲物，不抚士卒，必败，多方工作，厚结部卒，使万被废不被诛；当桓温意欲谋篡，设宴欲加害谢安、王坦之，扫清障碍，王"流汗沾衣"，安"从容就席"，"明公何须壁后器人也"，一语揭破其阴谋，转危为安；当苻坚帅百万之众，意欲一举攻灭东晋，安"夷然无惧色"，"指授将帅，各当其命"，战于淝水，大获全胜。这三件事足以说明，谢安的识见，器量远非常人可比，但他缺乏的是干局，就是才干和器局不足，所以不能为国家做出更大贡献。

接着，作者进一步分析说，这是由谢安的"清冲有余，朴练不足"的夙习决定的。东晋前有王导为相，有识见而无大才干，后有谢安为相，有度量而缺少大才干，所以，东晋只能偏安一隅。如果两位，再加上颇有才干和建树的陶侃和祖逖，就差不多了。

这种看法还是颇为精辟的，在革命青年毛泽东的心中留下了深刻的印象，这和他晚年评点谢安"文韬武略"，认为其对东晋做出了巨大贡献，是一脉相承的。

马周——唐初唯一寒门出身的宰相

一部《二十四史》，为毛泽东生前所钟爱。翻阅他在书页上评骘人物的批语，可见大政治家的眼光。

读宋欧阳修等的《新唐书》时，读到《马周传》，至马周上疏的那一页，毛泽东在其天头处写下："贾谊《治安策》以后第一奇文。宋人万言书，如苏轼之流所为者，纸上空谈耳。"（中共中央文献研究室编：《毛泽东读文史古籍批语集》，中央文献出版社1993年版，第235页）对马周奏疏评价之高，竟至"第一"，而且不惜贬抑历代仰作文坛北斗的苏东坡以作对照性褒扬。

这还不算，针对这篇传记所谓马周才能不及傅说和吕望的结论，毛泽东批注："傅说、吕望何足道哉，马周才德，迥乎远矣。"（同上书，第236页）

傅说是由奴隶而成为商朝宰辅的，吕望即协助周武王灭纣的那位姜太公（因受封于吕，从其封改姓）。马氏超逾前治国名相傅说和神通广大的姜太公，可以想见其在毛泽东心目中的地位。

马周何许人也？这位唐初大臣，在文学史上排不上号，他是因何而出名的呢？毛泽东又欣赏他哪里呢？

一、唐初唯一寒门出身的宰相

（一）寒门学士

马周出生于隋朝。在马周出生的时候，中国刚刚从南北朝的分裂走向统一，进入了一段难得的和平时期，中国再次进入国富民强的时代。

史书没有记载马周的家世。据专家推测，马周极有可能出身于富裕的诗书世家。在魏晋南北朝近四百年的时间里，中国通常依靠出身门第选拔人才，贫苦人家的子弟即使读书也很难有出人头地的机会，所以读书成为了世家子弟的专利。正是世家出身，马周才有可能一心向学，不用顾及其他。据《新唐书·马周传》记载，马周少年时期便精通《诗经》《春秋》。然而，就在马周的学业不断精进的时候，一场变故发生了，马周一夜之间父母双亡。

这是一场什么变故，史书没有记载。有学者根据当时的历史背景推测，马周的父母很有可能丧生于隋朝末年的农民起义。当时，马周只有十一岁左右。这场变故对少年马周打击很大，但是，马周仍然记得父母对他的期望，没有荒废自己的学业，史书记载，马周依然"嗜学"。

就在自己琅琅的读书声中，马周步入了自己的青年时期，历史也进入了唐朝。但是，马周虽然诗书满腹，却不懂得谋生之道。或许是因为怀才不遇，马周还有些自暴自弃。凭借力气吃饭的乡人看到马周整天游手好闲，都看不起他。马周也因此更加苦闷。

唐高祖李渊武德年间（618—626），在马周二十岁左右的时候，博州的地方政府将马周录用为一名州学助教。但是，或许是平时懒散惯了，或许是认为以自己的才能不应该只做这点小事，马周没有好好地对待这个工作，而且"日饮醇酎，不以讲授为事"。由于严重"怠工"，马周多次被博州刺史达奚怒指责。

此时的马周有些恃才傲物，看到刺史居然如此对他，便挂冠而去，客居密州（今山东诸城）。赵仁本非常推崇他的才华给他准备了许多行装、盘费，让他西入函谷关（今河南灵宝东北），进京谋发展。

马周一路西行，寻找可以发挥自己才干的地方。马周"游于曹（今山东菏泽）、汴（治所在今河南开封），又为浚仪（治所在今河南开封）令崔贤所辱，遂感激西游长安（今陕西省西安市）"。

马周继续西行，来到长安城外的新丰镇（位于今陕西西安临潼东北），马周借宿客店的时候，因为穿戴一般，被忙着招呼来往的商贩的店主人冷落，他便要来一斗八升酒，"悠然独酌"。当时一般人能饮酒一斗，马周要的酒明显超出了他的酒量。在后人的演绎中，马周甚至要了五斗酒，喝了一斗多，其余的酒便全倒进盆中洗脚。马周旁若无人的"潇洒自在"让周围的人不由得暗暗称奇。

第二天，马周便直奔当时的京城——长安，开始了他人生的另一段旅途。

（二）步入政坛

初到长安，马周借宿于中郎将常何的家中。常何是一名武将，与马周素不相识，他为何会收留马周，史书并没有记载。或许，常何为了方便自己书写奏疏，正在寻找文书的时候遇到了马周。

唐太宗李世民贞观三年（629），天下大旱，严重的灾情已危及国计民生。唐太宗忧心如焚，多次率百官求雨并极为虔诚地谴责自己。太宗求天不应，便召集群臣商量对策。他宣布，无论文臣还是武将都要指出朝廷政令的得失，并提出几条具体的意见。

这可难坏了武将常何，他回到府中，愁眉不展。正好家中一位名叫马周的落魄朋友，漫游到长安，借住在他的府中。得知了常何的为难之事，马周慨然伸出援手，他不假思索，伏在案上，以常何的名义写了一个奏折，洋洋洒洒地向朝廷提了二十多条建议，都是切中时弊的，文辞也非常优美。

次日早朝，常何怀着忐忑不安的心情，将奏疏呈现给太宗。

太宗一看，这些建议有根有据，切中时弊，确属可行。但太宗觉得武夫常何绝不会有这神来之笔，便问他是何人所写。常何如实告诉太宗："这不是我所能想出来的，家中的门客马周所写。"太宗又问马周是何样之人，常何便向太宗介绍说："我这位客人，是个忠厚孝顺的人。马周是清河茌平（今山东茌平）人，家境贫寒，但勤奋好学，尤其精通先秦诸子的典籍。由于自负才学出众，清高而孤傲，郁郁不得志。他在博州一所学校教书，常受地方官的训斥，一怒之下便拂袖而去，离家远游。他穷困潦倒，经常受人欺凌，历尽艰辛来到长安，住在臣家，乃当今一大奇士也。"

太宗听完介绍，立即预感到这是一位隐于"侧陋"的杰出人才。立即传诏奖赏给常何丝绸三百匹，表彰他推荐贤才之功，并派常何回家，请马周入宫见驾。等了一会儿，不见马周前来。太宗求贤心切，一连四次亲自派官员去催促马周。

太宗见到马周，广泛问及尧舜的德治天下、孔孟儒学的思想精华、周隋的盛衰兴亡以及当今的时弊和治国要略，马周对答如流，见解精辟。太宗对马周的才华和忠诚极为赞赏，立即下诏命他入值门下省。门下省，官署名。唐时与中书省同掌机要，共议国政，并负责审查诏令，签署章奏，有封驳之权。其长官称侍中，其下有黄门侍郎、给事中、散骑常侍、谏议大夫、起居郎等官。这是个权力中枢，马周从一个平头百姓，能到这个中央机构当值，可谓一步登天。

第二年，太宗又任命马周为监察御史。

马周为官后理政谦虚、谨慎，不拘旧俗，锐意创新，对于贞观一朝的制度建设做出了重要贡献。为了表彰马周勤劳国事，唐太宗亲自题写了"鸾凤冲霄，必假羽翼，股肱之寄，要在忠力"十六个草书大字赐予马周，使马周大享殊荣。太宗还经常说："我一时不见马周就想他。"

马周被任命为监察御史里行，在唐朝，御史里行这个职务最初是专门为马周设置的，马周迈开了政治生涯的第一步，最终官居中书令，成为当朝宰相。

（三）平步青云

苦心人，天不负，命运之神终于垂青了这位胸怀大志的青年人。马周终于有了用武之地，他十分感激唐太宗的信任。他觉得自己得到的不仅是高官厚禄，更得到了一个充分发挥才能的机会。他要尽其所学为唐朝社会的发展做出自己的贡献。

贞观七年（633），马周上书皇帝，对李世民为太上皇李渊大建宫室的做法，提出了比较婉转的批评。在这篇奏折中，马周写道："微臣每读经史，见前贤忠孝之事，臣虽小人，窃希大道，未尝不废卷长想，思履其迹。臣以不幸，早失父母，犬马之养，已无所施，顾来事可为者，唯忠义而已。"

他从自己的经历开始说起，说李世民的想法是对的，对待父母就应该尽孝道。马周认为现在唐朝初建，百业待兴，老百姓还很不富裕，应该以发展国力为先，等到以后国力有余了，再修建宫室尽孝道也不为晚。马周在这篇奏折中以非常平和的口气，对李世民的这种做法提出了不同意见，结果也很奏效。李世民看到后，觉得马周说得很对，不但没有生气，除了停止了修建宫室之外，还加封了马周的官职，让他更多参与朝政，马周更有了伸展抱负的空间。

贞观十一年（638），马周又上书皇帝，从以前的朝代兴亡开始议论，并重点谈了隋朝灭亡的原因。他说唐朝建立前的那几个朝代之所以存在的时间很短，长的不过五六十年，短的只有二三十年。为什么这些朝代会存在了这么短的时间就灭亡了？最主要的原因这些时代的君主不懂得爱护百姓，一味地挥霍奢侈，对老百姓横加剥削，一是耗费了大量财力；二是失去了民心；三是统治者昏庸无能，不会用贤良的人才，最终灭亡。

他还重点谈了隋朝灭亡的原因。他认为隋朝在文帝杨坚时的基础很雄厚，本来是可以长治久安的。可是炀帝杨广当皇帝以后，开始腐化堕落起来，剥削百姓到了很严重的程度，最终失去了天下人的心，被人杀死在扬州。马周劝李世民要以隋亡为鉴，时时刻刻要记得隋亡的教训，不能因为天下刚刚平定下来，就走隋炀帝的道路。只有让老百姓安居乐业，才能巩固唐朝的统治，才能使唐朝由乱到治。李世民通过这篇奏折，更看到了马周出色的治国才能，更加重用起马周来。

贞观十二年（638），马周迁为中书舍人。唐太宗曾经对左右的人说："我一天见不到马周就想他。"可见马周在李世民心中的地位是很高的。当时的宰相岑文本，也说马周的才能可比汉朝的张良和终军，对马周的才能也是深为敬佩。到了贞观十八年（644），马周当上了宰相（中书令），他同时还兼任皇太子李治的老师，对李治谆谆教导，教李治如何治政，对李治当皇帝以后治国起到了很大的作用。

唐太宗为了表彰马周对国家做出的巨大贡献，亲自为马周题词："鸾凤凌云，必资羽翼，股肱之寄，诚在忠良。"对马周所做的一切给予了非常高的评价，这在名臣云集、大贤辈出的唐朝初年也是不多见的。

（四）奇思妙想

马周不仅在皇室和朝政大事上颇多建议，对于很多日常的小事也总有自己的创意。当时在长安，如果有警情需要传奏，通常从城外到城内都是由人喊话来完成，在马周的建议下，长安城内外沿着大路设置了很多鼓，依靠敲鼓来传递信息。这种鼓俗称"冬冬鼓"。

在唐朝以前，官员的官服通常只有黄色和紫色，不容易分辨品级，马周便建议多设置几种颜色，三品官服为紫色，四、五品为红色，六、七品为绿色，八、九品为青色。从此之后，官服的颜色和品级相对应的做法便被确认了下来，一直延续到清朝灭亡。

今天，行人、车辆靠右走已经成为一种常识，但是，很少有人知道，这种规则早在一千多年前的唐朝就已经开始实行。当时，马周定出一个规则，进出城门一律靠右走，以方便交通。这个规则断断续续地执行下去，直到今天，终于形成了人们的共识。

马周的这些奇思妙想不仅表现在对朝政的建议上，也表现在他的生活中。当时，唐太宗李世民为了防止御史巡查的时候加重各地的负担，便要求御史出巡不能吃肉。马周巡视各地的时候，每到一个地方，一定会要求给他鸡吃，有地方小官便告上京师。李世民对此的解释是，他只禁止御史吃肉，但是并没有禁止吃鸡，所以马周并没有犯错。

在马周初任御史的时候，派人出去买宅院。众人都知道马周很穷，听到他要买宅院，不禁窃笑。但是，当马周看上了一所宅院之后，上级政府马上给他买了下来，并且赐给他需要的东西和一干奴婢。这时候众人才明白是怎么回事。

二、"贾谊《治安策》以后第一奇文"

（一）马周的"上书"

马周一生，为官20多年，曾多次向唐太宗上书，提出他的治国主张，并多为太宗所采纳，成为唐太宗的重要谋士，不愧为一个卓越的政治谋略家。但是，令人遗憾的是，在《旧唐书》《新唐书》中，有关马周在治国安民方面的实绩可以说全无记载，所能看到的就是他的几个长篇奏折。

马周上奏章说："臣我每次读前代史书，看到贤能的人和忠孝的事迹，没有一次不是掩卷长思，想追随他们的足迹。我不幸早年就失去父母，报答养育之恩已无法实现；考虑今后所能做的事，只是对皇上忠义罢了。因此，我步行了二千里，前来归依陛下。陛下不认为我愚笨，越级提拔我做高官。我私下想我没有什么报答陛下的，就竭尽我微薄的力量，提出建议，供陛下选拔。

"我看见大安宫在宫城右边，宫墙、屋檐、宫门、观楼比起紫极宫来就显得矮小。东宫，是皇太子居住的地方，在里面；大安宫，是至尊高祖太上皇居住的地方，反而在外面。太上皇纵然是心意清静俭朴，爱惜人才，陛下不敢违背他的意愿，但是有周围少数民族前来朝见，天下前来观听朝政，大安宫就显得不合适了。我希望建造城墙门观，务必高大显著，以与太上皇的名望相称，如果这样，那么大孝也就彰明显著了。

"我拜读了陛下的诏令，二月要驾临九成宫。我私下认为太上皇年事已高，陛下应该早晚探望。现在所要驾临的宫殿离京城有三百多里，不是早晨出发傍晚就能到达的。万一太上皇有什么感触，想马上见到陛下，又怎么来得及呢？陛下这次只是为了避暑去的，太上皇留在热的地方，而陛下到清凉的地方去，如此来处置热和凉，是我不能心安的地方。但是诏令已经下达，事情就不能中途停止，希望陛下昭示回来的日期，消除众人的疑惑。

"我看见陛下宗室的人和功臣都到封国去，这样，封国就传给其子孙后代了，让他们世代守护着分封国政权。我私下认为陛下的用意实在是爱护他们、看重他们，想让他们的后代继承、守护下去，代代相传。我认为像诏书中提到的那些人，陛下应该考虑如何安定他们，使他们富贵，又何必让他们世代做官呢？即使是尧、舜那样的父亲，尚且有朱、均那样不贤的儿子。假使有不成器的人承袭了封国和职位，百姓就要遭殃，国家就要蒙受灾难。假如想禁绝这种情况，那么像春秋时代楚国令尹子文的大治还会实现；假如还想继续这种状况，那么像春秋时代晋国奕魘的强横凶恶早已显出暴虐了。所以说与其毒害还活在世上的人，不如对已死的臣子割断恩情，那么原来所说的陛下爱护他们，看重他们，正好是伤害他们啊。我认为应该授予他们土地和人口，确实有才能的，再按能力大小授官职。即使权势不够强大，却也可以因此免受牵累。汉光武帝不任命功臣为官吏，因此保全了他们的后代，这才是深得统治方法的啊。希望陛下慎重考虑这件事，使那些贵族功臣能够得到隆恩，而且子孙后代能够一直享有富贵利禄。

"我听说圣人教化天下，没有不把孝义当作根本的。所以说'没有比尊敬父亲更大的孝义，而尊敬父亲又不能大于祭天'，'国家的大事，在于祭祀和作战'，孔子也说'我不亲身参加祭祀就等于没有祭祀'，圣人就是这样重视祭祀啊。自从陛下登上帝位，宗庙祭祀的事，未曾亲自参加过。我私下揣摩陛下的心思是，认为自己乘车一出，花费就会很多，所以忍下了孝心，方便百姓。但是这一代的史官，没有写上皇帝到宗庙去，将拿什么来传给子孙后世，昭示帝业呢？我知道大孝实在不是只在祭祀的仪式上，但圣人要教导别人，必定要自己先做到，表示没有忘记根本啊。

"我听说达到教化的方法，在于求得贤选，审察官员。孔子说：'只有名位与官爵不可以借给别人。'这说的是谨慎用人的重要啊。我见到王长通、白明达本来是乐工、车夫等杂役，韦盘提、斛斯正没有其他才能，只懂得调教马匹。虽然技艺超过同等地位的人，只可能多赏赐他们钱财丝帛，让他们家境富足。现在却超越名位授予他们过高的爵位，让他们参与朝廷的朝会，这些养马、歌舞的贱人，却穿着官服、官饰，我暗自为此感到羞耻。如果朝廷的任命不能更改，适宜的办法是不让他们排列官班、与士大夫同列一伍。"

太宗赞成他的说法，升他做了侍御史。他又上疏说：

"我一个个地观察夏、商、周、汉的天下，帝位相传承继，多的有八百多年，短的也有四五百年，都是依靠积累功德、基业，对百姓施加恩惠，其中难道没有邪僻的君王，但却能依靠着以前有才德的君主而幸免灾难。从魏、晋到后周、隋，长的延续五六十年，短的二三十年就灭亡了，实在是因为创业的君主不致力于仁义教化。他们在位只能保住自己，以后没有流传下来什么功德值得追思，所以后来继位的君主，政权稍见衰败，一个人振臂一呼，统治便土崩瓦解。

"现在陛下虽然以大功平定了天下，但是积累功德的日子还很短，所以应当大力提倡禹、汤、文、武的治国之道，广施恩惠，留下余地，为子孙后代创立万世的基业，哪里只是维持自己一代的统治呢。

"然而自古以来的明王圣主，虽然因人施教，但大要是自己非常节俭，而对百姓施加恩惠，所以人民爱戴他像对待父母，崇仰他如崇仰日月，敬畏他同敬畏雷霆，预计皇位能传长久，而且没有祸乱发生。

"现在百姓正值丧乱之后，人口比起隋代才是它的十分之一，但是徭役不断，往往是兄去弟回，来往行程远的五六千里，无论春夏秋冬，从没有间歇的时候。陛下虽然下诏减免徭役，但有关部门却不能免除劳作，只是行了文书，而徭役的繁重仍像从前一样。四五年来，百姓中很多嗟叹抱怨，认为陛下不体恤他们。

"尧的茅屋土阶、禹的粗衣陋食，我知道不可能在今天再实行。汉文帝爱惜百金的费用而停止修建露台，搜集上书的布袋，做成宫殿的帷幕，他所宠爱的慎夫人衣服长度不拖到地上；汉景帝也认为编织的有彩色花纹的丝织品会妨害女子的纺织，特地下诏免除了，因此百姓安居乐业。到了汉孝武帝虽然极度奢侈，但因受惠于文帝、景帝遗留下来的功德，所以天下人心没有动摇。假如在汉高祖的后面就是武帝继位，天下一定不能保住。这些都是近代的事，事迹清晰可见。

"现在京城（今陕西西安）以及益州（治所在今四川广元北）等地，制造供奉的器物，以及诸王、宫妃、公主的服饰，都太奢侈华丽了。我听说先王视早朝于拂晓之时，后代都难以避免出现懈怠的人；靠法理治理，弊病更大，更容易混乱。陛下年轻时接触过社会，知道百姓的困苦，前代的兴衰，亲眼所见，您治理天下尚且如此，更不用说皇太子生长在深宫，没有经历过世事了。您之后他继位会怎样呢，这是陛下您心里应当忧虑的啊。

"我私下寻思，自古以来只要百姓起来造反，聚集成盗贼，那个国家就没有不立即灭亡的，君主虽然悔悟了，但没有再能安稳、保全政权的。大凡治理政治推行教化，应当在可以治理的时候治理它。如果要等到事变发生才来后悔，就没有用处了。所以君王每每见到前代的灭亡，就知道他们的政治教化是从哪方面丧失的，但却不知道自身的过失。所以纣笑桀的灭亡，而幽王、厉王笑纣的灭亡，隋炀帝又笑齐、魏的亡国。现在我们来看隋炀帝，正像昔日隋炀帝看北齐、西魏一样。

"回想贞观初年，全国因霜冻而歉收，一匹绢才换一斗米，但天下很安定，这是因为百姓知道陛下怜恤、体贴他们，所以人人都很安定而没有怨言。这五六年来，连年丰收，一匹绢可以换十多斛粟，但百姓却多抱怨，认为陛下不怜恤、体贴他们。

"这是为什么呢？因为现在做的不都是不迫切的事情啊。自古以来，国家的兴亡，不是凭着积蓄粮食多少决定，而在于百姓是苦还是乐啊。姑且拿近朝的事来验证这个道理。隋朝贮粮在洛口仓，李密利用了它；贮藏布帛在东都（洛阳），却被王世充占据；西京（长安）的府库也成为我们今朝的资财。假使洛口、东都没有粮食、布帛，王世充、李密就不一定能聚集起那么多人马。积贮本是立国的常规，应当在百姓有余力时才收聚，难道要在百姓吃力时强行收敛，而用来资助盗匪吗？

"节俭朴素以安息生人，贞观初年，陛下已亲自这样做了，现在再实行它也不难。这样做一天，天下百姓就知道，高兴得载歌载舞。如果百姓已经疲惫不堪，却不停地征用他们，万一中原发生了旱涝灾害，而边境又传来战争的警报，狂妄狡诈之徒也暗中兴起，那就不只是晚吃饭晚睡觉能解决的了。古语说：'感动人要用行动而不是语言，应和上天要用诚实而不是文辞。'以陛下的贤明，如果真想励精图治，也不用采取上古的做法，只要能像贞观初年那样。那么天下百姓就很幸运了。

"从前贾谊对汉文帝谈起'可痛哭及长叹息的事'说：当韩信在楚地为王、彭越在梁地为王、英布在淮南为王的时候，假使文帝坐了皇位，天下一定不能安定。

"他又说：由于众王年少，让傅、相来控制他，当众王长大以后，一定会发生祸乱。后代都认为贾谊说得很对。我私下观察现在的众位大将、功臣，与陛下一起平定天下的人，没有像韩信、彭越那样威望智慧能震撼陛下的人；并且众王都年幼，即使他们长大了，陛下在的时候，一定不会生出二心，但是万世以后，不能不让人忧虑。

"汉、晋以来，祸乱天下的，哪一个又不是众王之中的人呢。都是因为建立安置封赏不当，也不事先加以节制，而导致灭亡。君主哪里不知道会这样的道理呢，只是沉溺于个人的偏爱难以摆脱罢了。所以虽然前面有车倾覆了，但后车仍然不改车道，重蹈覆辙。

"现在天下百姓还较少，而众王却已有很多，对于那些过分受宠的，我实在感到忧虑，不仅仅是凭借恩宠而骄横的事啊。过去魏武帝宠爱陈留王，文帝即位以后，把他禁闭看守起来，像对待狱中的囚犯一样。为什么呢？先帝对他过分恩宠，所以继位的君王怀疑而且害怕他啊。况且皇帝的儿子都有封地，哪里还怕没有富贵，另外皇帝每年给他们的优厚赏赐，更是没有限度的。俗话说：'贫穷不学俭朴，富贵不学奢侈'。这说的是顺其自然的道理。现在陛下开创帝业，哪里只是为安置眼前的子弟呢，应当制定长久的法度，使世世代代都奉此而行。

"我听说治理天下以人民为根本。毕竟能使百姓安居乐业的，在于刺史、县令。县令很多，不可能做到都是贤才，但要州里有好的刺史还是可以的。假如全国的刺史都很贤能而得民心，陛下拱手端坐在朝廷上，还要再去做什么呢？古时候的郡守、县令都选拔贤明有才德的人，想要运用他们，一定先考察他们管理百姓的能力，或从俸禄为二千石的官员中选拔成绩优等的做宰相。现在只重视内官，而轻视县令、刺史的选拔。而且刺史大多是武夫中有功劳的人，有的是不称职的京城官员放出去补的空缺。忠勇、果断刚毅，身强力壮的人入朝做中郎将，那些稍差一些的人才被补充到边远州县，而用德才兼备的标准选任的人还不到十分之一。百姓不能安居乐业，大概就是这个方面的原因吧。"

他的上疏进奏以后，唐太宗认为很好，提拔他做给事中，转任中书舍人。

马周善于陈述奏章，机敏、辩证、清晰、深入，切中要害，处理问题周密，当时有很高的声誉。唐太宗曾经和长孙无忌等人从容谈论大臣们的得失，在讲到马周时他说："马周见事敏速，性甚贞正，至于论量人物，直道而言。朕比任使，多所称意。"曾经和马周共事的另一位宰相岑文本说："吾见马周论事多矣！援引事类，扬榷古今，举要删芜，会文切理。一字不可加，一字不可减。听之靡靡，令人忘倦。"岑文本是文章的行家里手，当需要起草的诏书太多时，他就会叫来六七个书僮执笔，自己口述，几篇诏书的书写同时进行，在很短的时间就会完成。而在岑文本的口中，马周议论事情时所说出的话是多一个字就繁锁，少一个字就言不达意，人听了之后有一种华美的感觉，可以解除疲倦。这种评价是很高的。

（二）"贾谊《治安策》以后第一奇文"

综观这些奏折，马周主要提出了这些重要的治国方略：

其一，劝谏唐太宗节俭治国，力戒奢侈。他从夏、商、周至魏、晋、隋统治天下的时间长短切入，告诫唐太宗应该"节俭于身，恩加于人"，如此才能让天下人对当政者"爱之如父母，仰之如日月，畏之如雷霆"。马周历陈尧、禹及西汉文景二帝节俭之事例，抨击当时朝中滋长的奢靡风气。

其二，劝谏唐太宗以"百姓苦乐"为国之兴衰的权衡标准。马周指出"自古以来，国之兴亡，不由积蓄多少，在百姓苦乐也"。他说隋朝虽然积蓄大量的仓米、布帛、金银，但这些最终却成为帮助造反者的财物。而今老百姓本无多少积蓄，我们还在强敛暴征，百姓颇有怨言，认为是朝廷不忧民怜民。进而提出"百姓苦乐"决定"国之兴亡"的观点。

其三，劝谏唐太宗高度重视基层政权建设。马周认为诸王与功臣的分封应该得当，不可"树置失宜，不预为节制"。他尤其强调重视郡县官吏的选拔任用，提出"天下者，以人为本"，要使老百姓安居乐业，就必须安排贤良的官吏赴任，才可能真正造福一方。

毛泽东的批语高度赞扬了马周在贞观五年（631）给唐太宗的奏疏，并认为是"贾谊《治安策》以后第一奇文"。将马周的奏疏与贾谊政论相并列提出，足他见他对马周的所上之疏的评价之高，并且认为马周给唐太宗的奏折是宋代一些洋洋大论所不可企及的。

贾谊，又称贾太傅、贾长沙、贾生。西汉政治家、文学家。河南洛阳人。18 岁时，就以博学能文而闻名于郡中，得到郡守吴公（秦朝丞相李斯的同乡，又是李斯的学生）的赏识，收为弟子。文帝即位后，因吴公的推荐，任为博士，掌文献典籍。其时，贾谊不过 20 多岁，在博士中最为年轻，但以见识和议论，赢得博士中年长者的尊敬，受到文帝的重视，不到一年，被擢升为太中大夫。朝廷上许多法令、规章的制定，都由他主持进行。

贾谊在政治上主张改革，提出改定历法，修正律令，制定制度等，引起了一部分朝臣的不满。他们以"洛阳之人，年少初学，专欲擅权，纷乱诸事"（《史记·屈原贾生列传》）的流言，动摇了文帝对贾谊的信任，结果文帝让贾谊离开长安，去做长沙王的太傅。后人称贾谊为贾长沙、贾太傅。

在长沙任职的三年中，贾谊的心情一直抑郁不欢。文帝七年（前 173），贾谊被召回长安，任梁怀王的太傅。此时文帝虽仍赞赏贾谊的博学，但对于他多次上疏陈述的政治主张并不采纳。后来梁怀王骑马摔死，贾谊认为自己没有尽到太傅的责任，经常悲泣自责，不久而逝。

贾谊是杰出的政论家，其作品最著名的是《过秦论》（多年来被选入中学语文课本）与《治安策》（又称《陈政事疏》），载于《汉书·贾谊传》。

毛泽东最喜欢的贾谊《治安策》，该文从国家的长治久安出发，居安思危，痛陈盛世下潜伏的危机，直指西汉同姓王分封制之弊：诸王幼弱，但将来长成，国家必现"一胫之大几如腰，一指之大几如股"的尾大不掉局面。建议朝廷"众建诸侯而少其力"，及早削弱其挑战中央的能力。贾谊还提出了匈奴侵扰、抗外不力、世风奢靡、仁义不施等种种弊端。所提措施，都有的放矢；分析时势，有理有据。毛泽东曾称赞"《治安策》一文是西汉一代最好的政论"。（《毛泽东书信选集》，人民出版社 1983 年版，第539 页）因为全文切中当时事理。"事理"者，治国方略也，现实政治也。

毛泽东赞扬贾谊，在其早年诗句"年少峥嵘屈贾才"中已见端倪。后来在评价初唐诗人王勃时曾说："以一个二十八岁的人，写了十六卷诗文作品，与王弼的哲学（主观唯心主义）、贾谊的历史学和政治学，可以媲美，都是少年英发。贾谊死时三十几，王弼死时二十四，还有李贺死时二十七，夏完淳死时十七，都是英俊天才，惜乎死得太早了。"

毛泽东 1958 年 4 月 27 日还专门写给秘书田家英一封信，让其读《贾谊传》。全文如下：

家英同志：

　　如有时间，可一阅班固的《贾谊传》。可略去《吊屈》《鹏鸟》二赋不阅。贾谊文章大半亡失，只存见于《史记》的二赋二文，班书略去其《过秦论》，存二赋一文。《治安策》一文是西汉一代最好的政论，贾谊于南放归来著此，除论太子一节近于迂腐以外，全文切中当时事理，有一种颇好的气氛，值得一看。如伯达、乔木有趣，可给一阅。

毛泽东

四月二十七日

　　毛泽东在多次讲话中，说到历史上年轻有为的人物时，常常提到贾谊。如，1958 年 5 月 8 日在八大二次会议时，毛泽东作"破除迷信"的讲话，一口气讲了几十个年轻有为的例子，其中也谈到贾谊。毛泽东说："汉朝有个贾谊，十几岁就被汉文帝找去了，一天升了三次官。后来贬到长江，写了两篇赋，《吊屈原赋》和《鹏鸟赋》。后来又回到朝廷，写了一本书，叫《治安策》。他是秦汉史专家。他写了 10 篇作品，留下来的是两篇文学作品（两篇赋），两篇政治作品——《治安策》与《过秦论》。他死在长沙的时候才只有 33 岁。"（陈晋主编：《毛泽东读书笔记解析》，广东人民出版社 1996 年版，第 1200—1211 页）

　　毛泽东曾两次写诗歌颂贾谊。他一生两次写诗歌颂的历史人物，仅贾谊一人而已。一首是 1954 年写的《七律·咏贾谊》：

　　少年倜傥廊庙才，斗志未酬事堪哀。胸罗文章兵百万，胆照华国树千台。

　　雄英无计倾圣主，高节终竟受疑猜。千古同异长沙傅，空白汨罗步尘埃。

　　另一首是 1964 年写的《七绝·贾谊》：

贾谊才调世无伦，哭泣情怀吊屈文。梁王堕马寻常事，何用哀伤付一生。

这两首诗均最早发表于中央文献出版社 1996 年 9 月版《毛泽东诗词集》。

再说马周的"上书"。其切中要害，唐太宗看后"称善久之"。尽管从文章学的角度看，马周的这封"上书"不及贾谊的《治安策》那样文采斐然、层次分明，但因为言之有物，在平实中见至理，于质朴中显真情，所以毛泽东对之赞赏不已，称之为"贾谊《治安策》以后第一奇文"，并发挥说："宋人万言书，如苏轼之流所为者，纸上空谈耳。"苏轼为一代文学大家，其万言书被毛泽东说成是"纸上空谈"，可见毛泽东对政策建言的要求是切实可行，而非徒然好看而已。

可以看出毛泽东对马周这类人物的偏爱。毛泽东有一种独特的文化心理，即认为"贫人、贱人、被人看不起的人、地位低的人，大部分发明创造，占百分之七十以上，都是他们干的"。原因在于这些人"生力旺盛，迷信较少，顾虑较少，天不怕，地不怕，敢想敢说敢干"。马周以一介草民而平步卿相，为毛泽东的这一看法又提供了强有力的佐证，所以他格外喜欢。

此文奇特之处，便在于它切中时弊，直陈现实中事。马周在奏疏中说："自古以来，国之兴亡，不由积蓄多少，在百姓苦乐也。"马周始终从更为长远的目标出发，防患于未然，认为"百姓苦乐也"决定着"国之兴亡"。马周这种重视人民群众力量的观点，受到毛泽东的赞赏。他指出，臣闻天下者，以人为本，必也使百姓安乐，在刺史县令耳。县令既众，不可皆贤，但州得良史可矣。马周这个加强基层政权建设的主张是十分英明，富有远见的，毛泽东极为赞赏。因此在"必也使百姓安乐"以下全部加了圈注。(《毛泽东读文史古籍批语集》，中央文献出版社 1993 年版，第 234—236 页)

对于马周的这封"上书"，毛泽东在极其赞赏的同时也指出了其中的某些不足。如"上书"中说："今百姓承丧乱之后，比于隋时才十分之一。"

毛泽东认为此种说法"不确，比于隋时，大约五分之一"。隋唐鼎革，人口锐减，但不至于减少到马周所说的十分之一，可见毛泽东读史是非常善于独立思考的。

在历史上，唐太宗以"从谏如流"而著称。对唐太宗，毛泽东一向深表佩服。他曾总结"李世民的工作方法有四"，其中有两条便涉及虚心纳谏，即"每旦视朝，听受无倦""罢朝之后，引进名臣，讨论是非，备尽肝膈"。没有李世民便不可能有马周，毛泽东对此也是看得很清楚的。也正是因为有了马周这样敢于直言上谏的忠义之臣，才使太宗能及时调整统治政策，最终有了唐初"贞观之治"的局面。

（三）"马周才德，迥乎远矣"

马周按照儒家的民本思想，提出了"以人为本"的政治主张。他说："历观上古三代及汉朝，历年多者八百，少者不减四百，良以恩结人心，人不能忘故也。自是而降，多者六十年，少者二三十年，皆无恩于人，本根不固也。"因此，他提出："然自古明王圣主，虽因人设教，而大要节俭于身，恩加于人，故其下爱之如父母，仰之如日月，畏之如雷霆，卜祚遐长，而祸乱不作也。"他为唐王朝能长治久安出谋划策。为此他提出如下措施："今之户口不及隋之十一，而给役者兄去弟还，道路相继。"这是说赋税徭役太重，应当减轻。"今京师及四方所造乘舆器用及诸王、妃主服饰，议者皆不以为俭。"这是说统治者过于奢侈浪费，应该节俭。"自古以来，百姓愁怨，聚为盗贼，其国未有不亡者也。"这是说处理不好，阶级矛盾激化，就不可避免地爆发农民起义，导致亡国。他一针见血地指出："国家兴亡……在于百姓苦乐。"马周认为"百姓苦乐"决定着"国家兴亡"。

马周提出的救弊药方是："节俭朴素以安息生人"。他认为在这方面，贞观初年做得比较好，而当时不如从前。所以，他感慨地说："以陛下之明，诚欲厉精为政，不烦远采上古，但及贞观初，则天下幸甚。"他进一步指出："必也使百姓安乐，在刺史、县令尔。县令既众，不可皆贤，但州得良刺史可矣。"他批评朝廷"今独重内官。县令、刺史颇轻其选。又刺史多武夫勋人，或京不称职始出补于外"。"所以百姓未安，殆在于此"。太宗对这些奏章十分赞赏，曾说："刺史朕当自选。"这些切中时弊之见，都是有根有据，而且马周都是有针对性地提出了补救措施。

马周从儒家的传统精神出发，强调要以忠孝节义作为立国之本。而且皇帝本人要亲力躬行，"以己先之，示不忘本也"。马周结合唐太宗的实际生活情况，指出他做得不够的地方，如他对太上皇、皇太子等人住处的安排："太上皇留热处，陛下走温凉"，这样会使人困惑，难以确立以忠孝立国的根本。再如，下诏让宗臣功臣全都到所属藩国去任职，虽出自关爱他们，但若承继子嗣无德无能，不能守住旧职，也会给国家造成危害。为此，他建议学习汉武帝的做法："宁割恩于已亡之臣"。只有这样，才能使国家免受拖累，功臣后裔也不会因此而有所损伤。

马周非常同意汉贾谊在《治安策》中提出的有关分封诸侯以削弱他们的势力的主张。他认为对诸王和功臣，不可"树置失宜，不预为节制"。他举例说，三国时曹操宠爱曹植，但当魏文帝曹丕即位后。对曹植倍加猜忌，如同对待囚犯一样严加防范，致使曹植抑郁而死。马周借此说明"先帝加恩太多，故嗣王疑而畏之也"。他希望唐太宗汲取前人的教训，不要"前车既覆，而后车不改辙也"。

马周的上书，以高屋建瓴之宏阔政治眼光，事无巨细，都归结于国家的长治久安上，特别是重视人民群众并视为决定历史发展中的力量的观点，不只在封建社会历史中闪耀光辉，而且给后人以极大启发，也因此受到毛泽东的赞扬，誉之为"贾谊《治安策》以后第一奇文"。

毛泽东将马周的奏疏与贾谊的政论相提并论，足见他对马周奏书的评价之高，并且认为马周给唐太宗的奏折是宋代一些洋洋大论，如苏轼的《上皇帝书》（万言书），是不能与之相比的。当然，这主要是指是否切中时弊、直陈现实中事而言的。

欧阳修、宋祁在《新唐书·马周传》赞中说，虽然马周自以为与傅说、吕望不相上下，"然周才不逮傅说、吕望，使后世未有述焉，惜乎！"毛泽东读到这里，在天头空白处批注道："傅说、吕望，何足道哉。马周才德，迥乎远矣。"毛泽东的批注把马周的才德与历史上的著名谋略家傅说、吕望比较，认为马周比傅说、吕望高明得多。

傅说，是公元前1200多年以前的商朝人。相传他原来是傅岩地方从事版筑的奴隶，后被商王武丁发现，提拔为宰相，后来他协同武丁完成了一统天下大业。

吕望，姜姓，字子牙，俗称姜太公，因其封于吕地，从其封地改姓吕。他半生落拓，80岁时在磻溪垂钓，得遇周文王，被聘为"师"（武官名），兼任周朝三军统帅，也称师尚父。后辅佐武王伐纣灭商，建立周朝，立下大功，封于齐，是周代齐国的始祖。

应该说，傅说、吕望从一个平民百姓到为王所知，大施韬略.建立了不朽功勋，与马周由"一介草茅"，"言天下事"而得到唐太宗的赏识和提拔，成为国之栋梁，是极其相似的，就他们对国家的贡献也是难分轩轾的，但毛泽东却不这么看，他认为马周的才德远远超过傅说、吕望。

马周"机辩明锐，动中事会，裁处周密"。在贞观之治中建树颇多，"时誉归之"。而且，"马君论事，会文切理，无一言可损益，听之纚纚，令人忘倦。苏、张、终、贾正应此耳。"此处的"苏"指苏秦，"张"指张仪，两人都是战国时期的著名纵横家。苏秦主张连横不成，遂又说服山东六国行合纵之策，张仪则是主张连横政策的，两个都因其鸿猷远谋，分别得到高官，铸造过辉煌。"终"指终军，西汉人，18岁被选为博士弟子，上书评论国事，武帝任为谒者给事中，迁谏大夫。后奉命赴南越（今两广地区），被杀。死时年仅20多岁，时称"终童"。"贾"即贾谊，已见前述。《新唐书》作者通过别人的口，赞扬了马周的才德。马周凭着自己的才能和胆识，屡次上书陈述政见而受到唐太宗提拔，历任监察御史、中书舍人、给事中等重要职务。唐太宗以"见事敏速，性甚贞正，论量人物，直道而言，朕比任使，多能称意"来评价马周。马周与唐太宗的关系是："故君臣间不胶漆而固，恨相得晚"，以至于到了太宗"暂不见周即思之"的地步。这种认为马周远在傅说、吕望之上的评价历史上并没有人这样说过，完全是毛泽东本人所下断语，可算一家之言。这可能与毛泽东对出身微贱、年轻有为者比较偏爱有关。

三、"饮酒过量，使不永年"

（一）"饮酒过量，使不永年"

马周青年时代就喜欢饮酒，至老不衰，可谓终生嗜酒，这严重地影响了他的健康，只活了 48 岁。

《新唐书·马周传》写道："马周字宾王，博州茌平人。少孤，家婺狭。嗜学，善《诗》《春秋》。资旷迈，乡人以无细谨薄之。武德中，补州助教，不治事。刺史达奚恕数咎让。周乃去，客密州。赵仁本高其才，厚以装，使入关。留客汴，为浚仪令崔贤所辱。遂感激而西，舍新丰逆旅，主人不之顾。周命酒一斗八升，悠然独酌，众异之。二十二年卒，年四十八。"

毛泽东读到《马周传》写到马周饮酒量大和四十八岁而卒时，批注道："饮酒过量，使不永年。"（《毛泽东读文史古籍批语集》，中央文献出版社1993年版，第234页）显然，所谓"饮酒过量"，是指"周命酒一斗八升，悠然独酌"。那么，一斗八升是多少呢？斗是古代酒器名。《诗经·大雅·行苇》曰："酌以大斗，以祈黄耈（gǒu）。"张守节正义曰："大斗长三尺，谓其柄也。"斗柄有三尺长，可见是个不小的容器，而马周一次竟能喝一斗八升，是过量了。少饮点酒，可以扩张血管，有益于人的健康。但凡事情希都要有个度，酒喝多了，而且是终生嗜酒，自然会损害健康，便"使不永年"了。

（二）"马周年四十八"

贞观二十二年（649），马周因为一直为国事操劳，在长期的工作中积劳成疾，最后一病不起。据历史记载，马周患有消渴病，这种病今天被称为糖尿病，一个典型症状便是小便多。据说，一天晚上，马周要多次上茅厕，得病原因可能与马周以前过度饮酒有关系。唐太宗下令在长安城内的形胜之地为马周修建新的住宅，用以压邪，这座住宅就建在隆兴坊内。隆兴坊后来成为五王子宅，唐睿宗的五个儿子在这里居住，在这五个儿子中排名第三的李隆基也当了皇帝，隆兴坊从此改建为兴庆宫。

马周病重时唐太宗在南山的翠微宫，他亲自为马周调配药剂，连马周的日常饮食也由御厨提供。他还让皇太子李治前往马周家中慰问马周，希望他能早日康复.马周也想继续为大唐的发展壮大再多做几年，可惜他的身体已经到了无药可治的地步.终于医治无效。

贞观二十二年元月九日，马周病故，时年四十八岁。他在临死之前，命家人把他这十几年给皇帝上的奏折统统烧掉，并说：春秋战国时的管仲和晏子经常数落国君的错误而出名，我不想做这样的人。马周死后，唐太宗为他举行了规格很高的葬礼，并特别把马周的遗体陪葬在自己的皇陵。

李世民对于马周的死有些接受不了。李世民身边并不缺少谏臣，但是缺少像马周这样连进谏也讲究策略的人。虽然他们看上去不够"刚直不阿"，但是他们的忠心却并不比别人更人少几分。李世民因为想念马周，甚至找来方士做法，希望可以再次见到他。

贞观年间治国的人才济济，马周能够从一介寒士做到宰相不是一件容易的事情。盛唐时的李白就曾以马周为榜样，期盼着一策打动帝王心进而建功立业。马周虽然壮年逝世，但他毕竟也实现了人生的目标——辅佐明君治盛世，唐朝初年的政治稳定和经济发展都有马周的一份功劳。

毛泽东在读二十四史时，对《新唐书》中的《马周传》有句评点："饮酒过量，使不永年。"说的是马周是喝酒过多，导致韶光华年而逝。毛泽东是从马周的生活习性出发，推断他英年早逝的原因是他平日里经常饮酒过度，从而不得长寿，他对才俊的早逝深表遗憾。毛泽东对马周死因的点评只是一家之言，对马周这样有头脑有远见的人才未能延年益寿，为社会为国家多做贡献，他老人家实在感到惋惜，但爱才惜才之心却亦是跃然纸上。

王安石——"中国十一世纪的改革家"

一、王安石托古改制

王安石（1021—1086），字介甫，晚号半山，小字獾郎，封荆国公，世人又称王荆公。抚州临川人（现为江西抚州东乡县上池里洋村），北宋杰出的政治家、思想家、文学家，北宋丞相、新党领袖。

1959年2月27日至3月5日，中共中央政治局在郑州召开扩大会议（第二次郑州会议），毛泽东在会议上先后发表了六次谈话。有一次他在讲话中热情地提到了11世纪的政治家王安石，赞扬他始创的免役法，把服劳役改为征税，由政府雇人，出工资，做各种服役的事业。（罗德·里克·麦克法尔：《文化大革命的起源》，第一卷《大跃进》（1966—1976），河北人民出版社1989年版，第213页）

1959年3月，在郑州召开的中央政治局扩大会议上，毛泽东就纠正大跃进和人民公社化运动中无偿调拨地方劳力搞项目的倾向时，提到了王安石的免役法，他说："征劳力必须出工资，义务劳动可以有点，然不能太多。王安石有六项政策，其中著名的一项叫免役，即免劳役。凡能出钱的，各家都出钱，叫免役钱。过去是直接出人，王安石是征税，用这笔税钱由政府雇人搞各种事业。这是个很进步的办法。我们现在（人民）公社不出工资，把人家的劳力拿来归它。我看，调一部分劳力，少数的，办必要的对公社有利的工厂，是可以的。对工人要出工资。"（陈晋：《毛泽东之魂》（修订本），中央文献出版社1997年版，第417页）

1972年9月27日，毛泽东在中南海会见日本田中角荣首相等一行。在谈话中，毛泽东从日本的天皇谈到中国唯一的天皇——唐朝的第三代皇帝、武则天的丈夫高宗，从马克思主义谈到佛教和思想文化的传播，从四书、五经谈到家庭，从北京风味菜、龙井茶谈到茅台酒，从读书谈到毛主席的幼年时代。毛泽东把13世纪出版的朱熹注释的《楚辞集注》六卷翻印本作为礼物送给田中首相。（《知情者说》第二集之五，中国青年出版社1999年版，第120页）

毛泽东回顾了中日两国两千年来的友好交往时说："中日有两千多年的来往。历史记载中第一次见于中国历史的是后汉嘛。到了三国，孙权想找你们，派了一个三万人的船队，结果不仅没找到日本，也没找到台湾。"他还谈起年轻时的读书生活说："五经、四书，除了《春秋》《易经》，我都读过。读了呢，一点啥用处也没有，只是一次跟我父亲作斗争时用上了，我也利用宋朝王安石说过的三句话顶了我的老师：'天变不足畏，祖宗不足法，人言不足恤。'"毛泽东又说："我是中了书的邪了，离不了书。"并拿起《楚辞集注》送给田中角荣。（陈东林、林蒲主编：《中华人民共和国实录》，第三卷下，吉林人民出版社1994年版，第855—856页）

据说，当时毛泽东还说过这样一番话："二战后的日本历任首相全部反华，而你却要求恢复中日邦交，这很类似于王安石的"祖宗不足法"的精神。美帝、苏修对你此次来访极力反对，而你却置之不顾，这又颇有王安石"流俗之言不足恤"的气概。"于是人民出版社就找邓广铭教授，请他按照毛泽东的谈话精神，对旧作《王安石》加以补充和修改。（盛巽昌：《毛泽东眼中的历史人物》，上海人民出版社005年版，第298页）

二、政治生涯

（一）初入仕途

王安石的父亲王益，任都官员外郎（尚书省各司的次官）。王安石少年时喜好读书，一经过目，终生不忘。他写文章落笔如飞，初看好像漫不经心，完稿后，见到的人都佩服他的文章精彩奇妙。朋友曾巩把他的文章带给著名文学家欧阳修看，欧阳修为他播扬美誉。

王安石考中进士，名列上等，任签书淮南（治所在今江苏扬州）判官（各州府，选派的京官充任时称签书判官厅公事，简称签判）。以前的制度规定，任职期满，准许呈献文章要求考试馆阁职务，唯独王安石没有这样做。再调任鄞县（治所在今浙江宁波）知县，他在鄞县修筑堤堰，浚治陂塘，使水陆交通得到方便，把官谷借贷给百姓，秋后百姓加些利息偿还，使官仓中的陈谷能够换新粮，鄞县的百姓也感到方便。再任舒州（今安徽庐江西南）通判（地位次于州府长官，但握有联署州府公事和监察官吏的实权）。文彦博做宰相，向皇帝推荐王安石，说他淡于名利，请求越级提拔，想以此来遏止为名利而奔走竞争的风气。不久，朝廷召他考试后授予官职，他不肯参加。欧阳修推荐他任谏官，他以祖母年事已高辞谢。欧阳修对朝廷说王安石须用俸禄养家，因此任命他为群牧判官（掌管国家的马匹的牧养、使用和交换的官员），他请求担任常州（今江苏常州）知州。后来调任提点江东刑狱，入京（今河南开封）任度支判官（户部掌管财政收支的官员），当时是仁宗嘉佑三年（1058）。

（二）牛刀小试——上"万言书"

王安石的议论高深新奇，善于用辩论驳难和旁征博引来维护自己的学说，敢于按照自己的意见办事，满怀激情地立下矫正世事、改变传统风俗的志向。于是他向仁宗上万言书，认为："如今天下的财力一天比一天困难穷乏，风俗一天比一天衰落败坏，症结在于不知道规律，不效法先王政令的缘故。效法先王政令，在于效法先王政令的精神。只要效法先王政令的精神，我们所实行的更改和变革，既不至于惊扰天下人的视听，也不至于引起天下人的喧哗，也就必然合乎先王的政令了。依靠天下的人力物力来生产天下的财富，征收天下的财富来供给天下的费用，自古代以来的太平治世，不曾因为财富不足而造成国家的忧患，忧患在于治理财政没有符合它的规律。居官任职的人才既然不足，城乡又缺少可供使用的人才，国家的重托，疆域的保持，陛下能够以长久依靠天幸为常法，而没有一旦发生忧患的考虑吗？我希望陛下能明察朝中苟且因循的弊病，明文诏令大臣，逐渐革除这些弊病，以期符合当前世事的变化。我所说的，流于颓废风俗的人是不讲的，而议论国家大事的人又认为这是不近事理的陈词滥调。"后来王安石执政时，他所施行的政策措施，大多是根据这份万言书而来的。不久王安石任直集贤院。在此之前，朝廷多次下达委任他担任馆阁职务的命令，他都辞谢了。士大夫们认为他是无意显赫于世以求仕途畅达，都恨自己不能结识他，朝廷多次打算委派他担任名利优厚的官，只是怕他不就任。第二年，任命他同修起居注，他推辞了好多天。

有位少年得到一只善斗的鹌鹑，朋友向他讨取，他不给，朋友仗着与少年平时关系亲昵就拿走了鹌鹑，少年追上去把朋友杀了。开封府判决这位少年当处死刑，王安石反驳说："按照法律，公开的夺取、偷窃都是盗窃行为。少年不肯把鹌鹑送给他，而他拿了就走，这是盗窃的行为。少年追上去把他杀死，是追捕盗贼，虽然杀了人，也不应当加以追究。"于是弹劾开封府审判机构将不该判刑的反而判了重刑，犯了错误。开封府的官吏不服，皇帝把这件事交给审刑院、大理寺再审，审刑院、大理寺一致认为开封府的判决是正确的。皇帝下诏免于追究王安石这次弹劾错误，他应当到门前谢罪，因当时有诏令规定舍人院不得申请删改皇帝诏书文字，王安石争辩说："确实如诏令所说，那么舍人就再不能履行他们的职责，而听任大臣为所欲为，这虽不是大臣为了私利而侵夺舍人职权，不过立法也不应该如此。今天大臣中软弱的人不敢为陛下执法守纪，而刚强的人则假借陛下的旨意来制造命令，谏官、御史都不敢违背他的旨意，我实在感到害怕。"王安石的这些话侵犯了执政大臣，从此更加与执政大臣相抵触。王安石因母亲去世离任，一直到英宗朝结束，朝廷多次召他，他都不肯起复任职。

（三）变法新政

无产阶级革命导师列宁说："王安石是中国十一世纪时的改革家"，出处为列宁在1906年所作《修改工人政党的土地纲领》一文的一个注释。对于王安石，毛泽东从学生时代起就开始研究，并有独到的见解。毛泽东曾多次谈到王安石变法，加以赞扬和肯定。

早在他的青年时期，1915年9月6日《致萧子升信》中说："盖通为专之基，新为旧之基，若政家、事功家之学，尤贵肆应曲当。俾士马克（俾斯麦，普鲁士王国首相和德意志帝国宰相），通识最富有者也。即今袁氏（袁世凯），亦富于通识者也。错此则必败，其例若王安石，欲行其意而托于古，注《周礼》，作《字说》，其文章亦傲睨汉唐，如此可谓有专门之学者矣，而卒以败者，无通识，并不周知社会之故，而行不适之策也。于是翻然塞其妄想，系其心于学校，惟通识之是求也。"（《毛泽东早期文稿》，湖南人民出版社1990年版，第21—22页）

青年毛泽东目光如炬，高度评价王安石的过人才华和改革志向，指出其变法失败的原因在于"无通识，并不周知社会"，可谓精深独到。

毛泽东总结王安石变法失败的教训是"不周知社会"。"不周知社会"内涵很多，其中自然也包含了"吏不得人"的问题。因此，毛泽东赞成"治国就是治吏"。毛泽东正是基于这种历史的经验教训，反复指出："政治路线确定之后，干部就是决定的因素。""必须善于使用干部。领导者的责任，归结起来，主要的是出主意、用干部两件事。"王安石变法最终失败的一个很大的原因就是"干部问题"。

王安石本是古楚地人，在朝中并不知名，因为韩、吕二族是世家大族，他就想借助韩、吕来取得别人对自己的尊重。于是他就和韩绛、韩绛弟韩维以及吕公著深交，这三人更加对人称道赞扬王安石，王安石的声望才开始显著。宋神宗赵顼在颍王府（治平元年（1064）进封颍王）时，韩维任记室（记室东汉置，诸王、三公及大将军都设记室令史，掌章表书记文檄：）每当他的谈话得到神宗称赞时，就说："这不是我的说法，是我朋友王安石说的。"当他升任太子庶子（官名。太子宫官。《通典·职官》载：古时"天子庶子之官"，掌教导诸侯卿大夫之庶子。庶子即众子之意）时，又推荐王安石代替自己任记室之职。神宗因此很想见到王安石，刚一即位当皇帝，就委任他为江宁（今江苏南京）府知府。几个月后，召入朝廷任翰林学士（官名，承命撰写有关任免将相和册后立天子的事宜）兼侍讲（官名，职在讲论文史，备君主顾问）。熙宁元年（1068）四月，王安石才到朝廷。他进宫答对神宗询问时，神宗问治理国家应当首先做什么事？他回答说："首先要选择推行政策的方法。"神宗问道："唐太宗怎么样？"

他答道："陛下应当效法尧、舜，何必要效法唐太宗呢？尧、舜之道，极其简明而不烦杂，扼要而不迂阔，容易而不繁难。但是后世学者不能晓，才以为高不可及。"神宗说："你这可说是以难为之事要求我了，我自顾微末之身，恐怕无法与你的这番好意相称。你可以尽心尽意地辅助我，希望共同成就这一目标。"

一天讲学，大臣们都退朝了，皇上让王安石留座，说："我有一些事情想和你慢慢讨论。"因此说："唐太宗必须得到魏徵，刘备必须得到诸葛亮，然后可以有所作为，这二人确实不是代代都有的杰出人物。"王安石回答说："陛下果真能为尧、舜，那必然会有皋陶、后夔、后稷、离（即契）；如果能称为殷高宗，那就必然会有傅说来辅佐。为政诸葛亮都被有才艺有道德人羞辱，有什么可称道的呢？以天下之大，人民之众，百年承平，学者不为不多。然而经常担心没有十倍的人来帮助治理国家的人，因为陛下选择人才的方法不明确，表现的诚意没有达到极点，虽有皋、夔、稷、离、傅说一样的贤人，也会被小人遮蔽，藏身隐退而离开了"神宗说："什么时代都有小人，虽然唐尧、虞舜时代，不能没有浑敦（即驩兜）、穷奇（即共工）、梼杌、饕餮四凶。"安石说："只有能辨别四凶而诛之，这才是此其所以为尧、舜哪。如果让四凶得以肆意说别人坏话的邪恶念头，那么皋、夔、稷、离又怎么能肯苟且食其俸禄一辈子呢？"

登州有一名妇女厌恶自己的丈夫相貌丑陋，夜里竟用刀砍杀丈夫，伤得很重但没有死。这件案子上报朝廷后，朝中讨论一致认为这名妇女应判死刑，独有王安石引用法律辩驳证明，适合以谋杀伤律条，减死刑二等论处。神宗同意王安石的意见，并且把它定为法律。

宋神宗赵顼熙宁二年（1069）二月，王安石被任命为参知政事（副宰相）。神宗对王安石说："人们不能了解你，以为你只知道经学，不明白世上的事务。"王安石回答说："经学正可以用来治理世上的事务，但是后世所谓学习经学的读书人，大都是些庸人，所以世俗就认为经学不可以施行于世务了。"神宗又问："那么你首先要施行设置的是什么呢？"王安石说："改变风俗，建立法度，为今天当务之急。"神宗认为很对，于是设立制置三司条例司，任命王安石和知枢密院事陈升之共同掌管。王安石令他的同党吕惠卿承担条例司的日常事务。从此：农田水利、青苗、均输、保甲、免役、市易、保马、方田等法相继问世，称为新法，并派遣提举官四十多人，颁行新法于天下。

青苗法，是把籴买常平粮的本钱作为青苗钱，散给百姓，要他们出二分的利息，春天散出秋天收回。均输法，是把发运的职能改为均输，朝廷给予钱币和米粮，凡是上供朝廷的物品，都必须离开价钱高的地区而在价钱便宜的地区购买，以路程近的地区代替路程远的地区，预先报告京城仓库需要购买的物品，以便能在价钱便宜时购买贮存。保甲法，乡村人口编入户籍簿，两名男丁取一人，十家为一保，保丁都发给弓弩，教他们战斗阵法。免役法，根据百姓家庭财产多少，分别令他们出钱雇人充役，下至单丁户、女户，本来不要服役的家庭，也一概出钱，叫助役钱。市易法，允许私人向官府赊购或借贷货物钱款，以自己的田地、住宅或金帛作为抵押，出息十分之二，超过期限没有交纳的，利息之外每月另加罚金百分之二。保马法，凡是五路义勇保甲愿意养马的，每户养一匹，用牧马监现有的马给他们喂养，或是官府给买马的钱，让他们自行购买，每年检查一次马的肥瘦程度，死亡或生病的要补偿。方田法，把东、西、南、北各千步，相当于四十一顷六十六亩一百六十步作为一方，每年九月，县令、县佐分地丈量计算，检验土地肥瘠，确定这些土地的成色，分为五个等级，按照土地的等级，均定赋税数额。还有免行钱，规定京城各行各业根据获利多少，都必须交纳免行钱，给予免除行户当差。自从这些法令推行以后，全国各地争言农田水利，古代的陂塘和废弃的堤堰，都必须兴建修复。又下令平民百姓可以投递密封状，增加价钱购买坊场，又增加茶、盐的税收数额，又设置河北籴便司，在临近河流的州县广积粮食，以备粮饷运输。从此赋税聚敛越来越重，而天下骚动不安了。

御史中丞吕诲说王安石有十大过失，神宗为此派吕诲去做地方官，王安石推荐吕公著代替吕诲任御史中丞（官名，为一种御史，秦始置，类似于近代督察处、政风廉洁处、廉政公署。防范朝廷主官侵害人民权益、贪官污吏、贪赃枉法）。韩琦规劝神宗停止实行青苗法的奏疏送到朝廷，神宗感到醒悟，打算同意韩琦的意见，王安石立即要求辞职离去。司马光为神宗起草批答诏书，其中有"士大夫沸腾，百姓骚动"的话，王安石大怒，上章为自己辩护，神宗用恭敬的言语表示歉意，派吕惠卿传达旨意，韩绛又劝神宗留下王安石。王安石入朝谢恩，因而对神宗说了朝廷内外大臣、从官、台谏官、朝士互相依附勾结的情况，并且说："陛下想用先王的正道战胜天下流于颓靡风俗的人，所以是与天下流俗相互较量轻重。流俗的这个秤锤重了，那么天下的人们就都归向流俗；陛下的这个秤锤重了，那么天下的人们就都归向陛下。秤锤与物体较量轻重的时候，虽然是重达千钧的物体，增加或减少秤锤一铢一两的重量就会使准确性发生改变。今天奸邪之人想败坏先王的正道，以此阻止陛下所做的改革。现在正是陛下和流俗的秤锤较量轻重的时候，流俗增加铢两的重量，虽然极其微小，但是天下这一秤锤，已归属于流俗了，这就是天下议论纷纷的缘故。"神宗认为是这样的，于是王安石重新任职治事，韩琦的意见没有得到采纳。王安石与司马光一直相交甚厚，司马光根据朋友之间互相督促行善的道理，三次写信给王安石反复劝说，王安石很不高兴。神宗欲起用司马光任枢密副使（枢密院副职，可与枢密使同掌军国要事），司马光还没有任职时，而王安石执政，于是这项任命就中止执行了。虽然吕公著是王安石推荐的，也因为请求废除新法而被派出任颖州知州。御史刘述、刘琦、钱岂页、孙为监察性质的昌龄、王子韶、程颢、张戬、陈襄、陈荐、谢景温、杨绘、刘挚，谏官范纯仁、李常、孙觉、胡宗愈都因为与王安石意见不合，相继离开朝廷。王安石很快提升秀洲推官李定任御史（为监察性质的官员），知制诰（宋除翰林学士，他官加知制诰者亦起草诏令，称为外制，翰林学士虽皆起草诏令而亦带知制诰衔，称为内制）宋敏求、李大临、苏颂封还任命诏令，御史林旦、薛昌朝、范育弹劾李定违背孝道，都被罢免并逐出朝廷。翰林学士（承命撰拟有关任免将相和册后立太子等事的文告）范镇三次上疏议论青苗法，被罢免职务而退休。吕惠卿因父亲去世离开朝廷，王安石不知道把吕惠卿离开后的空缺委任给什么人时，得到了曾布，很信任他，信任的程度仅次于吕惠卿。

熙宁三年（1070）十二月，王安石任同中书门下平章事（宋时宰相的官衔，可与中书门下省协商处理政务）。第二年春天，京东路、河北路发生暴风的异常现象，百姓十分恐慌。神宗批示中书省（官署名，秉承君主意旨、掌管机要、发布政令的机构），令省事安静以应对天变，放还这两路应募的农夫，责罚不如实反映汇报情况的监司、郡守。王安石扣住而不下达这道诏令。

开封百姓为逃避保甲，有切掉自己手指、砍断自己手腕的人，知府韩维报告朝廷，神宗问王安石，王安石回答说："这些事我固然还不知道，即使有这种情况，也不足为怪。今天士大夫对于新政，尚且吵吵嚷嚷感到惊异；何况二十万户百姓，必然会有由于愚蠢而受到别人蛊惑煽动的人，怎能因为这种人而不敢有所作为呢？"神宗说："听取百姓的各种意见就能取得成功，百姓的意见也不能不畏惧。"

东明县（今山东东明）百姓有人拦住宰相的马头控诉助役钱，王安石对神宗说："知县贾蕃是范仲淹的女婿，喜好附和流俗，导致百姓做了这种事。"又说："治理百姓应当知道他们的真假利弊，不可以向他们表示无原则的姑息宽容。如果放纵他们使之妄经中书省、御史台等中枢机构，击鼓拦驾，凭借人多以图侥幸，这不是治理国家的办法。"王安石强词夺理，违背常理，都像这样。

皇帝起用韩维为御史中丞，王安石怀恨韩维以往的言论，指责韩维善于附和流俗以此否定神宗所建立的新法，这次任用因韩维的辞谢而结束。欧阳修请求退休，冯京要求朝廷挽留他，王安石说："欧阳修依附韩琦，推崇韩琦是关系国家安危的大臣。这样的人，在一郡就败坏一郡，在朝廷就败坏朝廷，留下他有什么用呢？"于是神宗同意欧阳修退休。富弼因为阻挠施行青苗法被解除了宰相职务，王安石说这不足以阻止奸邪小人，甚至把富弼比作为共工（中国上古神话人物，洪水之神。氏为氏族名，又称共工氏，为中国古代神话中的水神，掌控洪水，是黄帝系部族长期的对手）、鲧（传说的中原时代部落首领，禹之父，九年治水未平，被舜杀）。灵台郎（官名。掌观测天象）尤瑛说天气阴了很长时间，星辰失去了正常运行，应该黜退王安石，朝廷立即把尤瑛刺面发配到英州（今广东英德东）。唐穋本是因王安石的推荐而担任了谏官，只因他借请求奏对的机会极力论说了王安石的罪过，结果被贬谪而死。文彦博说市易法是与百姓争利，致使华山崩塌。王安石说："华山的变化，仅是天意为小人而发作的。市易法的起用，是由于平民长久穷困，用它来抑制兼并，对官府有什么利益呢？"压下了文彦博的奏章，把他派出去任魏地留守。吕公著、韩维，是王安石凭借他们树立自己声誉的人；欧阳修、文彦博，是推荐王安石的人；富弼、韩琦，是曾追随王安石的人；司马光、范镇，是与自己友情深厚的人，王安石都不遗余力地加以排斥。

礼官讨论确立太庙中太祖（赵匡胤）神主牌位东向的位置，王安石独自决定把僖祖（赵匡胤高祖赵朓（僖祖）生于燕蓟，高祖赵朓和曾祖赵珽（顺祖）、祖父赵敬（翼祖）陵在幽州）的神主牌位奉入祧庙（远庙），参加讨论的官员联合起来与王安石争论，没能改变他的决定。

上元节（农历正月十五日，是我国传统节日元宵节）的傍晚，王安石跟随圣驾骑马进入宣德门，守门卫士大声呵叱阻止，并鞭打王安石骑的马匹。王安石发怒，上表要求逮捕惩办这些卫士。御史蔡确说："宫廷中值宿的卫士，保卫皇帝而已，宰相不在他应该下马的地方下马，卫士理所应当加以呵叱制止。"皇帝终于还是杖打卫士，斥责内侍，王安石还是愤愤不平。王韶开拓熙河成功向朝廷报告功绩，神宗因为这是王安石的建议，解下自己身佩的玉带赐给王安石。

熙宁七年春天，全国一直干旱，饥民流离失所，皇帝忧容满面，上朝时感叹不已，想要废除全部不好的法度。王安石说："水旱灾害是常会发生的事，尧、汤时代也不能避免，这事不足以使陛下忧虑，不过应当治理好人为之事来应对天灾。"神宗说："这怎么是小事，我所以感到恐惧，正是因为没能做好人为之事。现在收取免行钱太重，人们怨叹，甚至有人说出对朝廷不恭顺的话来。自亲近大臣到皇后家族，没有不说免行钱有害的。两宫太后声泪俱下，担忧京城里会发生动乱，认为天旱更加失去了人心。"王安石说："亲近大臣不知是谁，如果两宫有这种话，那一定是向经、曹佾所干的。"冯京说："我也听说了。"王安石说："士大夫中不如意不得志的人都归附冯京，所以只有冯京听到这些话，我是没有听说。"监安上门郑侠上疏，把所见到的流民扶老携幼的困苦情状，画成图进献神宗，说："旱灾是由王安石招致来的。罢免王安石，上天一定会下雨。"郑侠又因为这事被放逐到岭南。慈圣、宣仁两位太后痛哭流涕地对神宗说：
"王安石扰乱了天下。"神宗也怀疑王安石，于是罢免了他的宰相职务，
任命为观文殿大学士、知江宁府，从礼部侍郎超九转而为吏部尚书。吕惠
卿服丧期满时，王安石早晚不停地推荐他，这时，王安石奏请皇帝让吕惠
卿任参知政事，又要求召韩绛代替自己。二人坚持王安石制定的成法，没
有丝毫改变，当时韩绛的绰号是"传法沙门"，吕惠卿的绰号是"护法善
神"。然而吕惠卿实际上是想自己掌握大权，害怕王安石重新回来当政，
就乘办理郑侠案件的机会陷害王安石弟弟王安国，又兴起李士宁案件来倾
覆王安石。韩绛觉察到吕惠卿的用意，秘密奏知皇帝请求召回王安石。熙
宁八年（1075）二月，王安石再次被委任为宰相，他接到诏令后，立即兼
程赴京。《三经义》写成，王安石加官为尚书左仆射兼门下侍郎。任命他
的儿子王雱为龙图阁直学士。王雱推辞不就，吕惠卿劝说皇帝接受他的请
求，因此王、吕间猜疑成仇更加明显。吕惠卿被蔡承禧弹劾，在家等待皇
帝的处理诏令。王雱暗示御史中丞邓绾再次弹劾吕惠卿和华亭县知县张若
济共同犯法谋利事，立案审查他们，吕惠卿被派出任陈州知州。十月，彗
星出现在东方，神宗下诏征求直言得失，以及询问政事之中不能与百姓相
和谐的方面。王安石带领同朝大臣们上疏说："晋武帝五年，彗星出现在
轸宿；十年，又有孛星出现。然而晋武帝在位二十八年，与《乙巳占》所
预言的日期不符合。这是因为天道遥远，先王虽然有官方占卜的预言，但
他所相信的仍是人为之事。天文的变化无穷无尽，上下牵强附会，难道就
没有偶然的巧合？周公、召公，怎么会欺骗成王。他们说到商中宗在位的
时间很长，就说'中宗谦虚谨慎，兢兢业业，用天命约束自己，勤于治民
不敢荒废政事'。他们说夏、商两朝维持很长时间时，也说是由于'施行
德政'而已。神灶预言火灾能够应验，想用祭祀求免灾祸，国侨不听他的
意见，神灶就说：'不采纳我的意见，郑国又将会发生火灾。'国侨没有听
他的意见，郑国也没有发生火灾。有像神灶这样的人，未免荒诞，何况今
天的占卜星象之人呢？现在流传的占书，又是历代所禁止的，誊写讹误尤
其不知道有多少。陛下的品德至善至美，不仅比商中宗更加贤能，而且周
公、召公所说的话早已全部看过了，哪里需要蠢人、盲人再有什么陈述。

我听说两宫太后因为这件事而担忧，希望陛下用我们所说的这些道理，尽力地开导劝慰。"神宗说："听说民间极苦于新法。"王安石回答说："冬天严寒，夏天暴雨，百姓尚且怨恨，这不用抚恤。"神宗说："不能使冬天严寒夏天暴雨这种怨恨也没有吗？"王安石听后很不高兴，回家托病卧床，神宗安慰劝勉，王安石才上朝治理政事。他的同党出计谋说："现在不要选取皇上历来不喜欢的人迅速提拔重用，那会使自己变轻，这时就将有窥伺君臣间隙的人。"王安石同意这个谋略。皇帝高兴王安石出来执政，听从他的一切意见。当时军队出征安南（今越南北部一带），密探得到安南的露布，说："中国推行青苗、助役法，使平民百姓十分贫困。我国今天出兵，是要帮助拯救那里的百姓。"王安石恼怒，自己起草敕牍诋毁安南。

华亭案久久未能成立，王雱把它交给门客吕嘉问、练亨甫共同商议，他们取来邓绾所列举的吕惠卿的事项，夹杂在其他的皇帝下达的文书中，王安石不知道这件事。省吏到陈州（今河南淮阳）把这件事告诉了吕惠卿，吕惠卿报告给皇帝，并控告王安石说："王安石完全抛弃了自己所学的先儒教诲，崇尚纵横家的末流方法，违背君命假传号令，欺骗皇上，要挟君主。一年之间极力干了许多恶事，纵然是古代丧失志行而倒行逆施的人，恐怕都没有这样的。"又揭发王安石在私人书信中写有"不要让皇上知道"的话。神宗把这些材料给王安石看，王安石谢辞说没有这些事，回家问王雱，王雱说出这些事的情况，王安石责备了他。王雱愤怒怨恨，背上的痈疽发作而死。王安石公开宣布邓绾的罪过，说："邓绾为我的子弟求取官职及举荐我的女婿蔡卞。"于是邓绾和练亨甫都获罪。邓绾开始是以依附王安石而做到谏官的，到王安石和吕惠卿互相倾轧时，邓绾极力帮助王安石攻击吕惠卿。神宗很厌恶王安石的所作所为，邓绾惧怕失势，多次留在皇上身边，说话无所顾忌；练亨甫邪恶不厚道，巴结奉承王雱得到进用，这时他俩都被贬斥了。

王安石再次任宰相后，多次托病请求离职，到儿子王雱死去，更是悲伤得不堪承受，极力请求解除枢要职务。神宗愈加厌恶他，罢免了他的宰相职务，任命他为镇南军节度使、同平章事、判江宁府（今江苏南京）。

第二年，改任集禧观使，封舒国公。王安石多次乞求把自己的将相大印交还朝廷。元丰二年（1079），再次被任命为左仆射、观文殿大学士。换官特进，改封荆国公。哲宗赵煦即位，加封司空。

宋哲宗赵煦元祐元年（1086），王安石去世，终年六十六岁，追赠他为太傅。绍圣年间，赐谥为"文"，配享神宗庙庭。徽宗赵佶崇宁三年（1104），又配享文宣王庙，位次排在颜回、孟子之后，追封为舒王。钦宗赵桓时，杨时有议论，皇帝下诏停止王安石在文宣王庙配享。高宗赵构采纳赵鼎、吕聪问的意见，停止王安石在宗庙配享，并削去他的王位封号。早先，王安石训释《诗》《书》《周礼》，写成后，颁布到学舍，天下称为《新义》。晚年居住在金陵（今江苏南京），又撰写《字说》，书中多有穿凿附会之处。他的学说混合入佛经、老庄的思想。当时学习的人，没有人敢于不传授学习他的《新义》和《字说》的，主考官只用它为标准来录取考生，士人不得自立新说，先儒解释经书的著作，一切废除不用。废黜《春秋》这部书，不把它列在学舍里，甚至戏弄地看作是"断简残篇的朝廷公报"。

（四）"天变不足畏，祖宗不足法，人言不足恤"

毛泽东曾多次赞扬王安石的"三不足"思想。据复旦大学刘大杰教授回忆，1965年6月20日，毛泽东和他谈话。在谈话中，刘大杰认为，对于宋朝的王安石，我们一向总认为他能反对天命、反对封建宗法是他的进步之处。毛泽东却认为：在王安石之前已经有人提出过反对天命、反对封建宗法的思想，譬如屈原、王充。毛泽东说：王安石最可贵之处是在于他提出了"人言不足恤"的思想，在神宗皇帝时代，他搞变法，当时很多人攻击他，他不害怕，封建社会不比今天，舆论可以杀人，他能挺得住，这一点不容易做到。毛泽东说："要学习王安石这种'人言不足恤'的精神，不要害怕批评，要敢于发展、坚持自己的见解。"（刘大杰：《一次不平常的会见》，《毛泽东在上海》，中共党史出版社1993年版，第144页）

王安石还没有显贵时就已经名震京师。他不好奢华，自称是最为节俭，有时衣服脏了也不换，脸上脏了也不洗，人们都认为他这样很贤达。

蜀人苏洵则说："这是不近人情的做法。像这种人很少有不奸慝大恶的。"并作了《辨奸论》文以讥刺他，说他和王衍、卢杞是一类人。

1069年，王安石开始推行新法，遭到保守人士的反对。保守派为打击王安石，传出了这篇文章，并署名为已死去的苏洵，借以显示作者早在王安石变法之前就"见微知著"，预见到他得志必为奸。《辨奸论》是否是苏洵所作，学术界有不同的观点。文章先提出"事有必至，理有固然"，万事均可"见微而知著"，预测规律，作为理论基础。然后以山巨源预见王衍、郭子仪预见卢杞为例证。文中所举的山巨源，即山涛（205—283），字巨源，晋初人，任吏部尚书，为当时的"竹林七贤"之一。他喜好评论人物，对王衍的评价不高。王衍（256—311），字夷甫，晋初人，任尚书令、太尉。衍有盛才，常自比子贡。当时晋室诸王擅权，他周旋于诸王间，唯求自全之计，后死于战乱之中。

郭汾阳，即郭子仪（697—781），唐华州（今属陕西）人，累官至太尉、中书令，曾平定安史之乱，破吐蕃，以一身系国家安危者二十年，后封为汾阳郡王，世称郭汾阳。卢杞，字子良，唐滑州（今河南滑县一带）人，唐德宗时任宰相，搜刮民财，排斥异己。杞相貌丑陋，好口辩。后被贬职，死于外地。文中用王衍、卢杞侫类比王安石。说他"衣臣虏之衣，食犬彘之食，囚首丧面而谈诗书"的行为"不近人情"，进而推导出王安石得志必为奸臣、为害国家的结论。这种以人的生活习惯和个别缺点来判断其政治品质的逻辑，是非常错误的。这种影射咒骂、攻击人身的写作手段也是非常低劣的。

《辨奸论》作者认为，事情皆有一定的规律，只要能够仔细观察并把握规律，就能见微知著，因此人们可以通过观察行为而在祸乱发生之前就发现作乱的奸臣。历来有人认为这篇文章的本意暗中批判王安石，也有人认为此文并非苏洵所作，未有定论。但作品却给读者提出了如何识人的参考意见。这也是宋代散文中的一篇名作。

王安石性格倔犟，遇事不论对错，非常自信，他决定了的事就从不改变。至于讨论变法之事，王安石与朝中大臣争辩得不可开交。他引经据典，大发议论，动辄数百言，大家都驳不倒他。他甚至说："天变不足畏，祖宗不足法，人言不足恤。"他执政期间，几乎把内外老臣都罢免完了，而大多提拔一些轻浮、有点小聪明的年轻人。很久以后，因全国发生大旱灾而被罢黜，自第二次复出为相后一年多又被罢免，此后，终神宗之世再没有被召用，他执政共长达八年之久。

天变不足畏，祖宗不足法，人言不足恤。这句话出自《宋史·王安石列传》。大意是说，天象的变化不必畏惧，祖宗的规矩不一定效法，人们的议论也不需要担心。

北宋的王安石是我国历史上著名的改革家。为了推行自己的改革主张，他强调要在思想上破除当时人的守旧心理。这句话不仅简明扼要地说出了王安石变法的决心，而且表现出他变法的巨大勇气，成为许多改革者自我激励的豪言壮语。

我们先看"天变不足畏"。在古人的世界观中，自然界的灾害与人类社会的政治事变有必然的联系。王安石变法的始终，反对势力一直都用天变来恐吓宋神宗。有的说"天灾屡见"是王安石久居庙堂"唯务改作"所致，有的说"天时未顺，地震连年，四方人心，日益摇动"，是搞了新法的结果。御史中丞吕诲甚至说："如安石久居庙堂，必无安静之理。"王安石义正词严地反击政敌说："天文之变无穷，人事之变无已，上下傅会，或远或近，岂无偶合？此其所以不足信也。"不难想见，如果没有"天变不足畏"的理念，熙宁变法可能一开始就被扼杀在摇篮中了。

再看"祖宗不足法"。王安石变法，被反对派认为是违反了"祖宗成宪"，而"祖宗成宪"必须要"谨奉"，否则就是大逆不道。而王安石却认为"若事事因循弊法，不敢一有所改"，"恐非之"。当然，王安石也提出过"法先王之政"，但他认为"当法其意"，不仅不能照搬，而且要"视时势之可否，因人情之患苦，变更天下弊法"，使之当时"所遭之变"和"所遇之势"。

再看"人言不足恤"。在当时的人们比如王安石政敌司马光文集的记载中，这句话作"流俗之言不足恤"。由此可见，王安石不是拒绝听取人们的意见，他所说的"人言"，是专指那些流俗之见、流俗之人的言论，也可说是指流言蜚语。在他看来，凡是反对变法的人就是流俗之人，凡是反对变法的意见，就是流俗之见，就"不足恤"，这表现了他对自己的变法充满了信心不论怨谤如何之多，决"不为怨者故"而有丝毫改变。

著名宋史专家邓广铭先生认为，"三不足"是王安石变法革新的精神支柱。这一变法理论，也是对中国古代变法改革思想的总结和升华。

当初，王安石给《诗》《书》《周礼》三本书作注解，写完之后，在学校里颁布发行，天下人把王安石所写的这些注解称为"新义"。晚年他在金陵居住的时候，又写了《字说》一书，其中的内容多为穿凿附会。当时求学的人，没有人敢于不学习王安石的书的。官府只用这作为录取读书人的标准，因此没有一个读书人能够表达自己的看法，先儒解释经典的文字，全部被废弃不用。废黜《春秋》之类的书，不让这类书在学校里出现，以至于《春秋》被戏称为"断烂朝报"。

史官评论说：朱熹曾评论王安石的文章品德行为高于当代一般人，而特别以他的道德、经邦济世作为自己的责任，被神宗看中，任命为宰相，社会上才仰慕他有作为，几乎能再现尧舜二帝和夏商周三王的盛世局面，而王安石急切以财利兵革为最先政务，重用凶残邪恶的人，排斥摈弃忠良正直的人，急躁强暴乖戾，使天下之人喧哗他乐生之心，终于到了群奸相继肆虐，流毒四海，到了崇宁徽宗至宣和年间，而祸乱达到了极点。这是天下人的公论，从前神宗要任命宰相，问韩琦："王安石怎么样？"韩琦回答说："安石为翰林学士则有余，处辅弼之地则不可。"神宗不听，于是任命王安石为宰相。哎呀，这虽然是宋朝的不幸，也是王安石的不幸啊。

王安石变法是在北宋宋神宗熙宁年间进行的一场社会改革运动。治平四年（1067）正月，宋神宗即位，立志革新，于熙宁元年（1068）四月，召王安石入京，变法立制，富国强兵，欲改变积贫积弱的现状。王安石以"以天下之力以生天下之财，取天下之财以供天下之费"为原则，以发展生产，富国强兵，挽救北宋政治危机为目的，以"理财""整军"为中心，涉及政治、经济、军事、社会、文化各个方面，是中国古代史上继商鞅变法之后又一次规模巨大的社会变革运动。变法一定程度上改变了北宋积贫积弱的局面，充实了政府财政，提高了国防力量，对封建地主阶级和大商人非法渔利的行为也进行了打击和限制。但是，变法在推行过程中由于部分举措的不合时宜和实际执行中的不良运作，也造成了百姓利益受到不同程度的损害，加之新法触动了大地主阶级的根本利益，所以遭到他们的强烈反对。元丰八年（1085），变法因宋神宗的去世而告终。

王安石的变法对于增加国家收入，有着积极的作用，军事实力明显提高，北宋积贫积弱的局面得以缓解。在与西夏的交战中，取得了熙河之役的胜利，这在宋夏交战的历史上是很少见的。然而由于触犯了大地主大官僚的利益，王安石被迫辞职。改革的最主要支持者宋神宗在关键时刻发生了动摇，宋神宗死后司马光出任宰相，彻底废除新法，连很有成效的募役法也被废除。

三、文学成就

王安石是杰出的政治家、思想家，也是卓越的文学家。他认为文学的作用首先在于为社会服务，文学创作应该"有补于世"，"以适用为本"，因此他一生的文学活动大都和他的政治活动联系在一起。王安石的文学成就是多方面的。

王安石在文学上的主要成就是诗文。他的文章内容充实，风格峭拔奇崛，尤其是政论文，结构紧凑，逻辑严密，说理透辟，语言概括，在唐宋八大家中是突出的。这类文章在他的文集中居多数，名篇有《上仁宗皇帝言事书》《答司马谏议书》等。后者驳斥司马光对新法的指责，言简意赅，措辞委婉而坚决，表现了他不为浮议所动的坚定立场。游记式论文《游褒禅山记》。借游山来说明治学道理，指出求学者要有坚强的意志、充沛的精力、善于利用客观条件，才能达到学问的高深境界。文章见解深刻，至今仍能给人以启示。此外，他还有一些以思想深邃著称的小品文，如《书刺客传后》《读孟尝君传》等。这些文章立意超卓，笔力雄健，往往于尺幅之中展开千里之势，对后世作者影响也较大。

王安石的诗歌成就高于他的文章，这是因为他的文章很重视以理服人，较少注意以情感人，而诗歌则不仅思想深刻，艺术上也比较动人。王安石存诗一千五百多首，诗歌创作以退居江宁为界，前后两期诗风有很大差别。前期诗歌主要以杜甫的创作思想为主导，以关心时事和同情劳动人民的疾苦为主要题材，具有明显的写实精神，有的政治诗针砭时弊，有很强的现实性。《河北民》真实地反映了黄河以北地区民不聊生的惨状："今年大旱千里赤，州县仍催给河役。老小相携来就南，南人丰年自无食。悲愁白日天地昏，路旁过者无颜色。"可说是危机重重的北宋中叶社会的一个剪影。他的咏史诗大都通过评价历史人物来抒写他远大的抱负，提出自己的见解，如《杜甫画像》《商鞅》等。这类诗中，《明妃曲二首》最著名。明妃即王昭君，汉元帝时的宫女。汉元帝按图召见宫女，派画师给宫女画像，昭君拒绝行贿，画师毛延寿就故意把她画丑，使她不得入选。后来匈奴首领呼韩邪入朝求和亲，昭君要求远嫁匈奴，临行时元帝才震惊于她的美貌，但悔之已晚，便杀了毛延寿。前人把王昭君的不被知遇，一概归罪于毛延寿。王安石翻了这个旧案："意态由来画不成，当时枉杀毛延寿。"作者本意并非特意要为毛延寿开脱，而是要说明昭君的美不仅在外貌，更在她的风度和仪态，而这美的神情、美的仪态是画不出的。诗的最后四句："家人万里传消息，好（平安）在毡城（指匈奴人住地）莫相忆；君不见咫尺长门闭阿娇（汉武帝的皇后，失宠后被幽禁长门宫），人生失意无南北！"借家人之口向昭君致意：不必因远在塞北而苦苦思念，难道你没看见，近在君王身边的长门宫里不是同样有被遗弃的人吗？这里更显出王安石的见识与众不同。从汉代以来，咏昭君的名篇不少。古人被时代所局限，看不到昭君和亲有利于民族团结，而以她的远嫁为不幸。王安石也无法超越时代，从民族和好的愿望来写这件事。但他能一反传统老调，认为人生幸与不幸，不在地域远近，而在是否真正相知。既然在以貌取人的君王那里得不到知己，还不如"好在毡城"。由于善翻古人之意，诗人一扫历代描写王昭君这位绝代佳人留恋君恩、怨而不怒的传统偏见，具有可贵的独创性。此诗一出，欧阳修、梅尧臣、司马光、曾巩、刘敞等人争相唱和，为以王昭君故事为题材的诗歌开创了一个新局面。

王安石后期诗歌，是指他在熙宁九年罢相后的创作。仕途的丰富经历，变法失败的复杂心情，使他的诗风发生很大的变化：前期诗歌中洋溢的那种政治热情已经逐渐消退，大量的写景取代了政治诗的位置；艺术走上了杜甫"老去渐于诗律细"之路，注重对仗、用典、声律的精益求精，吸收王维诗歌的取境之长，追求诗歌的艺术美。他博观约取，熔铸前人，以独特的抒情方式和艺术风格，创立了为严羽《沧浪诗话》所标举的"王荆公体"。王安石晚年的写景小诗，用词精工巧丽，意境清新优美，历来为人们所称赞，认为是诗中的精金美玉。名作很多，如《书湖阴先生壁》：

> 茅檐常扫净无苔，花木成畦手自栽。
> 一分护田净绿绕，两山排闼送青来。

又如最广为传诵的《泊船瓜洲》：

> 京口瓜洲一水间，钟山只隔数重山。
> 春风又绿江南岸，明月何时照我还

这是他第一次罢相后回江宁途中的作品。瓜洲，在今江苏扬州市南，位于长江北岸；京口，即镇江，与瓜洲隔江相望。钟山即南京紫金山，作者少年随家移居钟山。诗中写王安石他月夜泊船瓜州，急切盼望回到家中的心情，意境开阔，情绪乐观。"春风又绿江南岸"的"绿"字后来成为修辞炼字的著名例子。据洪迈《容斋随笔》说，原稿的"绿"最初是"到"，"到"字不好，又改为"过""入""满"等字，改了十多次，最后才定为"绿"。一用"绿"字，境界全出：无形无色的春风转换成色彩鲜明的视觉形象，唤起人们春到江南、江南春早的感觉，而且生动地显示出江南满眼翠绿、生机盎然的美景。

毛泽东不仅推崇王安石其人，也喜爱王安石的诗文。1958年，毛泽东从《人民日报》上看到江西余江消灭了血吸虫，欣喜异常，写下二首七律《送瘟神》，其中"春风杨柳万千条"，就是化用了王安石的《壬辰寒舍》中的诗句："空思似杨柳，春风万千条。"其诗原文是：

客思似杨柳，春风千万条．

更倾寒食泪，欲涨冶城潮．

巾发雪争出，镜颜朱早凋．

未知轩冕乐，但欲老渔樵！

王安石之父（名益，字舜良）曾为江宁通判。宋仁宗宝元二年（1039）卒于官，葬于江宁牛首山（今江苏南京江宁南）。皇祐四年壬辰（1052）王安石自舒州通判任上回江宁祭扫父亲墓时写下此诗，诗人用比喻和夸张的修辞方法，生动形象地抒发了自己省墓时沉痛的心情以及变法尚未能推行而意欲归隐的愿望。语言清新峻拔，感人至深。

王安石写词甚少，代表作为《桂枝香金陵怀古》。毛泽东读清人朱彝尊编《词综》卷四时曾圈阅《桂枝香·金陵怀古》和《伤春怨·梦中作》两首词。我们先看《桂枝香·金陵怀古》：

登临送目，正故国晚秋，天气初肃。千里澄江似练，翠峰如簇。征帆（一作归帆）去棹残阳里，背西风、酒旗斜矗。采舟云淡，星河鹭起，画图难足。

念往昔，繁华竞逐，叹门外楼头，悲恨相续。千古凭高对此，漫嗟荣辱。六朝旧事随流水，但寒烟芳草凝绿。至今商女，时时犹唱，后庭遗曲。

此词通过对金陵（今江苏南京）景物的赞美和历史兴亡的感喟，寄托了作者对当时朝政的担忧和对国家政治大事的关心。上阕写登临金陵故都之所见。"澄江""翠峰""征帆""斜阳""酒旗""西风""云淡""鹭起"，依次勾勒水、陆、空的雄浑场面，境界苍凉。下阕写在金陵之所想。"蓬"字作转折，今昔对比，时空交错，虚实相生，对历史和现实，表达出深沉的抑郁和沉重的叹息。全词情景交融，境界雄浑阔大，风格沉郁悲壮，把壮丽的景色和历史内容和谐地融合在一起，自成一格，堪称名篇佳作。

作为一个伟大的改革家、思想家，王安石站得高看得远。这首词通过对六朝历史教训的认识，表达了他对北宋社会现实的不满，透露出居安思危的忧患意识。

这首词"一洗五代旧习"（刘熙载《艺概》卷四），指出向上一路，为苏轼等士大夫之词的全面登台，铺下了坚实的基础，影响深远。《历代诗余》引《古今词话》："金陵怀古，诸公计调《桂枝香》者三十余家，惟王介甫为绝唱。东坡见之叹曰：'此老乃野狐精也！'"由此可见，王安石虽然写词不多，质量却是很高的。

文天祥——"出色的状元"出身的宰相

一、"民族英雄文天祥"

1930年10月5日，毛泽东和总前委、中国工农革命委员会机关一起进驻吉安城。

十二军军长罗炳辉受吉安名医戴济民之托，专来邀请毛泽东前去做客。席间人们谈笑风生，亲热融洽。毛泽东以赞叹的口吻说道："自古以来，庐陵吉水就是人杰地灵之地。你看，唐宋八大家中的欧阳修，有'文章名冠天下'之称；南宋四大家中的杨万里，一生写诗两万多首；他们都是庐陵吉水人。民族英雄文天祥，就是吉安富田人。明朝还有解缙，主持编纂《永乐大典》，是有名的才子。不简单哪！"（舒龙、凌不机：《岁岁重阳》，海南出版社1993年版，第112页）

文天祥（1236年6月6日—1283年1月9日），初名云孙，字宋瑞，一字履善。自号文山、浮休道人，江西吉州庐陵（今江西省吉安市青原区富田镇）人，南宋末政治家、文学家，爱国诗人，抗元名臣，民族英雄。他与陆秀夫、张世杰并称为"宋末三杰"。宋理宗赵昀宝祐四年（1256）状元及第，历任签书宁海军节度判官厅公事、刑部郎官、江西提刑、尚书左司郎官、湖南提刑、知赣州等职，官至右丞相，封信国公。于五坡岭（今广东海丰北）兵败被俘，宁死不降。元世祖忽必烈至元十九年（1282）十二月初九，在柴市（今北京东城区府学胡同）从容就义。著有《文山诗集》《指南录》《指南后录》《正气歌》等。

183

二、政治生涯

（一）勇斗权奸

1964 年 2 月 13 日，毛泽东在春节座谈会上说："历史上的状元，出色的没有几个。唐朝的李白杜甫两大诗人都不是状元。出色的状元只有文天祥、秦桧。"（董学文等：《毛泽东的文艺美学活动》，高等教育出版社 1995 年版，第 224 页）

文天祥的确是历代状元中的佼佼者。他刚中状元，职位并不高，却能勇斗权奸。文天祥相貌堂堂，身材魁伟，皮肤白美如玉，眉清目秀，观物炯炯有神。在孩提时，看见学宫中所祭祀的乡贤欧阳修、杨邦乂、胡铨的画像，谥号都为"忠"，就很景仰他们，他说："死后如果不能侧身他们中间享受祭供，就不是真正的大丈夫。"他二十岁即考取进士，在集英殿答对问策。当时宋理宗赵昀在位已很久，治理政事渐渐怠惰，文天祥以法天不息为题议论策对，其文章长达一万多字，没有写草稿，一挥而就。宋理宗皇帝亲自选拔他为第一名。考官王应麟上奏说："这个试卷以古代的事情作为借鉴，忠心肝胆好似铁石，我以为能得到这样的人才可喜可贺。"宝祐四年（1256）中状元后再改字宋瑞。不久，他父亲逝世，回家守丧。

宋理宗赵昀开庆初年（1259），元朝的军队侵伐南宋，宦官董宋臣对皇上说要迁都（临安即今浙江杭州），没有人敢议论说这是错的。文天祥当时入朝任命为宁海军节度判官，上书"请求斩杀董宋臣，以统一人心"。因不被采纳，就自己请免职回乡。后来逐渐升官至刑部侍郎。董宋臣又升为都知，文天祥再次上书——列举他的罪行，也没有回音。因此出外任瑞州（今江西高安）知州，改迁江南西路提刑，升任尚书左司郎官，多次遭台官议论罢职。担任军器监并兼任代理直学士。权臣贾似道称说有病，请求退休，用以要挟皇上，诏令没应允。文天祥起草制诰，所写文字都是讽刺贾似道的。当时起草圣旨诰命的内制沿袭要呈文稿审查，文天祥没有写，贾似道不高兴，命令台臣张志立奏劾罢免他。文天祥已经几次被斥责，援引钱若水的例子退休（钱若水，北宋大臣，担任同州推官，知州性情急躁气量狭小，多次凭臆测决断事情而不恰当，若水坚持争论但不能达到目的，就说："又该陪着你一起交纳赎罪的钱了。"（意思是这样错下去，你受罚，我也要陪着你受罚）不久果然被朝廷及上级批驳，知州和推官都被处以罚款。知州向钱若水表示惭愧道歉，但不久又是老样子。前前后后像这样子已经好多次了）当时他才三十七岁。

宋度宗赵禥咸淳九年（1273），起用为荆湖南路提刑。因此见到了原来的宰相江万里。江万里平素就对文天祥的志向、气节感到惊奇，同他谈到国事，神色忧伤地说："我老了，观察天时人事应当有变化，我看到的人很多，担任治理国家的责任，莫非是在你身上吗？望你努力。"

（二）兴军勤王

文天祥作为一个职位不高的地方官，他敢于兴兵勤王，表现了这位新科状元的历史担当。咸淳十年（1274），文天祥被委任为赣州（今江西赣州）知州。宋恭宗赵㬎德祐元年（1275）正月，因元军大举进攻，宋军的长江防线全线崩溃，朝廷下诏让各地组织兵马勤王。文天祥捧着诏书流涕哭泣，派陈继周率领郡里的英雄好汉，同时联络溪峒蛮，派方兴召集吉州的士兵，各英雄豪杰群起响应，聚集兵众万人开赴临安。此事报到朝廷，命令他以江南西路提刑安抚使的名义率军入卫京师。他的朋友制止他说："现在元兵分三路南下进攻，攻破京城市郊，进迫内地，你以乌合之众万余人赴京入卫，这与驱赶群羊同猛虎相斗没有什么差别。"文天祥答道："我也知道是这么回事。但是，国家抚养培育臣民百姓三百多年，一旦有危急，征集天下的兵丁，没有一人一骑入卫京师，我为此感到深深的遗憾。所以不自量力，而以身殉国，希望天下忠臣义士将会有听说此事后而奋起的。依靠仁义取胜就可以自立，依靠人多就可以促成事业成功，如果按此而行，那么国家就有保障了。"宋朝廷委任文天祥知平江府（今江苏苏州），命令他发兵援救常州（今江苏常州），旋即又命令他驰援独松关（今浙江安吉东南）。由于元军攻势猛烈，江西义军虽英勇作战，但最终也未能挡住元军兵锋。

文天祥生性喜欢豁达豪爽，平常自己衣食很丰厚，跟前声伎满堂。到这时，自己痛加裁剪，把家里的资产全部作为军费。每当与宾客、僚属谈到国家时事，就痛哭流涕，拍着几案说道："以他人的快乐为快乐的人，也忧虑他人忧虑的事情，以他人的衣食为衣食来源的人，应为他人的事而至死不辞。"

宋恭宗赵㬎德祐元年（1275）八月，文天祥率兵到临安，担任平江府知府。当时因为丞相陈宜中没有返回朝廷，所以没有受到派遣。十月，陈宜中到来，于是派遣他去任职。朝廷议论正要提拔吕师孟任兵部尚书，封吕文德为和义郡王，想要靠他们去求和。吕师孟更加傲慢骄横、放肆。

文天祥上殿辞行，上疏说："朝廷容忍约束多，奋发刚断少，乞求斩杀吕师孟祭鼓，以振作官兵的士气。"并且说："宋有鉴于五代的战乱，削除藩镇，建立州县，一时间虽然足够纠正尾大不掉指挥不灵的弊病，可是国家也因此逐渐衰弱。所以敌军到一州就攻陷一州，到一县就攻陷一县，中原地区失陷，悲痛后悔不及。如今应该将天下分成四镇，立都督在那里统领指挥。将广西加上湖南而在长沙设帅府；将广东加上江西而在隆兴设帅府；将福建加上江东而在番阳设帅府；将淮西加上淮东而在扬州设帅府。责令长沙攻取鄂州，隆兴攻取蕲、黄，番阳攻取江东，扬州攻取两淮，使得地盘扩大国力增强，足够用来抵抗敌人。约定日期一齐奋击，有进无退，日夜谋取敌军。他们防御增加力量分散，疲于奔命，百姓中间的英雄豪杰又趁机在他们中间出没，这样做的话那敌军是不难击退的。"当时有很多人认为文天祥的论说不切实际，上书没有上奏。

（三）九死一生

文天祥作为一个著名的民族英雄，他一身正气，与元军进行了艰苦决绝的斗争。毛泽东曾手书过他的《正气歌》中"天地有正气……在汉苏武节"一节。（中央档案馆编：《毛泽东手书选集古诗词下》，北京出版社 1993年版，第 166—167 页）《正气歌》原文是这样的：

> 余囚北庭，坐一土室。室广八尺，深可四寻。单扉低小，白间短窄，污下而幽暗。当此夏日，诸气萃然：雨潦四集，浮动床几，时则

为水气；涂泥半朝，蒸沤历澜，时则为土气；乍晴暴热，风道四塞，时则为日气；檐阴薪爨，助长炎虐，时则为火气；仓腐寄顿，陈陈逼人，时则为米气；骈肩杂遝，腥臊汗垢，时则为人气；或圊溷、或毁尸、或腐鼠，恶气杂出，时则为秽气。叠是数气，当侵沴，鲜不为厉。而予以羸弱俯仰其间，於兹二年矣，无恙。是殆有养致然。然尔亦安知所养何哉？孟子曰："吾善养吾浩然之气。"彼气有七，吾气有一，以一敌七，吾何患焉！况浩然者，乃天地之正气也，作《正气歌》一首。

天地有正气，杂然赋流形。下则为河岳，上则为日星：于人曰浩然，沛乎塞苍冥。皇路当清夷，含和吐明庭。时穷节乃见，一一垂丹青。

在齐太史简，在晋董狐笔，在秦张良椎，在汉苏武节。为严将军头，为嵇侍中血，为张睢阳齿，为颜常山舌。或为辽东帽，清操厉冰雪。或为出师表，鬼神泣壮烈。或为渡江楫，慷慨吞胡羯。或为击贼笏，逆竖头破裂。是气所磅礴，凛烈万古存。当其贯日月，生死安足论。地维赖以立，天柱赖以尊。三纲实系命，道义为之根。

嗟予遘阳九，隶也实不力。楚囚缨其冠，传车送穷北。鼎镬甘如饴，求之不可得。阴房阒鬼火，春院閟天黑。牛骥同一皂，鸡栖凤凰食。一朝蒙雾露，分作沟中瘠。如此再寒暑，百沴自辟易。嗟哉沮洳场，为我安乐国。岂有他缪巧，阴阳不能贼。顾此耿耿在，仰视浮云白。悠悠我心悲，苍天曷有极。哲人日已远，典刑在夙昔。风檐展书读，古道照颜色。

其译文如下：

我被囚禁在北国的都城，住在一间土屋内。土屋有八尺宽，大约四寻深。有一道单扇门又低又小，一扇白木窗子又短又窄，地方又脏又矮，又湿又暗。碰到这夏天，各种气味都汇聚在一起：雨水从四面流进来，甚至漂起床、几，这时屋子里都是水汽；屋里的污泥因很少照到阳光，蒸熏恶臭，这时屋子里都是土气；突然天晴暴热，四处的风道又被堵塞，这时屋子里都是日气；有人在屋檐下烧柴火做饭，助长了炎热的肆虐，这时屋子里都是火气；仓库里储藏了很多腐烂的粮食，阵阵霉味逼人，这时屋子里都是霉烂的米气；关在这里的人多，拥挤杂乱，到处散发着腥臊汗臭，这时屋子里都是人气；又是粪便，又是腐尸，又是死鼠，各种各样的恶臭一起散发，这时屋子里都是秽气。这么多的气味加在一起，成了瘟疫，很少有人不染病的。可是我以虚弱的身子在这样坏的环境中生活，到如今已经两年了，却没有什么病。这大概是因为有修养才会这样吧。然而怎么知道这修养是什么呢？孟子说：我善于培养我心中的浩然之气。它有七种气，我有一种气，用我的一种气可以敌过那七种气，我担忧什么呢！况且博大刚正的，是天地之间的凛然正气。因此写成这首《正气歌》。

天地之间有一股堂堂正气，它赋予万物而变化为各种体形。在下面就表现为山川河岳，在上面就表现为日月辰星。在人间被称为浩然之气，它充满了天地和寰宇。国运清明太平的时候，它呈现为祥和的气氛和开明的朝廷。时势艰危的时刻义士就会出现，他们的光辉形象——垂于丹青。在齐国有舍命记史的太史简，在晋国有坚持正义的董狐笔。在秦朝有为民除暴的张良椎，在汉朝有赤胆忠心的苏武节。它还表现为宁死不降的严将军的头，表现为拼死抵抗的嵇侍中的血。表现为张睢阳誓师杀敌而咬碎的齿，表现为颜常山仗义骂贼而被割的舌。有时又表现为避乱辽东喜欢戴白帽的管宁，他那高洁的品格胜过了冰雪。有时又表现为写出《出师表》的诸葛亮，他那死而后已的忠心让鬼神感泣。有时表现为祖逖渡江北伐时的楫，激昂慷慨发誓要吞灭胡羯。有时表现为段秀实痛击奸人的笏，逆贼的头颅顿时破裂。这种浩然之气充塞于宇宙乾坤，正义凛然不可侵犯而万古长存。当这种正气直冲霄汉贯通日月之时，活着或死去根本用不着去谈论！大地靠着它才得以挺立，天柱靠着它才得以支撑。三纲靠着它才能维持生命，道义靠着它才有了根本。

可叹的是我遭遇了国难的时刻，实在是无力去安国杀贼。穿着朝服却成了阶下囚，被人用驿车送到了穷北。受鼎镬之刑对我来说就像喝糖水，为国捐躯那是求之不得。牢房内闪着点点鬼火一片静谧，春院里的门直到天黑都始终紧闭。老牛和骏马被关在一起共用一槽，凤凰住在鸡窝里像鸡一样饮食起居。一旦受了风寒染上了疾病，那沟壑定会是我的葬身之地，如果能这样再经历两个寒暑，各种各样的疾病就自当退避。可叹的是如此阴暗低湿的处所，竟成了我安身立命的乐土住地。其中难道有什么奥秘，一切寒暑冷暖都不能伤害我的身体。因为我胸中一颗丹心永远存在，功名富贵对于我如同天边的浮云。我心中的忧痛深广无边，请问苍天何时才会有终极。先贤们一个个已离我远去，他们的榜样已经铭记在我的心里。屋檐下我沐着清风展开书来读，古人的光辉将照耀我坚定地走下去。

文天祥于宋帝赵昺祥兴元年（1278）10月因叛徒的出卖被元军所俘。翌年10月被解至燕京。元朝统治者对他软硬兼施，威逼利诱，许以高位，他都誓死不屈，决心以身报国，丝毫不为所动，因而被囚三年，在元世祖忽必烈至元十九年十二月九日（1283年1月9日）慷慨就义。这首诗是他死前一年在狱中所作。

"养气"之说源于孟子。他所说的"气"，实际上是一种精神性的正气。"气"是中国古代哲学的一个范畴。在宋代理学中，更是一个基本的概念。张载便以"气"作为宇宙的本体，主张"气一元论"。朱熹以"理"为世界本原，但又强调"气"化育万物的作用，在他看来，气是理与万物的媒介。文天祥在这首五言古诗中关于正气的铺写，与上述思想有一定关系。

这首诗的序为散文。有骈句，有散句，参差出之，疏密相间。在序里，作者先以排句铺陈，以骈散穿插描写了牢狱之中的"七气"，极力渲染出监牢环境的恶浊之至。而诗人又说自己身体本来孱弱，但在"七气"的夹攻之下，竟然安好无恙，那就是因为靠着胸中的浩然正气，有了正气在胸，便能抵御所有的邪气、浊气，这些说明了写《正气歌》的原因，接着便引出下面对"正气"的咏叹。因此，序和诗在构思上是有连属的，在技巧上是前后照应的，是全诗的有机组成部分。

全诗可分为三部分。从"天地有正气"到"一一垂丹青"为第一部分。这部分是对浩然之气的热情礼赞。"正气"与天地并生，与宇宙同在，诗人首先写出"正气"的这种伟大性质，使"正气"的描写，有了一种充塞乎天地之间的崇高美。天地万物，均受"正气"之禀赋。下至大地山河，上至日月星辰，都是气的化育生成。下面诗人将笔一转，便将"正气"转到人的身上，人的浩然正气，充塞于苍冥，可见正气的力量。"皇路"二句，写清平之时，禀受正气之人雍容和雅，为朝廷的清明政治尽力。这两句不是重心所在，而是下面的陪衬。下面，诗人笔锋又转，写在危难之际，禀受正气之人便表现出了凛凛气节，他们为了正义而不避祸难，留下了可歌可泣的业绩彪炳于青史。"一一垂丹青"，又是第一部分到第二部分之间的过渡之笔，显得十分自然。

从"在齐太史简"到"道义为之根"为第二部分。在这部分里，诗人历数了史册上十二位忠臣义士的壮烈之举，来写浩然正气的体现。诗人连用四个"在"字，形成了一连串的排比句式，显得气势极为充沛。正因为"正气"的赋予，才有了这些志士的壮举。诗人为避免单调，将"为严将军头"等四句换成了"为"字的排比句。之后，诗人稍作舒缓，以"或为"为排比句，每两句写一人。诗人通过以上三组排比句，歌颂了中华历史上十二位忠臣义士的壮烈之举。其中，有的是不畏权奸、秉笔直书的史官；有的是誓在驱敌的将相；有的是面对强敌，宁死不屈的义士，他们有共同之处就是忠烈。辨证来看，"忠"是要作具体分析的，但这些人物的"烈"却是极为感人的。"是气所磅礴"到"道义为之根"，由上述人物的忠勇壮烈，概括"正气"。"正气"所钟，可以不论生死。"地维""天柱"，实际是说封建王朝的社稷得以保持的精神支柱。"三纲"句，有封建伦理道德的内容，"道义"也是如此。就是说，"正气"是以封建的伦理道德价值观念作为基础的。"正气"作为激励爱国志士的精神力量，创造了许多可歌可泣的业绩，但从历史发展的角度来看，它的封建伦理性质也应该指出。

从"嗟余遘阳九"到"古道照颜色"为第三部分。前面是说正义赋予历史上那些忠义之士以忠烈之绩，从"嗟余"开始则转向诗人自己。"遘阳九"是说自己遭逢厄运，"隶也"句是说自己对国家危亡也无力回天。"楚囚"两句，一方面写自己被押到北方囚禁，另一方面，借楚囚南冠的典故，表达自己忠于宋室、矢志向南的心情。用典极为恰当贴切，在叙述中深刻地表达了自己的情怀。"鼎镬"两句，抒写诗人视死如归的壮烈之志。"阴房"六句，写环境的幽暗恶浊。"如此"两句，则是写自己正气在胸，百沴辟易的情形。"哀哉"六句，说自己耿耿丹心、浩浩正气是抵御"百沴"的法宝，任何邪恶之气，都不能使自己受到戕害。"哲人"四句，是全诗的结语，揭示出作歌的主旨。先哲已逝，但正气赋予他们的壮烈事迹，在史册上永远是炳炳烺烺，千古不灭。诗人从这些忠烈之士身上，得到正气的沾濡。古来忠臣义士的烈举，是诗人乐于学习的典范。"风檐"两句，显得十分从容不迫。

全篇的结构核心是"时穷节乃见"。作者先以"天地有正气"发端，然后层层陪衬，突出"时穷节乃见"。之后再列举"哲人"事迹证明"时穷节乃见"，又以自己因于土牢而坚贞不屈来表明"时穷节乃见"。全诗篇幅宏大而主旨突出、脉络分明。浩然正气直贯全篇，诗中热情歌颂古代为正义而斗争的人们的光辉事迹，表现自己在任何环境下都能经受住考验的顽强意志。先写古人而后写自身，并表明"时穷节乃见"的古人正是自己的楷模，表现出他的浩然正气植根于中华民族优秀文化传统的沃壤之中。正由于继承、光大了优秀文化传统，才使作者文天祥成为一位民族英雄，让他发扬了爱国精神和民族气节，也使他的这篇古诗成为弘扬爱国精神和民族气节的典范之作。

十月，文天祥进入平江，大元军队已经从金陵（今江苏南京）出发进入常州（今江苏常州）。

文天祥派将领朱华、尹玉、麻士龙同张全援救常州，到了虞桥（今江苏武进东南），麻士龙战死，朱华带大军在五牧作战，打了败仗，尹玉的军队也打败，争抢过河，拉住张全的兵船，张全的军队砍断他们的手指，都被淹死，尹玉带着残兵五百人连夜交战，等到天亮也全都战死。张全一箭不发，逃了回来。大元军队攻陷常州，进入独松关（今浙江安吉东南）。陈宜中、留梦炎召文天祥，放弃垩江，守卫余杭（今浙江余杭区）。

明年正月，文天祥任临安府知府。没多久，元军进攻京郊，宋朝官员纷纷外逃，丞相陈宜中和抗元将领张世杰也逃走，于是陈皇后便任文天祥为枢密使，不久授任右丞相兼枢密使，派他同大元丞相伯颜在皋亭山谈判，请求讲和。伯颜发怒扣留他，连同左丞相吴坚、右丞相贾余庆、知枢密院事谢堂、签书枢密院事家铉翁、同签书枢密院事刘岊，一起往北到达镇江。谢太后见大势已去，只好献城纳土，向元军投降。

皇帝投降后，降将吕师孟挖苦文天祥："丞相曾经上书请斩叛逆遗孽吕师孟，为什么不杀了我呢？"文天祥毫不客气地斥责他："你叔侄都做了降将，没有杀死你们，是本朝失刑。你无耻苟活，有什么面目见人？你们投靠敌人，要杀我很容易，但却成全我当了宋的忠臣，我没有什么可害怕的！"听了这话，吕师孟佩服文天祥的气概，并说："骂得痛快！"

文天祥虽然被拘禁，但不甘心失败，又不肯归顺。伯颜没有办法，决定把他送往元大都（今北京）。船到镇江（今江苏镇江）靠岸，文天祥被囚禁在一户居民家中。他命随从暗中打探敌情，联络船只，计划逃走，还暗中藏了一把匕首，以备必要时自刎。逃走当晚，文天祥的船只被巡船发现，但因巡船追捕时搁浅，没法走动，而只能看着文天祥一行十二人逃去。

文天祥和他的门客杜浒十二人，在夜里逃进真州。苗再成出城迎接，一边高兴一边落泪说："两淮的军队足够用来复兴，但二位将帅有矛盾，不能够联合罢了。"文天祥问："有什么办法吗？"苗再成说："现在先约淮西军队前往建康，对方一定全力来抵御我们西边的军队。指挥东边各位将领，以通、壶的军队攻打湾头，以高邮、宝应、淮安的军队攻打杨子桥，以扬州部队攻打瓜步，我以船队直接袭击镇江，在同一天内大规模发动。湾头、杨子桥尽是沿江势单力薄的军队，并且日夜盼望我们军队的到来，一攻就能拿下。联合进攻瓜步的三面，我从江中的一面逼近，即使很有智慧的人也不能替他们想办法了。瓜步攻下以后，以东部军队进京口，西部军队进金陵，拦截浙的退路，他们的元帅是可以擒到的。"文天祥连连称好，马上写信给二位制置使，派使臣到各处去约定联合。

文天祥还未到时，扬州有逃脱回来的士兵说："暗中派一位丞相进真州劝降了。"庭芝相信这话，以为文天祥是来劝降的。派苗再成立即杀他。苗再成不忍心。骗文天祥出去察看城防，将制置司的条令拿给他看，把他关在门外。在门外很久，再派二路人马分别侦察文天祥，如果果真是劝降的人就杀掉他。二路人马分别同文天祥交谈，看到他忠义，也不忍心杀他，派二十卫士护送文天祥取道扬州。四更时抵达扬州城下，听见守门的人说，制置司下令防备文丞相（取道扬州）甚是急迫。众人（听到这番话），大惊，于是向东走海路，中途遇见元兵，众人躲在断壁残垣之后方免于被捕，但也因饥饿而体力不支，只好从打柴者那里乞求得一些残羹剩饭。一行人走至板桥，元兵又追过来，众人逃跑趴伏树丛之中（躲藏），元兵四处搜索，将杜浒、金应抓走。虞侯张庆被箭射中眼睛，身上有两处受伤，文天祥碰巧未被俘获。杜浒、金应拿出身上带的钱贿赂守兵，得以脱身，又雇两樵夫用草筐抬着文天祥到达高邮（今江苏高邮）去。

文天祥决定离开扬州，寻找二王行在，即益王赵昰和广王赵昺，再为南宋效力。文天祥一行人走到桂公塘（距扬州约十五里的小村庄）时，天已大亮。为躲避追杀，他们藏身于几道断墙后面。正要找点食物，忽然听见很多蒙古骑兵巡视而至。文天祥一行人赶紧贴墙根龟缩起来，一动也不敢动。这时，只要有一名士兵探头往里瞧一瞧，他们就会被发现，重做俘虏。而天上突然狂风大作，乌云密布，士兵们急着躲雨，匆匆而过。事后才知道，这队骑兵就是押送他们到大都的那队人，因为在镇江走脱了文天祥，加强了戒备，沿途防范甚严。

文天祥历尽艰险，才到达高邮。但高邮方面收到李庭芝的文书，严防文天祥攻城。文天祥不敢进城，又向泰州（今江苏泰州）前进。

泰州有船可到通州（今江苏南通），但沿路有蒙元大军出没，非常危险。文天祥以孤舟一叶，昼伏夜出，虽多次与对手遭遇，但还是有惊无险地到达通州。他在一首诗中风趣地说："行客不知身世险，一窗春梦送轻舠。"经过九死一生的磨炼，文天祥已经把艰难险阻视作等闲了。

文天祥在通州听说益王、广王在永嘉（今浙江温州）建立了元帅府，号召各地义兵勇士继续抗蒙，就马上决定投奔二王。德祐二年（1276）闰三月，他扬帆入海，回到南宋统治的地方。他计划在闽、广重举义旗，团结各方义兵，统一部署，复兴南宋。

闻说益王未即位，于是上表劝说继位，以学士、侍读的官职召到福州，任右丞相。随即同陈宜中等人意见不一。七月，以同都督到辽西，于是出发，招收军队进入汀州。十月，派参谋官赵时赏、咨议官赵孟溁率领一路军队攻取宁都，参赞官吴浚率领一路军队攻取雩都，刘洙、萧明哲、陈子敬都从江西起兵前来会合。邹湜以招谕副使在宁都聚集军队，大元军队进攻他，邹湜的军队战败，一同起事的刘钦、鞠华叔、颜斯立、颜起岩都死亡。武冈教授罗开礼，兴兵收复永丰县，不久战败被俘，死在狱中。天祥听说罗开礼死了，为他服丧哭泣致哀。

元世祖忽必烈至元十四年（1277）正月，大元军队进入汀州，文天祥转移到漳州，乞求保卫皇帝。赵时赏、赵孟溁也领兵回来，独独吴浚的军队未到。没多久，吴浚投降，来游说文天祥。文天祥绑起吴浚，勒死他。四月，进入梅州，都统王福、钱汉英骄横，斩首示众。五月，从江西离开，进入会昌。

六月，进入兴国县。七月，派参谋张汴、监军赵时赏、赵孟溁等集众兵逼近赣城，邹湜带赣州各县军队攻打永丰，副将黎贵达带吉州各县军队攻打泰和。吉州八个县收复了一半，唯有赣州攻不下。临洪各州，都投降。潭赵璠、张虎、张唐、熊桂、刘斗元、吴希奭、陈子全、王梦应在邵、永之间起兵，收复了几个县，抚州何时等都起兵响应文天祥。分宁、武宁、建昌三县的豪杰，都派人到军中听候指挥。

元江西宣慰使李恒发兵援救赣州，而且亲自指挥军队在兴国进攻文天祥。文天祥未料到李恒的军队突然来到，便带兵撤走，到永丰投靠邹湜。邹湜的军队先败，李恒穷追文天祥不放直到方石岭。巩信极力抵抗，中箭战死。到了空坑，士兵全都溃散，文天祥妻妾子女全都被抓。赵时赏乘坐便轿，后来士兵问他叫什么，赵时赏说"我姓文"，众人以为是文天祥，把他抓住带回，文天祥因此得以逃走。

孙桌、彭震龙、张汴都死在战场，缪朝宗上吊自杀。吴文炳、林栋、刘洙都被抓住回到隆兴。赵时赏大骂不屈，有人受牵连而被抓来，往往挥手斥走，说："小小签厅官罢了，抓到这儿干什么？"因此得以逃脱的人很多。临刑前，刘洙还有点想替自己辩解，赵时赏叱骂道："不过一死罢了，何必这样？"于是林栋、吴文炳、萧敬夫、萧焘夫都被杀。

在蒙元的猛烈攻势下，文天祥收拾残兵跑到循州，驻兵南岭。南宋流亡朝廷窜逃到秀山（今广东东莞虎门的虎头山）。黎贵达暗中想要投降，抓住并且杀了他。至元十五年（1278）三月，进驻丽江浦。六月，进入船澳。益王去世，卫王继立。十一岁的端宗赵昰（shì）惊悸成疾，在碙（gāng，又读náo）州（今广东湛江市碙洲岛）病逝。张世杰、陆秀夫立八岁的卫王继位，又把行朝迁到广东新会南面大海中的厓山（今广东新会南）。文天祥上表弹劾自己，乞求进京朝见，不批准。八月，加文天祥少保、信国公。军中瘟疫流行，士兵死亡几百人。文天祥仅有一个儿子，跟他的母亲都死了。十一月，进驻潮阳。潮州强盗陈懿、刘兴屡次叛乱屡次归附，危害潮州百姓。文天祥打跑陈懿，抓住刘兴杀了他。十二月，前往南岭，邹湿、刘子俊又从江西起兵前来，再次攻打陈懿的党羽，陈懿暗中引导元帅张弘范的军队到了潮阳。文天祥正在五坡岭吃饭，张弘范的军队突然来到，众人来不及抵抗，都低头趴在草丛中。文天祥慌忙要跑，千户王惟义上前抓住他。文天祥吞下龙脑香，却没死。邹飌自杀，众人扶着他进南岭后死去。属下官兵从空坑逃脱的，到遭时刘子俊、陈龙复、芦明哲、萧资都死去，杜浒被抓，因为忧愁而死。仅有赵孟溁逃走，张唐、熊挂、吴希奭、陈子全兵败被俘，全都因此而死。

宋赵昺祥兴二年（1279）二月初六日，宋军视死如归，与蒙古水军在海面上展开了惊心动魄的海战，最后张世杰统领的宋军战败，陆秀夫背负幼年皇帝蹈海殉国。

（四）英勇就义

文天祥到潮阳（今广东汕头市潮阳区），见张弘范，左右命令他下拜，不拜，张弘范便用客礼见他，同他一道进入厓山，让他写信招张世杰前来。文天搓说："我不能捍卫父母，却教人背叛父母，可能吗？"还是坚持向他索要招降信，便写下所作的《过零丁洋》诗给他们。诗的末句说："人生自古谁无死，留取丹心照汗青。"张弘范笑着放过了他。厓山攻陷，军中大宴会，张弘范说："国家已亡，丞相的忠孝已经尽到，若能改变心意以事奉宋的态度事奉我们皇上，可能仍是宰相。"文天祥悲痛落泪，说："国亡不能够拯救，做人臣子的死有余罪，难道还敢偷生避死而且有二心吗？"张弘范觉得他很仁义，派使者护送文天祥到首都。

文天祥在路上，绝食八天，未死，就又进食。到了燕，驿馆招待得很

文天祥——「出色的状元」出身的宰相

丰盛，文天祥不睡，坐着到天明。便转移到兵马司，派士兵看守他。当时世祖皇帝常从南朝官员中寻求人才，王积翁说："南朝人里没有比得上文天祥的。"于是便派王积翁宣示圣旨，文天祥说："国家灭亡，我当殉国。如蒙释放，能够以平民回归家乡，今后以方外身份充任顾问，是行的。如果马上要我做官，不光是些亡国士大夫不能同他们谋求共存，而且将自己一生的努力全都抛弃，我有何用？"王积翁想要联合宋旧官谢昌元等十人请求释放文天祥让他为道士，留梦炎不同意，说："文天祥一出去，再号召江南，那将把我们十个人放在什么地方！"事情便作罢。文天祥在燕共三年，皇上知道文天祥始终不屈服，同宰相商量要释放他，有人提出文天祥在江西起兵的事情来说，结果没有释放。

元世祖忽必烈至元十九年（1282），有一福建僧人说土星侵犯帝座星，疑心生变。没多久，中山有个疯子自称"宋主"，有兵一千人，想要救回文丞相。京城也有匿名信，说某天火烧城外苇草，率领两侧士兵起事，丞相可以不必发愁这样的话。当时强盗刚杀掉左丞相阿金马，勒令除去城下苇草，将瀛国公以及宋宗室迁移到开平，怀疑所称的丞相就是文天祥。召进宫中告诉他道："你还有什么请求？"文天祥回答说："文天祥蒙受宋恩典，担任宰相，怎么可以事奉第二国？希望赐我一死就足够了。"但还是不忍心，马上挥手让他退下。谏官极力赞成依从文天祥的请求，听从了他们。一会儿降诏阻止他们，而文天祥已经死了。文天祥临刑时非常从容，对吏卒说："我的事情结束了。"向着南方拜别以后就义。几天后，他妻子欧阳氏收他的尸体，面色如生，享年四十七。他的衣带中写有赞文说："孔子说成仁，孟子说取义，唯有取义，才能仁至。读圣贤书，学习何用，从今以后，可以问心无愧了。"

自古以来有志之士，想要得大义于天下，不因成功失败顺利挫折动摇其决心，君子称作"仁"，因其符合天理，即民心之安。商朝衰落，周朝有取代的德行，盟津的军队没有约定就来会合的有八百诸侯。伯夷、叔齐就凭这两个男子想要拉住武王的马而阻止他们，即使是三尺小孩也知道不行。后来，孔子认为他们贤良，就说："求仁而得仁。"宋朝到德佑亡国了，文天祥往来军队中间，起初想要凭口舌劝说保存宋，不能成功，护送两位孱弱的王子颠沛在岭海一带，来谋求复兴，兵败被俘。我朝世祖皇帝因为有天地般宽广的气量，既认为他气节高尚，又爱惜他的才能，留他好几年，就好像老虎关在笼子里，想尽办法驯服他，终究没能成功。看他从容就义，视死如归，这是因为他有比活命更重要的追求，能不称他为"仁"吗？宋朝三百多年，取士的科目，没有比进士更兴盛的，考进士没有比中状元更荣耀的。自从文天祥死后，世上那些喜欢发表高论的人，认为科举不足以获得伟大的人物，难道是这样吗？

三、"以身殉志，不亦伟乎！"

毛泽东在读《新唐书·徐有功传》，读到徐有功说自己"命系庖厨"时，批注道："'命系庖厨'，何足道哉，此言不当。岳飞、文天祥、曾静、戴名世、瞿秋白、方志敏、邓演达、杨虎城、闻一多诸辈，以身殉志，不亦伟乎！"（中共中央文献研究室编：《毛泽东读文史古籍批语集》，中央文献出版社 1993 年版，第 237 页）

文天祥也是南宋著名文学家、诗人，有《文山诗集》《指南录》《指南录后序》《吟啸集》，后合为《文山先生全集》。

毛泽东对其诗作评价甚高。1964 年，毛泽东与表侄女王海容谈话时，要她读文天祥的《过零丁洋》一诗，并问："假如敌人把你捉去了，你怎么办？"王海容回答："人生自古谁无死，留取丹心照汗青。"毛泽东说："对了。"（张贻玖：《毛泽东评点圈阅的中国古典诗词》，中国工人出版社 1992 年版，第 208 页）

零丁洋，在今广东中山南的珠江口。文天祥于宋末帝赵昺祥兴元年（1278）十二月被元军所俘，囚于零丁洋的战船中。这年冬天，文天率兵与元军转战于广东潮阳一带，不幸在五坡岭战败被俘。次年正月，元军都元帅张弘范逼迫文天祥随船同往，追击在崖山的宋帝赵昺，经过零丁洋时，文天祥想到自己兵败被俘，求死不能，又无法援助宋军，反而要亲眼看着元军进攻宋军，感慨万端，就写下了这首《过零丁洋》诗。元将张弘范逼迫写信，劝降在崖山抗击元军的宋军统帅张世杰，文天祥就将这首诗交给张弘范，让他送给张世杰。毛泽东曾手书过这首诗（中央档案馆编：《毛泽东手书选集古诗词下》，北京出版社 1993 年版，第 163—165 页）。诗的全文如下：

> 辛苦遭逢起一经，干戈寥落四周星。
> 山河破碎风飘絮，身世浮沉雨打萍。
> 惶恐滩头说惶恐，零丁洋里叹零丁。
> 人生自古谁无死？留取丹心照汗青。

其译文如下：

回想我早年由科举入仕历尽苦辛，如今战火消歇已熬过了四个周星。
国家危在旦夕恰如狂风中的柳絮，个人又哪堪言说似骤雨里的浮萍。
惶恐滩的惨败让我至今依然惶恐，零丁洋身陷元虏可叹我孤苦零丁。
人生自古以来有谁能够长生不死，我要留一片爱国的丹心映照汗青。

这首诗是文天祥被俘后为誓死明志而作。诗的首联叙事，回顾身世和他四年的抗元生活。宋代的科举制度有专经取进士，要求考生在广泛阅读儒家经史的基础上精通其中的一门经书。文天祥二十一岁中状元，踏上仕途。他用"辛苦遭逢起一经"，交代自己的身世。"四周星"，即四周年。文天祥从 1275 年起兵抗元，到 1278 年被俘，正好四年。这四年间，他的老母被俘，妻妾被囚，儿子丧生，经历了一次又一次的打击，然而他赤心不改，始终坚持与元军作战。意在暗示自己是久经磨炼，无论什么艰难困苦都无所畏惧。把个人命运和国家兴亡联系在一起了。

领联用喻描写国事身世。此联承上从国家和个人两个方面，继续抒写事态的发展和深沉的忧愤。上句写国家危难，用"风飘絮"比喻南宋的大好河山落入元军之手的危急情状；下句用"雨打萍"比喻自己的遭际像雨打的浮萍一样漂浮不定。这一联对仗工整，比喻贴切，真实反映了当时的社会现实和诗人的遭遇。国家民族的灾难，个人坎坷的经历，万般痛苦煎熬着诗人的情怀，使其言辞倍增凄楚。

颈联抒情，喟叹更深。诗人巧用"惶恐滩"和"零丁洋"这两个富有感情色彩的地名，来表达他昔日的"惶恐"和今日的零丁（伶仃）。公元1277年，文天祥在江西吉水县被元军打败，率军经过惶恐滩撤退到福建汀州。当时又有追兵，前面是茫茫大海，内心怎么不"惶恐"呢？而今身陷敌手，被押着渡过零丁洋，心里怎么不感到"零丁"呢？本联以遭遇中的典型事件，再度展示诗人因国家覆灭和几遭危难而战栗的痛苦心灵。

尾联议论，写捐躯报国的决心。"人生自古谁无死，留取丹心照汗青"，诗人以磅礴的气势收敛全篇，写出了宁死不屈的壮烈誓词，意思是，自古以来，人生哪有不死的呢？只要能留得这颗爱国忠心照耀在史册上就行了。这句千古传诵的名言，是诗人用自己的鲜血和生命谱写的一曲理想人生的赞歌。文天祥实践了自己的诺言。临刑时，他对狱卒说："吾事毕矣！"脸不变色，从容就义。这两句诗成为中华诗歌史上的不朽名句。它一直激励和鼓舞着历代仁人志士为国家、为民族、为正义事业而奋斗、而献身。

全诗格调沉郁悲壮，浩然正气贯长虹，确是一首动天地、泣鬼神的伟大爱国主义诗篇。

毛泽东多次赞扬过文天祥。1930年10月5日，毛泽东和总前委、中国工农革命委员会机关一起进驻吉安城。

红十二军军长罗炳辉受吉安名医戴济民之托，专来邀请毛泽东前去做客。席间人们谈笑风生，亲热融洽。毛泽东以赞叹的口吻说道："击鼓以来，庐陵吉水就是人杰地灵之地。你看，唐宋八大家中的欧阳修，有'文章名冠天下'之称；南宋四大家中的杨万里，一生写诗两万多首；他们都是庐陵吉水人。民族英雄文天祥，就是吉安富田人。明朝还有解缙，主持编纂《永乐大典》是有名的才子。不简单哪！"（舒龙、凌不机：《岁岁重阳》，海南出版社1993年版，第112页）

1939年4月8日，毛泽东在延安抗大工作总结大会做演讲时，就革命者要有气节说道，一种人被捉了，要杀就杀，这种英勇的人，中国历史上很多，有文天祥、项羽、岳飞，决不投降，他们就有这种骨气。（盛巽昌：

《毛泽东严重的历史人物》，上海人民出版社2005年版，第328页）

1939年4月29日，他在延安活动分子会议上报告指出："文天祥、岳武穆，就是为国尽忠，为民族行孝的圣人。"（中共中央文献研究室编：《毛泽东著作专题摘编》，中央文献出版社2003年版，第2288页）

毛泽东对身边工作人员生活方面的事情也常挂记在心。朱德奎曾为毛泽东开过几年车，1964年他患肝硬化住院。毛泽东经常问起他的病情，当得知他有悲观情绪，便手书宋末文天祥名句"人生自古谁无死，留取丹心照汗青"，让身边的人送给朱德奎，并嘱咐说："要解释诗的含义，死都不怕，还有什么可怕的？更不怕养不好病了。"朱德奎出院疗养期间，毛泽东几次用自己的稿费补贴他，让他增加营养。（徐新民编：《在毛泽东身边》，中共中央党校出版社1993年版，第207页）

毛泽东还曾手书文天祥《正气歌》（从"天地有正气"至"在汉苏武节"部分）。（《毛泽东手书选集·古诗词下》，北京出版社1993年版，第166—167页）

文天祥自编《指南录》诗集四卷，编写了他出使元营，被扣押北行和中途脱险，颠沛流离，到达福州这一历程。卷首有自序二篇。其后序追叙其抗御犯敌、九死一生的历险经过，表明诗人守义不屈、艰苦奋斗的爱国精神，始终不渝。

据说文强回忆，毛泽东之母文七妹是文天祥的22世孙女。国民党陆军中将文强是文天祥的23世孙。

张居正——明代中后期的"革新家"

张居正（1525—1582），字叔大，号太岳，湖北江陵（今湖北江陵）人，嘉靖进士，明朝名臣，明朝中后期政治家、改革家，万历初期的内阁首辅。

1918 年，毛泽东在北京和北京大学学生张圣奘（张新）相识。毛泽东得知张圣奘是明朝张居正的后裔，叔父张国淦是北洋政府教育总长时，便对张说："你老祖宗是革新家，他丈量天下田亩，弄清了天下田亩是一件很了不起的事，大家都很高兴，只有江南绅士隐瞒庄田不完粮税才恨死他的。你老祖宗做宰相很公正，改革弊政，赏罚分明，识用人才，用潘季驯治理淮河，启用戚继光镇守蓟州，使倭寇、俺答不敢侵犯中国。老百姓过上了安居乐业的生活。"张圣奘十分钦佩毛泽东精通明史。（《四川党史》1995 年第 2 期）

毛泽东对张居正有两次评论，一个是在早年，他开始探索中国革命的出路，他盛赞张居正是革新家，说他"做宰相很公正，改革弊政，赏罚分明，识用人才，用潘季驯治理淮河，启用戚继光镇守蓟州，使倭寇俺答不敢侵犯中国；老百姓过上了安居乐业的生活"。这个评价是很精辟的。

毛泽东另一次评价张居正是在他的晚年，1976 年 1 月 29 日，毛泽东在北京中南海，在和毛远新谈到总理人选时，他说："是哩，总理不在了，许多人都想坐这把交椅，难免要搞些手脚。公元 1582 年，那个明朝宰相张居正因病而死，礼部右侍郎张四维为夺取相位，勾结大宦官申时行大搞阴谋诡计，上下串联，杀人数万，把个神宗皇帝也逼得无可奈何，惶惶不可终日。你在大学是学工的，今后也要学点历史，古事今鉴呵！"（青野、介雷：《邓小平在 1976 年》，春风文艺出版社 1993 年版，第 45 页）

一、初涉政坛

张居正祖籍安徽凤阳（今安徽滁州凤阳）。明太祖封其先祖张关保到归州（今湖北宜昌秭归），为归州千户所。张居正曾祖庶出，无法承世袭官职，迁到湖广江陵。张居正年少时颖悟敏捷无与伦比。十五岁考取秀才。湖北巡抚顾璘十分惊异他的文章，说："他的才能足以为国效劳啊。"不久，居正中了乡榜举人，顾璘解下自己的犀带赠给他，并且说："您以后当腰缠玉带，犀带不能够蒙混你。"嘉靖二十六年，中进士，改庶吉士。整日研究历朝历史人物、典章制度等。徐阶等人都很器重他。

张居正的长相，面部颀长眉目秀丽，胡须长达腹部。他勇于任职理事，自夸自己是英雄豪杰。然而内心城府很深，别人无法推想。严嵩为首辅，嫉妒徐阶，和徐阶关系好的人都躲避藏匿起来。张居正依然如故，严嵩也器重张居正。他升任右中允，领（以地位较高的官员兼理的职务）职务国子司业的事务。他与祭酒高拱交好，相约建立巨大的功业。很快又回来理坊事，升任侍裕邸讲读。明穆宗隆庆皇帝朱载垕（hòu）就藩裕王，认为张居正贤明，府邸中的宦官也无不和居正交好。而内官监太监李芳数次向他询问《书义断法》（元陈悦道撰。其自题曰邹次，不知何许人。书首冠以"科场备用）"四字，盖亦当时坊本为科举经义而设者也），对天下大事很有见地。不久升任右谕德（太子左右谕德各一人，秩正四品下，掌对皇太子教谕道德，随事讽谏）兼侍读（唐开元十三年（725）置集贤院侍讲学士与侍读直学士，讨论文史，整理经籍，备皇帝顾问），进侍讲学士（明、清翰林院均有侍读学士与侍讲学士，陪侍帝王读书论学或为皇子等授书讲学），兼管翰林院事务。

徐阶取代严嵩任首辅，对张居正委以重任。明世宗去世，徐阶起草遗诏，召张居正与他共同谋划。很快升任礼部右侍郎兼翰林院学士。一月之后，他与裕邸原讲官陈以勤都进入内阁，张居正为吏部左侍郎兼东阁大学士。不久充《世宗实录》总裁，升任礼部尚书兼武英殿大学士，加少保兼太子太保，离他任五品学士仅一年多。当时徐阶以宿老居首辅，与李春芳皆礼贤下士。张居正最后进入内阁，却以宰相自居，接见九卿很傲慢，没有召见其他人。偶尔说出一句话则很中肯，人们因此很惧怕他，重于其他宰相。

高拱因为性情很急躁被罢免，徐阶也离开相位，李春芳为首辅。不久，赵贞吉入阁，对张居正另有看法。张居正与过去他的好友掌司礼仪的李芳商量，召用高拱，让他管理吏部，以压制赵贞吉，而夺李春芳大权。高拱上任，更加与张居正交好。李春芳不久自行引退，而赵贞吉、殷士儋都被构陷罪名而罢职，只有张居正与高拱在位，两人更加亲密。高拱主张册封俺答（即俺答汗，16世纪后期蒙古土默特部重要首领）张居正也赞成这个策略，授王崇古等以方略。张居正加封柱国、太子太傅。满六年，加少傅、吏部尚书、建极殿大学士。因为辽东战功，加封太子太师。媾和成功，加封为少师，其他如故。

当初，徐阶离职，让自己的三个儿子谨慎小心侍奉居正。而高拱心中特别恨徐阶，使谏官追论不已，徐阶的几个儿子多因犯法而获罪。张居正和缓地对高拱说这件事儿，高拱稍微心有触动。而高拱的门客构陷张居正收徐阶的儿子三万两黄金，高拱以此讽刺张居正。张居正脸色大变，指天发誓，言辞特别狠毒。高拱为不详知而道歉，两人交往于是疏远。高拱又与张居正所看好宦官冯保交好。穆宗不高兴，居正与冯保秘密处分高拱，以冯保为内助，而拱想除掉冯保。神宗即位，冯保以两宫诏旨逐去高拱，此事都见于高拱传，张居正于是取代拱为首辅。神宗帝幸临平台，召居正给奖赏，赐金币及绣蟒斗牛服。从此没有一天不赏赐。

二、"你老祖宗是革新家"

明神宗帝把国事委托给张居正，张居正也慨然以天下为己任，朝廷内外想看到他的风采。张居正劝神宗纷遵守祖宗旧制，不必纷纷变更，至于讲学、亲贤、爱民、节用都是急切且需要办的事务。神宗称好。朝廷官员每三年一次考绩，罢免那些不称职及攀附高拱的官员。又下令群臣在朝廷参加整饬，百僚都极其恐惧。神宗应当尊崇两宫。旧例，皇后与大子生母并称皇太后，而徽号有别。冯保要娶媚神宗生母李贵妃，示意张居正以并尊。张居正不敢违抗，朝议尊皇后叫仁圣皇太后，皇贵妃叫慈圣皇太后，两宫于是没有差别。慈圣皇太后徙居乾清宫，抚慰皇帝，宫内信任冯保，而大权都交给张居正。

张居正执政，以尊崇帝权、考核吏职、赏罚分明、统一号令为主。虽然在万里之外，早晨下令而晚上就能奉行。黔国公沐朝弼几次犯法，应当逮捕，但朝中议论非常为难。张居正提拔他的儿子，急驰出使逮捕沐朝弼，沐朝弼不敢反抗。到了之后，沐朝弼请求赦免他的死罪，让他在南京不再做官。运漕粮的河道通，张居正认为由水路运输粮食至京师或其他指定地点的时间已经过了春天，发水横溢，不是决口就是干涸，于是采纳漕臣意见，率领船夫在初冬月交付运输，到了年初都发运完了，少遭水患。实行久了，太仓粟充足满盈，可用十年。互市马多，于是减少太仆种马，而令民众以马价交钱，太仆黄金也积聚四百余万两。又设考成法以责吏治。当初，部院覆奏行抚按勘者，曾稽留不报。张居正下令以大小缓急为限，耽误事儿的人抵罪。从此，一切人不敢掩盖过错，政体为肃。南京小宦官喝醉酒侮辱给事中，谏官请求追究处理。张居正贬谪其中特别激烈的赵参鲁于朝廷之外来取悦冯保，而徐阶劝说冯保裁减压抑张居正的党羽，不要参与六部的事务。那些接到命令的人，时时命令锦衣卫暗中侦探。他的党羽因此怨恨张居正，而内心不愿攀附冯保。

张居正认为御史在外，往往凌驾群臣之上，要整治他们。一事小不符合他意，谩骂责罚随之而来，神宗又诏令他长期对官员进行考察。给事中余懋学请求实行宽大的政策，张居正以为讽刺自己，撤掉他的官职。御史傅应祯接着又说这件事，特别急切，被关进关押钦犯的牢狱狱，用大荆条拷打之后充军边疆。给事中徐贞明等人群拥入狱，视看他并给了一些准备的衣食，也被逮捕被贬谪流放。御史刘台任辽东按察使，错误地上奏捷报。张居正正要援引旧例督正他，刘台向皇帝上奏章论及张居正专横放肆、不守法度，张居正极其愤怒。神宗为此下诏令把刘台贬谪流放，命令打一百板子，充军边疆。张居正假意上奏章救他，仅罢掉官职。罢官之后，让刘去戍边。因此给事中、御史更加畏惧张居正，而内心不平。值此时，太后因为神宗帝年幼登基，十分尊敬礼遇张居正，和他地位相同的吕调阳不敢不同。到了吏部左侍郎张四维入阁任宰相，温顺恭谨得像个下属小吏，不敢以同僚自居。

张居正希望有建树，能以智慧方法驾驭部下，人们大多乐于为他效力。俺答诚意来到边界归顺，很久不为害。只有小王子部众十余万人，从东北直至辽左，因为没有获得通互市，数次入寇。张居正用李成梁镇辽，戚继光镇蓟门。李成梁力战打败敌人，立功甚多足以封伯，而戚继光也守备甚严。张居正都亲近他们，边境安定。两广督抚殷正茂、凌云翼等人也数破贼有功。浙江兵民再作乱，用张佳胤往抚即定，所以社会上说张居正知人。然而执法严厉。考核驿递，裁减冗官，清理学校，甄别拣选。公卿群吏不得乘坐驿站马拉的车子，与商人没有什么区别。官府因为官位少，需要依次递补的人则不得递补。大县士子名额少，难以进取。也有很多抱怨的人。

当时天下太平已久，成群的盗贼蜂起，甚至攻入城市抢劫公家储藏文书、财物的地方，主管的官吏常常隐讳，张居正严令有关官员加以禁止。隐瞒不举报的人，虽然是奉职守法、清廉贤能的官吏也必定罢免。捕获盗贼立即斩杀，主管的官吏不敢掩饰实情。盗取边疆海防钱米达到一定数量，按律例都要斩首，然而往往长期囚禁或在狱中病死。独唯张居正要求急斩之，而且追捕他们的家属。盗贼渐渐衰弱停止。而奉行不力的人，相继说出怨言，张居正不加理会。

慈圣太后将要回慈宁宫居住，晓谕张居正说："我不能看着皇帝，恐怕不像以前他、好学勤政，辜负先帝的托付。先生是辅弼帝王的官，有师保的责任，与各位大臣不同。请为我朝夕教诲，以辅佐我的行德，不要辜负先帝在病榻上的重托。"因而赐给张居正坐蟒、白金、彩币。不久，张居正遭逢父亲丧事。神宗派遣主管礼仪的宦官慰问，送给粥药，劝张居正节哀，道路上络绎不绝，后妃居住的中宫和东西两宫赠送财物很丰厚。

户部侍郎李幼孜要取媚于张居正，提倡官员遭父母丧弃官家居守制时，朝廷或命其不必弃官去职，不着公服，素服治事，张居正为此动心。冯保也坚决挽留张居正。各位翰林王锡爵、张位、赵志皋、吴中行、赵用贤、习孔教、沈懋学等人都认为不可，张居正不听。吏部尚书张瀚因为留下了劝张居正的圣旨，被放逐。御史曾士楚、给事中陈三谟等人于是相继给皇帝上奏章请张居正留职。中行、用贤及员外郎艾穆、主事沈思孝、进士邹元标相继争论此事，都因此遭受廷杖责罚，分别遭贬谪、斥逐。当时彗星从东南方升起，长横亘天上。人情汹汹，目光都看着张居正，甚至悬挂谤书在大道两旁。神宗下令晓谕群臣，再议论到这件事的人诛杀不赦免，毁谤才停止。于是命令张居正儿子张嗣修与司礼太监魏朝骑快马代为主持葬礼。礼部主事曹诰治祭，工部主事徐应聘治丧。张居正请求不到朝廷上班，穿青衣、素服、治政，侍经筵讲读，又请辞掉一年的俸禄。神宗准许他。及神宗举行大婚礼，张居正穿吉服从事。给事中李涞言其非礼，张居正怒，贬出朝廷任金事。当时皇帝十分看重张居正，常赐给张居正手札，称"元辅张少师先生"，以老师的礼节相待。

张居正请求回归故乡安葬父亲，神宗派遣尚宝少卿郑钦、锦衣指挥史继书护归，期限三个月，安葬完毕即刻登上返京道路。仍然命令巡抚、按察使各位大臣先期驰赐泥封加印的文书劝勉晓谕。铸"帝赉忠良"银印来赐给他，如同杨士奇、张孚敬旧例，能够密函议事或向政府进言或议论国家大事。次辅吕调阳等人"有大事不能独自决定，驾乘驿马疾行到江陵，听张先生处理、安排。"张居正请求扩大内阁组成人员，神宗即下令张居正推荐。张居正因而推荐礼部尚书马自强、吏部右侍郎申时行进入内阁。马自强平常与张居正意见不和，自己没有想到能进入内阁，很感激张居正，而当时申时行与张四维都与张居正交好，张居正才安心去。神宗及两宫太后赏赐财物、宽慰晓谕超过正常礼数，派遣司礼太监张宏给张居正在郊外饯行，文武百官排班送行。所经过的地方，有司礼节官员供给食宿、车马处所，治道路。辽东奏大捷，神宗又归功于张居正。派遣使者驰马告知，到了评定功爵奖赏。张居正拟好条列奏报。吕调阳更加惭愧，坚决卧床不起，几次上奏疏请求退休不出。

张居正说母亲年老不能冒炎暑，请求等天气清凉时再上道。于是内阁、两都部院寺卿、给事、御史都上奏章，请催促张居正急还朝。神宗派遣锦衣指挥翟汝敬往驾驭驿站车马疾行前去迎接，计算时日而待；而令中官护太夫人（张居正母）到秋日由水道返京。张居正所过之处，大臣行长跪之礼，抚按大吏越过所辖边界迎送，在前面引导。经过襄阳，襄王出来迎候，邀请张居正赴宴。先例，虽然公爵侯爵拜谒藩王要执臣子礼数，张居正却受出迎和宴请的礼遇。经过南阳（今河南南阳），唐王也是如此。到达江陵郊外，神宗下令派遣司礼太监何进宴劳，两宫亦各遣当权的宦官李琦、李用宣谕，赏赐八宝金钉川扇、御膳、饼果、醪醴，百官又排班迎接。入朝，神宗慰劳诚恳笃厚，准假十日而后入阁上班，仍然赐给白金、彩币、宝钞、羊酒，引张居正拜见两宫太后。到了秋天，魏朝侍奉张居正母出发上路，仪从煊赫，观看的人像一堵墙一样。到了京城，神宗与两宫太后又加倍赏赐财物，安慰晓谕张居正母子，几乎像对待家人。

张居正知道当时神宗后妃居住的地方逐渐完备，京师仓库的银钱大多是下令进奉的。张居正因为户部送呈皇帝观览的数目报告，说每年收入数额没有花费得多，请求神宗放在坐榻一隅以便随时审阅、观览，根据收的多少来决定支出的用度，罢除节省不必要的开支。他的奏疏呈上，被留置宫中。神宗又下令工部铸钱供给备用，张居正认为获利抵不上耗费而加以制止。谏官请求关停苏州、松江织造，神宗不听。张居正当面请求，才减去大半。张居正又请求停止修建武英殿的工程，以及裁减外戚晋升官爵朝廷赐予的封号等级，神宗大多委曲顺从他。神宗驾临文华殿，张居正等待讲读完毕，把给事中所上的由天灾人祸招致的损害奏疏报告，请求救济。他又说："皇上爱民如子，而在外地各有关主管部门损公肥私，违法求利，剥削民众欺骗皇上，应该狠狠地用法令加以钳制。而皇上加以抑制、节制，在宫中一切用度、服御、赏赉、布施，裁减节省。"神宗点头加以肯定，有所免除租税，借放钱粮。张居正以江南依仗贵戚豪门势力以及各奸猾吏民善于逃避赋赋，选派精明强干的官吏严厉地进行审察其罪，责之以刑罚。赋税按时缴纳，国家的府库一天比一天充实，然而强横狡诈、不守法纪的人大多怨恨张居正。张居正即将脱孝，神宗召来吏部官员询问脱孝日期，敕令赏赐白玉带、大红坐蟒、盘蟒。神宗在露天台榭召见张居正令其回答有关政事、经义等方面的问题，宽慰晓谕很久。神宗派太监张宏引领张居正去拜见慈庆、慈宁两宫皇太后，都有恩赐，而慈圣皇太后按九卿增加赏赐帝王世族所享用的饮食，令张宏陪侍宴请。

皇帝即位初期，冯保日日夜夜看视日常生活作息，扶助、保护、养育，照顾很得力，如果有抵触，就报告慈圣皇太后。慈圣皇太后教训神宗很严，每次都严厉责备他，并且说："要是张先生听到，会怎么办！"于是神宗很怕张居正。到了神宗渐渐长大，内心讨厌张居正。乾清宫的小太监孙海、客用等人引导皇上玩耍，都被宠幸。慈圣皇太后派冯保逮捕孙海、客用，杖责后逐出宫。张居正又条列其党的罪恶，请求遣散、驱逐，而命令司礼官员及各内侍自己报告，皇上裁决离去或留下。因而规劝神宗戒游宴以重日常生活，集中精神以广圣嗣，节减赏赉以省浪费，退珍玩以端好尚，亲帝王日常处理的纷繁政务以明各种政务，勤讲学以资治理。神宗迫于太后压力，不得已，都说可以，而心里很怀恨冯保、张居正。

神宗当初开始执政的时候，张居正曾经纂辑古代治乱的事一百多条，绘成图画，用通俗的语加以解释，使神宗容易理解。至此，又嘱咐儒臣纪太祖、诸皇帝《宝训》《实录》分类成书，一共四十条：创业艰难，励精图治，勤学，敬天，法祖，保民，谨祭祀，崇孝敬，端好尚，慎起居，戒游佚，正宫闱，教储贰，睦宗藩，亲贤臣，去奸邪，纳谏，理财，守法，儆戒，务实，正纪纲，审官，久任，重守令，驭近习，待外戚，重农桑，兴教化，明赏罚，信诏令，谨名分，裁贡献，慎赏赉，敦节俭，慎刑狱，褒功德，屏异端，节武备，御戎狄。其语句大多很警策人，请求在以"研经论史"为主要内容的御前讲席的闲暇时进行讲解。又请求建立起居注，记录皇帝言语行动与朝廷内外的事，每天用翰林官四人入朝值班，臣僚奉皇帝所作、所和诗文以及准皇帝咨询。神宗都用嘉奖的诏书许可。

张居正服丧而不去职，仍旧理事，更加偏颇任性。他所罢黜或升迁的官员，大多由于自己的爱憎。他身边当权执政的人大多通过贿赂活动。冯保的客人徐爵提拔到锦衣卫指挥同知，办理公务的机关叫南镇抚。张居正的三个儿子都登进士。仆隶出身的游七纳钱财取得官爵功名，有功勋的皇亲国戚、文武之臣多与往还，结为姻亲。游七整理衣冠拜见张居正，被列于士大夫。社会上因此更加厌恶张居正。

不久，张居正生病。神宗频频敕命晓谕问病情，拿出大量金钱和布匹作为医药费。经四个月不痊愈，公卿以下的众官并且请僧道设斋坛，一起向神佛为他祈祷。南都（南京）、秦、晋、楚、豫各位大官吏，无不请僧、道设坛祭神。神宗命令张四维等人处理内阁中的小事，大事到张居正的家里与张居正商议处理。张居正开始的时候自己处理，后来他疲惫不堪不能全部审阅，然而还不让张四维人参与。等到了病势危急，请求辞职回乡。神宗又颁发嘉奖的诏书劝慰挽留，称呼他"太师张太岳先生"。张居正猜想病不能瘳，推荐前礼部尚书潘晟及尚书梁梦龙、侍郎余有丁、许国、陈经邦。后来，又推荐尚书徐学谟、曾省吾、张学颜、侍郎王篆等人担当大任。神宗把他的建议粘贴皇帝用的屏风上。潘晟强迫张居正推荐他，当时张居正已昏迷很厉害，不能自主了。到张居正死后，神宗因为他停止临朝听政，晓谕在社稷坛、祈谷坛、圜丘坛、方泽坛、朝日坛、夕月坛、先农神坛、太岁坛、先蚕坛等九坛祭祀，把他看作国公兼师傅。张居正先满六年，加特进中极殿大学士；满九年，加赐坐蟒衣，晋升为左柱国，一个儿子世袭尚宝丞；因为神宗登基以后结婚，增加每年的俸禄一百石，录取他的儿子锦衣千户为指挥佥事；满十二年，增加太傅爵；因为辽东大捷，晋升为太师，增加每年的俸禄二百石，他的儿子由指挥佥事晋升同知。现在，赠上柱国，谥号文忠，命令四品京官、锦衣堂上官、司礼太监护丧归葬。从此张四维开始执政，而与张居正所推荐的王篆、曾省吾等人互相憎恨仇视。

三、学点历史，古事今鉴

1976 年 1 月 29 日，毛泽东在北京中南海，在和毛远新谈到总理人选时，他说："是哩，总理不在了，许多人都想坐这把交椅，难免要搞些手脚。公元 1582 年，那个明朝宰相张居正因病而死，礼部右侍郎张四维为夺取相位，勾结大宦官申时行大搞阴谋诡计，上下串联，杀人数万，把个神宗皇帝也逼得无可奈何，惶惶不可终日。你在大学是学工的，今后也要学点历史，古事今鉴呵！"（青野、介雷：《邓小平在1976年》，春风文艺出版社1993年版，第45页）

当初，神宗宠幸的宦官张诚被大太监冯保厌恶，排斥于宫外，神宗使他秘密调查冯保及张居正。后来，张诚又进入宫中，把两人互相勾结、恣肆横暴的情况全部报告给神宗，并且说他们储藏的珍宝或珍贵物品超过朝廷藏物的府库，神宗动心了。他身边跟随的人也仔细地说冯保的过错和恶迹，而张四维的门人御史李植竭力论述徐爵与冯保心怀奸诈、互相勾结、做坏事的各种罪行。神宗把冯保逮捕关在宫中，逮捕削去爵位，关到诏狱。贬谪冯保奉皇帝命到南京居住，全部没收他的家中金银珠宝数以万计。神宗怀疑张居正蓄积得更多，心里更加不高兴。谏官弹劾王篆、曾省吾的同时也弹劾张居正，王篆、曾省吾都获罪。新近被提拔的人更加积极攻击张居正。皇帝下令削除张居正的上柱国、太师封号，再削去他的谥号。张居正提拔重用的人，都被排斥。神宗下令召回吴中行、赵用贤等人，担任不同官职。刘台追封官职，退还他的家产。御史羊可立又追究张居正的罪行，指责张居正捏造辽庶人宪火节的官司。庶人的夫人因而上疏辩冤，并且说："金银财宝数以万计，全部都行贿张居正。"皇帝命令司礼张诚及侍郎丘橓偕锦衣指挥、给事中没收张居正的家产。张诚等人即将来到，荆州太守命令预先登记人口，用金属熔液填塞房门的空隙，子女大多逃避到空室中。到了打开门的时候，饿死的有十余人。张诚等人将他的各位儿子、兄弟所藏的财产搜出，得到黄金一万两，白银十余万两。他的长子礼部主事张敬修受不起严刑拷打，自行承认妄加于己的不实之词，屈招了存有三十万两黄金于曾省吾、王篆及傅作舟等人，即刻自己上吊而死。事情传出后，申时行等人与六卿大臣联合上疏，请求少缓之，刑部尚书潘季驯上疏特别激昂凄切。皇帝下诏留空宅一所、田十顷，赡养其母。而御史丁此吕复追究科场事，说高启愚以舜、禹命题，为张居正策划受禅。尚书杨巍等人与他辩驳。丁此吕贬出朝外，启愚被革职。后来谏官又攻击张居正不止。皇帝下诏全部削去张居正官的等级，褫夺以前所赐的泥封加印的文书、四代诰命，把他的罪状公布天下，说应当开棺戮死，姑且宽免了。他的弟弟都指挥张居易、儿子编修、嗣修，都发配到瘴气缭绕的地域戍守。

一直到明神宗朱翊钧万历年间结束，没有人敢议论张居正的。明熹宗朱由校的时候，朝廷大臣才敢稍稍述说张居正过去的事情。而邹元标为都御史（职专纠劾百司，辩明冤枉，提督各道，为天子耳目），也表扬张居正。明毅宗朱由检崇祯三年（1630），礼部侍郎罗喻义等人在朝堂上争辩是非曲直替张居正辩冤。明毅宗下令中央各部内的决定，恢复张居正的荫庇和封赠称号。

徐阶以恭谨勤政被皇帝信任，肚量和胸怀很大。虽然凭权谋，重要的行为都没有失掉他的公正。高拱有才干和谋略，凭恃意气，以势压人。到了被冯保放逐，坐着拉柴禾的车子上路。张居正学识渊博，了解时世的变化，勇敢地担任大事。从明神宗开始执政，国家由衰弱到中兴，不能说不是才能优异，有干练的办事能力的人。操持朝中大权，几乎威震皇上，终于导致在死后发生灾祸。《尚书》说："臣下不能用得宠当作成功"，能不引以为戒吗？